中國學術思想 研究輯刊

二 編

林 慶 彰 主編

第 1 冊

《二 編》總 目

編 輯 部 著

先秦人學研究

袁 信 愛 著

花木蘭文化出版社

國家圖書館出版品預行編目資料

先秦人學研究／袁信愛 著 — 初版 — 台北縣永和市：花木蘭
文化出版社，2008〔民 97〕

序 4+ 目 4+208 面：19×26 公分

（中國學術思想研究輯刊 二編：第 1 冊）

ISBN：978-986-6528-02-6（精裝）

1. 先秦哲學　2. 人學

121　　　　　　　　　　　　　　　　　　97016373

ISBN - 978-986-6528-02-6

9 789866 528026

中國學術思想研究輯刊
二　編　第　一　冊　　　　　　ISBN：978-986-6528-02-6

先秦人學研究

作　　者　袁信愛
主　　編　林慶彰
總 編 輯　杜潔祥
出　　版　花木蘭文化出版社
發 行 所　花木蘭文化出版社
發 行 人　高小娟
聯絡地址　台北縣永和市中正路五九五號七樓之三
　　　　　電話：02-2923-1455／傳眞：02-2923-1452
網　　址　http://www.huamulan.tw 信箱 sut81518@ms59.hinet.net
印　　刷　普羅文化出版廣告事業
封面設計　劉開工作室
初　　版　2008 年 9 月
定　　價　二編 28 冊（精裝）新台幣 46,000 元

《二編》 總目

編輯部　著

《中國學術思想研究輯刊》二編　書目

《中國學術思想研究輯刊》二編
各書作者簡介・提要・目錄

第 一 冊　先秦人學研究

作者簡介

　　袁信愛，一九五九年生於台北市，四川省南川縣人。一九九四年畢業於台灣天主教輔仁大學哲學研究所博士班，現任天主教輔仁大學哲學系副教授。長期從事中國哲學的研究與教學，並有數十篇相關論文的發表。目前專攻中國人學與中國古典生死學的探究，著有《人學省思》（文史哲出版）與《中國哲學史》（文津出版），另有「海歆工作室－袁信愛的人學天地」（http://http://hk.geocities.com/ai1927）之教學網站的設置。

提　要

　　所謂的「人學」，諸家說法不一，但大體上都強調凡以「人」作爲研究對象的學科皆可稱爲「人學」。而筆者則將「人學」定義爲：「以人爲研究對象，並就人是什麼與人應如何所作的哲學性探索」。此中，對「人是什麼」所作的哲學性探究是屬於本體論的研究領域，而對「人應如何」所作的哲學性探索則是屬於倫理學的研究範疇。本文即是將先秦諸子思想中有關於「人」的各種概念，作概念探源與對比探究的解析，以圖釐清諸子對「人是什麼」與「人應如何」之論議的主要觀點，並藉以重構先秦諸子的人學理論。雖然在先秦時期有諸子百家學說的並起，但能產生重要影響並成爲該時期之主要學派的則只有儒、道、墨、法四家。因此本文即以此四家人學的探究作爲本文的主體，並兼論影響該時期人學之形成的六部傳統經典。儒、道、墨、法四家雖

然都是鎖定在人與其生活世界的互動關係中，並就人與道德規範間的依存關係來探究與省思人的問題，且因之而建構起以人性論為基礎的人學理論；但四家人學理論卻又反映出各家對人所作之不同向度的思考，以致於四家人學雖呈顯出或同或異的人性論，卻又各從人的不同面向中建構出對「人是什麼」的不同詮釋與對「人應如何」的不同規劃。儒家側重人的文化面向，強調道德型理想人格，故推崇文質彬彬的君子；道家側重人的自然面向，強調隱士型理想人格，故推崇逍遙遊世的真人；墨家側重人的宗教面向，強調俠義型理想人格，故推崇愛人利人的兼士；法家側重人的政治面向，強調法政型理想人格，故推崇尊君循法的術士。其中，儒、墨、法三家皆重人的有為濟世，唯獨道家則重人的無為處世。由上述的解析可知，四家人學不僅是提供了我們四種人的理想人格類型，也同時提供了我們四種人的生活方式。因此，我們即可由對四家人學的探研中，尋索出先秦時期對「人是什麼」所提供的可能解答與對「人應如何」所提供的可能模式。

目　次

第 二 冊　儒學中有關天命流行一義之探討

作者簡介

　　鄧秀梅，中國文化大學哲學博士，專研中國哲學、宋明理學與儒家易學。現任環球技術學院助理教授。

提　要

　　本文係以儒家道德形上學爲研究主題。儒家形上學之主題原是研究天理與氣化之關係，要言之，即是理與氣之關係。此兩者可以一名詞概括，即「天命流行」是也。儒家所謂天命原具兩義：一爲「天命之謂性」之性理義，另一則是「居易以俟命」之命限義。前者以天理爲主，後者則與氣化有關，天命流行者即是合理與氣一體而觀，最終希冀理與氣可以諧和相即而至圓善之妙境。此爲儒家形上學之大要內容，然而欲詮釋理和氣的關係，自古及今，雖是鴻儒碩達，所解亦有差異。究竟何種方式方是切合道德的形上學應有之詮釋？此即爲本文欲探討之論題。基於此論點，本文選出十多位古今知名儒者，從其解釋的入徑與方式做比較，考察哪一種解釋方式較貼合道德形上學之精神，也藉此廣闊申論道德形上學之究竟處與獨到處。

目　次

第 三 冊 "無名"與"正名"——論中國上中古名實問題的文化作用與發展

作者簡介

丁亮，江蘇南通石港人，民國五十二年臺灣高雄出生，愛好中國文化、中國文字與書法，碩士師從　龍宇純教授完成碩論《說文解字部首及其與從屬字關係之研究》，博士師從　唐翼明教授完成博論《無名與正名：中國上古中古知識分子的名實運動》，現任臺灣大學中國文學系助理教授。研究主以現代符號學的角度探索中國古代名實問題，嚐試從符號認知的觀點重新詮釋文字、文學與文化的互動關係，以融合中西，恢復中國人文傳統，建立新時代的中國符號學。目前則以《老子》文本爲對象，在符號觀點下針對文本的認知圖式、詮釋、形成、用字與修身、聽治等文化作用進行一系列的深入探討。

提 要

《無名與正名》旨在探討語文符號在社會文化中的具體作用，因以中國上中古名實問題的作用與發展爲進行研究的實際對象，而此一名實問題的文化作用與發展即是〝無名〞與〝正名〞二名實觀點作用與發展的過程，故以之爲題。研究主要分爲兩部分進行：第一部分主從〝共時〞的角度切入以觀察名實問題在社會文化中的作用層面。觀察中發現名實問題實爲中國文德傳統的核心，其核心議題乃是價值表述而非邏輯推理。基於價值表述，名實問題在中國文化中促成了價值（道與事）、表述（書與言）、知識分子（仕與隱）三個相關範疇，並在無名與正名觀點下，分別形成了相應的理論（名實離與名實合）、表現（詭辭清言與書法正字）和意識型態（自然主義與人道主義）；第二部分主從〝歷時〞的角度切入以觀察名實問題在歷史發展中的推動作用。觀察中發現因周人文德衰敗而有了名實問題，先秦諸子紛紛提出理論對策，其中正名觀因集中權力的特質而首先在秦漢時登上歷史舞台，完成兩漢名教，後因虛僞狡詐分裂衝突的弊病而衰敗。繼而無名觀憑其重視人心之天眞簡靜而於魏晉登場，在魏晉時推動自然，其後則因浮華不實的弊病而爲人棄。最後，實際經歷過正名與無名的施行後，知識分子取其利而去其弊，在體用模式下融合了無名與正名，並且形成新的〝假名〞觀，從而開創了隋唐盛世。本文以現代符號觀點重新闡釋中國名實傳統，不但可對現有之小學、文學與思想研究有所激發，而且將對中國之文化傳統有更深刻的體會。

目 次

第 四 冊　老子「道」的詮釋與反思──從韓非、王弼注老之溯源考察

作者簡介

　　李宗定，國立中正大學中文博士，國立成功大學中文碩士。現任實踐大學應用中文學系助理教授。著有碩士論文《先秦儒家政治理論研究》，博士論文《老子「道」的詮釋與反思──從韓非、王弼注老之溯源考察》，並發表關於道家、道教，以及文學社會學等學術論文十餘篇。

提　要

　　在中國哲學中，《老子》一直被視為是充滿智慧的玄妙之思，並且以「道家」思想流派與儒家思想並稱為中國傳統中一隱一顯的思想主流。然而，當老子被「神聖化」為一飄然無跡的神仙般人物時，是否也連帶地使其唯一流傳的著作《老子》染上神秘色彩？而使得漢代以後興起的道教奉老子為太上老君成為道教的教主，《老子》一書也成為道教遵奉的經典。老子原本寫下的五千言文本對後世的影響絕非老子事先所能估計，不管是道家的《老子》，或道教的《道德真經》，更遑論還有影響法家的黃老思想，或使原始佛教思想中國化，甚至吸引許多西方哲學家的關注。而這麼多「閱讀」《老子》的活動，自然產生了無數對於老子的解讀，如果我們同意高達美（Gadamer）所說，「閱讀」即是一種「詮釋」活動，則不計其數的人在閱讀《老子》之後自然都會

有各種不同的領會。於是《老子》僅有短短五千言，但能從中衍生出各種詮釋角度及詮釋結果便不足爲奇了。

問題是，在眾多的注解及詮釋中，哪一種才眞能解釋老子，或符合老子原意？倘若依哲學詮釋學的觀點，作者原意是不可得的，則我們又該如何看待這許許多多對老子的詮釋？是盡採眾家之長，還是束書不觀？如果我們順著這個疑問深入思考，便會發現這兩者其實是不相衝突的。即老子原意雖不可得，但無礙《老子》文本意義的展現，也就是說唯有透過不斷地閱讀與詮釋才能讓老子在這個過程中「活」了過來；同時也唯有藉各種不同的詮釋，五千言才能不局限於五千言，而有開闊的閱讀空間。然而，詮釋的過程與結果亦非漫無目的，因爲閱讀的對象是《老子》，於是《老子》文本便是所有解讀必須回到的「事物本身」。畢竟，對話不是各說各話，而是在一個共同的話題中才能進行對話。所以本文針對老子哲學中最重要的核心概念「道」爲討論的主題，通過韓非與王弼對老子注解的解讀，反思「道」在後世重重解讀下所造成的「形上學」化對於老學詮釋的影響。

當然，我們並不是反對從形上學中的本體論、宇宙論等角度來討論「道」，而是對於將「道」視爲一「對象」或「存有者」的研究提出質疑。尤其是在後世習慣將「道」視爲一個神聖的境界或對象的解釋之下，重新思考老子提出的「道」究竟該如何理解，這是一個迫切且值得深思的問題。本文的目的並非追問「道」是什麼，而是欲探索「道」如何呈現自身。於是藉助當代哲學詮釋學理論，從「語言」進行「道」的詮釋與反思；同時透過對韓非與王弼注老的重新閱讀，在逐步釐清「道」的「形上學化」過程中，顯現「道」的「有無相生」之「緣構」境域。

目　次

第 五 冊 非常的行旅——〈逍遙遊〉在變世情境中的詮釋景觀

作者簡介

鄭雪花，國立成功大學中國文學博士，目前任教於國立臺東專科學校通識教育中心。研究專長和興趣是儒道思想、中國美學、中國文學理論與批評等。目前的研究成果除了發表多篇中國美學、哲學、古典詩學等會議論文及期刊論文之外，主要是在徐復觀等先行者的基礎上，開展了《莊子》研究之想像現象學以及存有論詮釋學的研究進路。近期的研究重點是以閱讀現象學的方法闡發《莊子》內七篇的詩意道說，以及《莊子》詮釋史或影響史的全面建構。

提 要

本論文致力於兩個面向的工作：一是〈逍遙遊〉及其詮釋文本的「遊」意識之重建；一是具體的詮釋經驗和方式之分析。全文除「緒論」和「結論」之外，共分爲五章：第一章〈「道」的裂變〉，指出〈逍遙遊〉乃跨越了當時的「天下」意識，提出了「遊於方之外」的另類哲思。第二章〈與『道』深戲〉，描述〈逍遙遊〉以「詩意道說」的召喚結構透顯「遊」之諦義。第三章

〈阮籍的逍遙義〉，指出阮籍〈大人先生傳〉在莊學史上的貢獻及影響，並肯定其對於魏晉變世情境的當代性應答。第四章〈郭象的逍遙義〉，指出適性逍遙義爲自然與名教的統合提供了一個新的理論視野，並使道家思維模式的自然主義達到高峰。第五章〈船山的逍遙義〉，指出《莊子通》與《莊子解》的相關詮釋中展現了鮮明的人文關懷，不僅會通莊子之道於儒學，同時也是對儒學的轉化。在前兩章裡，筆者以「語境化」及「意象分析」爲方法，開展文化語境和文本特性兩個面向的闡述，對於經典的重建工作提供了較切合文化傳統及經典本身特性的研究進路；在後三章裡則通過「個案研究」及「三重向度」的研究方法，開展經典文本、歷史境域、詮釋者自我形象、詮釋方法與觀點等互文脈絡的描述分析，豁顯了思想變異創新的脈絡和機制，並從具體的詮釋經驗和方式發掘詮釋學方法論的豐富意涵。

目　次

第六、七冊　西漢以前家宅五祀及其相關信仰研究 ——以楚地簡帛文獻資料爲討論焦點

作者簡介

　　鄒濬智，男，1978 年生，台灣省南投縣人。政治大學中文系學士、台灣師範大學國文系碩士、博士。曾任中研院史語所、資訊所兼任助理，耕莘護專、景文科大、台灣科大兼任講師，現任元培科大兼任講師。研究領域爲戰國楚地簡帛文獻之語言文字與思想。著有《《上海博物館藏戰國楚竹書（一）‧緇衣》研究》（碩士論文）、《西漢以前家宅五祀及其相關信仰研究——以楚地簡帛文獻資料爲討論焦點》（博士論文）；合著有《上海博物館藏戰國楚竹書（一）讀本》、《創意國語文教學活動設計》；合編有標點本《說文解字注》。另撰有語言文字、先秦思想、民間信仰、中文應用等相關單篇論文五十餘篇。

提　要

　　本論文以出土及流散於古物市場的戰國楚地簡帛文獻資料爲研究焦點，先討論戰國楚地家宅五祀——中霤、灶、門、戶、行道的信仰狀況、祭祀儀節，並擴及探討五祀、七祀（五祀加上司命及厲）諸神的信仰來源及其在西漢以前的發展。在撰寫的過程中，本論文釐清戰國楚人祭祀家宅五祀諸神的底層因素、解釋楚國流行的諸種中霤異名及中霤神格、發現灶神信仰起源的各種說法之間的關聯、爲祝融部族世系及其與黃帝和炎帝集團的糾葛作出合理的說明、確定禮書所言門內與城外行道神之分其來有據、組織出楚人成套的祭祖禮儀、重新考察楚簡所見各種祭禱名與祭禱法、建立目前所知最完整的楚人信仰譜系、說明西漢以前五祀信仰中各神祇之間地位的消長和五祀擴展爲七祀的原因。

目　次

上　冊

自序：寫在前面的話

第 八 冊　《商君書》與商鞅治道之研究

作者簡介

　　康珮，台中縣人。東吳大學中文系學士，國立中央大學中文所碩士、博士。碩士時期師從王邦雄教授，完成《商君書與商鞅治道之研究》。博士論文希望調和義理與文學，完成《忠義水滸全書的義理闡釋——從人性、權力與符號的角度分析》。曾任國立空中大學、聖德基督書院兼任講師，現任國立中央大學、中華大學、清雲科技大學兼任助理教授。

提　要

　　本文以「《商君書》與商鞅治道之研究」為題，全文共分成六章完成。

　　第一章：緒論。本章主要論述研究動機，前人研究成果，研究範圍及研究方法。

　　第二章：本章旨在以前輩學者之研究成果為基礎，加以整理、歸納，以釐清《商君書》的真偽，並討論商鞅的時代背景與思想養成，包括周文疲弊的反省／三晉重法的傳統／前人觀念的啟迪／個人人格的特質，最後確立《商君書》乃商鞅學派之集合之作，以及《商君書》中可窺見商鞅治秦時的基本主張，聯繫起《商君書》與商鞅之關係。

　　第三章：本章主要討論《商君書》的理論體系。首先必須先確立《商君書》立論的理論基礎，分別為變古的治道觀／自利的人性觀／實效的價值觀，透過與儒道墨的對話，突顯《商君書》的治道觀／人性觀／價值觀的不同處，而《商君書》的政治體系之建構與開展正建立在以上的理論基礎上。《商君書》主要的三個主題，法治／賞刑／農戰，三者間有相輔相成的關係，形成一套以法治為體，以賞刑為用，以農戰為本的理論架構，建立起這個架構，有助於下一章探討商鞅治道在秦國的實踐。

　　第四章：本章旨在討論商鞅治道在秦國如何建立及其所展現的成效作用。首先由秦國的地緣環境說明秦國之所以容易接受商鞅治道的獨特性，再

逐步檢視商鞅入秦後的變法過程與主張，以及其變法革新產生的作用與意義。改革的成功與否不能只看商鞅為政的數十年，必須檢查在商鞅車裂後，其法在秦國的影響力，這一部份正好可以從《睡虎地雲夢秦簡》中窺見，這是由一位生於秦昭王四十五年，卒於秦始皇三十年的獄吏「喜」之墓中所挖掘出的竹簡資料，對於商鞅卒後其法延續之情形的研究相當有幫助。

　　第五章：本章的重點是根據前幾章的論述，檢討商鞅變法的意義，並給予商鞅在歷史上的定位。這是將時代因素，歷史演變均考慮在內，從歷史必然性與道德必然性二者為切入點來作分析討論，以期客觀還原商鞅的面貌。

　　第六章：結論。

目　次

第 九、十冊　帛書《黃帝書》研究

作者簡介

　　林靜茉，一九六四年生於高雄市。臺灣師範大學文學博士，現職致理技術學院通識中心助理教授。主要研究領域包括黃老思想與莊子思想，著有〈從〈經法・論〉看帛書《黃帝書》的逆順思想〉、〈《莊子》與「醜」〉等論文。

提　要

　　帛書《黃帝書》是一部講「帝王之道」，具有強烈時代色彩的作品，其天道思想、黃帝之言、刑名說，都是因應當代流行的思潮，配合「帝王之道」來講：它雖然是政論性質作品，但是卻充滿數術語言，並且相信數術以及由數術開展而出的原理原則以至思維方式，都是治國的重要根據，換句話說，就是推天道以明人事，務時而寄政一類思想。其學說的思維邏輯是以黃帝居中宮，當斗位，仿傚「式」圖模式，周行十二月，以示「天時」（附圖三）；並且以「道生法」的雙重含意（即以天道度數建立法度，是爲天道生法；聖人通同天地之精，以一言之成法治民，謂道生法），聯系著聖人知天時的智慧，開展出終始循環的宇宙秩序。而刑名說也就在這個宇宙秩序大框架中，被包裝爲陰陽順逆之理。帝王之道，就是效法聖人，呼應黃帝形象，以成就宇宙秩序的大法。這就是帛書《黃帝書》的思想體系。

　　本論文分三章來討論帛書《黃帝書》，三章都有一個主題。

　　第二章主題在確立帛書《黃帝書》的成書年代及寫作地域，分兩節：第一節考察其成書年代，確立時代性；成書年代確立後，第二節再依其內容特色研判地域文化，並推斷寫作地點，以突顯作者文化背景、寫作動機。此章具體的結論是：帛書《黃帝書》成書年代在戰國晚期之初（約西元前 300～286 年），作者可能是生長於淮泗地區，後來成爲櫻下學士，在櫻下完成帛書《黃帝書》。

　　第三章主題針對帛書《黃帝書》立論的基礎——天道思想與黃帝造說，

分兩節考察其源流，最後再綜合兩節作出結論。第一節天道思想部分：從兵學、天文曆數與學術思潮，論述「天道」從數術發展爲天道思想的始末。第二節黃帝造說部分：包括黃帝傳說與託名黃帝的著作。此章的結論是：天道思想作爲新時代的新思維，與塑造黃帝成爲創制發明的文明共主，兩者的發展是同步的。兩者從結合到發展，其進程約可分爲五個階段，而帛書《黃帝書》處於第三階段。

第四章主題是探討帛書《黃帝書》的思想體系，分三節。第一節針對帛書《黃帝書》中的數術內容，以及由數術轉化的政論語言，作全面性考察。第二節分道、天道、刑（形）名與法、陰陽理論、兵學思想、帝王之道，探討帛書《黃帝書》的主要思想。第三節在前面兩節基礎上，推出帛書《黃帝書》的思想體系，同時透過圖示，總合帛書思想大旨，呈現其思維邏輯。此章的結論是：道家黃老學者將天道知識從具體的日月星辰的運行、四時的變化，推衍爲道的普遍性和抽象性，將占驗天道的數術，與人事吉凶禍福聯繫起來，成了天稽環周終始循環的宇宙秩序。執道者推天道以明人事，務時而寄政，根據天道度數以制度量、定法度，法的根源性因此得以確立，如此，作爲「生法」的執道者，若能體察天道，遵循宇宙秩序而作爲，也就可以成爲人事主宰，成就「帝王之道」。

第五章結論，除了回應帛書《黃帝書》撰書主旨「帝王之道」外，也綜述帛書《黃帝書》主要思想源流並附圖以明之，同時也對帛書《黃帝書》的思想屬性究竟偏黃、偏老，作出明確地結論，以明此書之學術定位。

目　次

上　冊

第十一冊　陸賈思想之研究

作者簡介

　　蔡忠道，1965 年生，嘉義大學中文系教授，高雄師範大學國文系博士。曾任嘉義大學中文系系主任，輔英科技大學共同科講師、副教授、嘉義師院副教授、嘉義大學副教授。研究專長：魏晉玄學、史記學、先秦儒道。著有《魏晉處世思想之研究》、《魏晉儒道互補之研究》，參與編撰《標點符號詞典》、《現代漢語縮略語詞典》、《國語》課本（南一書局）等專書，發表單篇

論文二十餘篇。

提　要

　　儒學自戰國末期即備受排斥，其後又遭秦火之厄，文化慧命幾絕。漢初陸賈稱說《詩》、《書》，著《新語》，開啓儒學復興的先聲。然司馬遷視陸賈為辯士，《四庫提要》復疑《新語》偽作，陸賈的思想遂少人問津，迨及民國，研究者日多，在考證方面有胡適、羅根澤、余嘉錫諸學者；在思想方面，有錢穆、徐復觀、黃錦鋐、王更生諸先先，闡釋思想，表彰貢獻，陸賈才益受重視。本文擬承繼前輩研究成果，嘗試進一步理解陸氏在思想史上的地位。

　　全文共分五章，第一章緒論：概述研究動機、目的、方法等。第二章生平與著述：根據史料，陳述陸賈生平、志行；考證其著述，並臚列版本、評定良窳。對《新語》真偽的爭辯，亦一一分析，並歸納出較可信的說法。第三章陸賈思想的時代背景：詳述秦漢之際的學術思潮，透過時代背景的分析，掌握陸賈思想的特質。第四章陸賈的思想：從《新語》歸納陸賈對當代思潮的反省及其政治思想。第六章結論：根據各章論述，參酌歷代對陸賈的評論，說明陸賈在思想史上適當的地位。

　　陸賈的著作除了《新語》、《楚漢春秋》外，還包括三篇賦、《南越行紀》，他也有「兵權謀家」的著作，但書名不詳。《楚漢春秋》是記載秦末到漢初一部重要史書，司馬遷寫《史記》時多所採擇，二書的異同，正足顯示《楚漢春秋》的價值。陸賈的賦已全部亡佚，但在《漢書・藝文志》中，陸賈與屈原、荀卿鼎足而三，同為漢賦的開創者。陸賈的思想，由於沾染時代風氣，融合各家思想，不似先秦諸子純粹，也沒有兩漢經學家壁壘分明的門戶之見，而是站在求治的立場，以儒家為主，兼容他家，展現解決當代問題的強烈企圖心，這種思想傾也為漢代思想家繼承，成為漢代思想的主要特徵之一。

目　次

王充自然思想研究

作者簡介

　　陳麗桂，臺北市人，一九四九年生，曾任國立臺灣師範大學國文系主任、實習輔導處長等職，現爲國立臺灣師範大學國文系教授兼文學院院長。多年來從事於黃老之學、漢代學術思想，與近二、三十年出土簡帛文獻之研究，著有《王充自然思想研究》、《淮南鴻烈思想研究》、《戰國時期的黃老思想》、《秦漢時期的黃老思想》、《中國歷代思想家——王充》、《中國歷代思想家——葉適》、《新編諸子——淮南子》等書，並發表相關於上述三領域之研究諸文七、八十篇。又曾受國家圖書館漢學中心之委託，主編《兩漢諸子研究論著目錄 1912～1996》、《兩漢諸子研究目錄 1997～2001》等書。

提　要

　　王充是漢代思想史，也是中國思想史上的異數。他一無依傍，憑其自學，崛起於儒學早定一尊的東漢學術界，有別當時師徒相承，重師法、家法的經院學風，講效驗、重實證，以極富科學之懷疑精神，摧毀傳統迷信，爲當時陰陽災異與讖緯迷信充斥的學術界，注入一股清新之流。

　　他以先秦道家自然無爲的天道觀爲基礎，視天道爲機械運行的自然，視一切災變爲適偶的現象，以切斷天人之間的繫聯，去摧毀董仲舒一系的天人感應說；掃除讖緯的無根附會與鬼神迷信；視古今爲同一自然循環，打破時人貴古賤今之迷思。並以無徵不信的態度，去一一解析漢儒與古籍中許多天人感應記載與鬼神爲祟說之繆誤無根，力求還原眞相，還「天」以規律性與物理性之自然。其切斷一切無謂的天人糾纏，呼籲人實事求是的治學精神，是漢代哲學界的清音與良知。惜過度強調「天」之機械性規律，視「命」爲此規律之一環，不免跌入宿命之窠臼；雖否定鬼神作祟之說，卻相信妖孽之存在，終究不能完全擺脫陰陽家與時代思潮之影響。

目　次

第十二冊　《淮南子》天道觀之研究

作者簡介

　　黃淑貞，國立高雄師範大學國文系博士、碩士，現任亞洲大學通識教育中心助理教授；計有博士論文《西漢宮廷婦女形象之研究》、碩士論文《《淮南子》天道觀之研究》，及單篇論文〈台灣老人的見證者──談黃春明及其《放生》〉、〈試述杜十娘與莘瑤琴一悲一喜的人生結局對現代通識教育的啟示〉、〈試述后妃參政之影響〉、〈盛妝下的控訴─劉蘭芝與杜十娘最後尊嚴的捍衛〉、〈柳宗元傳記散文之作法與藝術特色〉上下、〈漢樂府詩中的婦女問題〉、〈論漢初學術發展之因由〉、〈「醉臥古藤陰下，了不知南北」──論秦觀詞的悲愴情調〉、〈淺析〈救風塵〉中所呈現的主題〉、〈陶淵明〈飲酒〉詩試探〉等等。

提　要

　　天道觀是中國古代思想界重要的課題，從先秦自然界之天道觀，或人格

意志之天道觀，至西漢二者合一，並且轉化成爲人所當遵循之道，形成二千年來影響中國人深鉅的「天人合一」思想，而《淮南子》正處於這關鍵時期，因此本文以《淮南子》天道觀爲題，探究其天道觀性質及其重要性。本文共分爲六章：

第一章〈緒論〉：說明研究動機、目的、範圍與方法。

第二章〈《淮南子》之成書背景〉：以「客觀環境」與「主觀因素」切入問題的核心。前者以西漢的學術環境－黃老盛行、儒家式微、陰陽五行廣布、刑名法制運作及辭賦創作爲主；後者以總編輯者劉安爲論述中心。

第三章〈先秦思想界之天道觀〉：以《淮南子》有所承襲之儒家、道家、墨家、法家與陰陽家爲論述中心，並對先秦思想界普遍之天道觀範疇作一大略介紹。

第四章〈《淮南子》天道觀之析論〉：首先論述《淮南子》天道觀之淵源，其次分爲「混沌恍惚」、「先天地生」、「生乎自然」、「無所不在」、「恆常不變」、「虛無寂靜」、「柔弱之說」及「陰陽與氣」八點來說明《淮南子》天道觀之性質；再者以「無爲而無不爲」與「造分天地、化生萬物」來說明《淮南子》天道觀之作用；最後論述《淮南子》天道觀與萬物之間的關係，將天道與人道的結合作充分的發揮。

第五章〈《淮南子》天道觀對後世之影響〉：以思想、文學、美學及宗教爲論述中心。

第六章〈緒論〉：綜合論述本論文之研究心得。

目　次

第十三冊　魏晉清談主題之研究

作者簡介

　　林麗眞，1947 年生，台灣大學中文研究所博士。1978 年起，任教台大中文系及中文研究所近三十年，主授「中國思想史」、「魏晉玄學」、「易老莊列哲學」、「自然哲學與自然文學」、「中國宗教與基督教」、「中國哲學問題討論」等課程。所指導之博碩士研究生，不下二、三十位，已畢業者均任教於台灣各大學。著有《荀子》、《王弼老易論語三注分析》、《義理易學玄》等書；主編完成《魏晉玄學研究論著目錄》，並發表魏晉玄學專題研究論文四十餘篇；幾乎年年均獲國科會學術專題研究計畫獎勵。2002 年，爲美國史丹佛大學訪問學人。2004 年，獲「胡適紀念講座」講座教授。2005 年夏，至捷克查理士大學講授「老莊哲學」。2006 年，獲臺大「教學傑出教師」獎。《魏晉清談主題研究》一書，係其完成於 1978 年的博士論文。

提　要

　　本書突破傳統的「清談亡國論」和「清談即談玄說」的看法，從學術發展史的客觀立場，全面性地探入魏晉時期的典籍、史料，乃至類書、輯佚書中，針對「魏晉談題」進行廣面性的蒐羅、考索、分析、研究，而後分就經、史、子、集、佛五大面向，舉例詳述魏晉時期的清談主題、內容，並鉤勒出思潮演變的特徵及文化現象。

　　這是申請人完成於 1978 年的博士論文，對晚近三十年來從事魏晉學術思想史之研究者，可說是提供了不少資料來源的線索，也啓迪了不少值得鑽研細究的論題。1992 年唐翼明先生出版《魏晉清談》一書，即於〈緒言〉中說：「林麗眞的論文蒐羅的材料相當豐富，書後並附有〈魏晉談士傳略表〉，顯然下過相當的功夫。」誠然！在既豐富又繁雜的魏晉史料中，本書乃是早期投注於披砂揀金的耙梳工夫中用力甚偉者。而在陳述清談主題之餘，亦頗能契入論題焦點，鉤勒玄學底蘊，並掌握到學術流變。尤其於實虛、有無、是非、正變、當否、同異、離合、象理、言意、優劣、隱顯、先後、生滅等相對觀念的解析上，即充分展現了哲理思辯的能力。本書雖時隔三十年才出版，其

學術價值卻早有定位。

目 次

第十四冊　王弼與郭象玄學方法之研究

作者簡介

　　高齡芬，臺灣省臺南縣人，臺灣師範大學國文學士、輔仁大學中文碩士、博士。現任北臺灣科學技術學院通識中心副教授。研究領域以先秦道家、魏晉玄學、周易、理則學為主，著有《王弼老學之研究》。

提　要

　　本文的寫作目的在於透過王弼與郭象的方法論，以期更深入魏晉玄學的堂奧，故以王弼的《老子注》、《周易注》與郭象的《莊子注》為主要材料，並旁及其他著名的玄學論著，例如：歐陽建的〈言盡意論〉、韓康伯的〈辯謙論〉以及何晏的〈無名論〉等。

　　文中除了論述王弼與郭象的名理方法之外，更不厭其煩地條分縷析兩家的玄理方法。其中以兩層區分、辯證的統合以及超越的玄冥方法最為卓越。透過這些方法的洗練，魏晉玄學理論之發展脈絡遂大為清晰。

關於王弼的易學方法的論述，本文分為三個綱領：言意之辨、以一統眾、陰陽二分法。王弼以「言意之辨」釐析了周易有關「象」的詮釋功能，又把《易傳》隱含的主爻觀點加以提煉成「以一統眾」的原理，形成易學的主要架構，並順著易學本有的「陰陽二分法」，以演繹整部周易之卦爻變化的條例。成功的建立了有別於漢易的義理易學規模。

最後，大抵得到了兩項結論：其一是魏晉玄學家之所以能擺脫兩漢學風的影響，乃得利於其名理方法之殊勝。其次，王弼與郭象之所以能在魏晉玄學家之中，傲視群賢，獨步一時，乃由於他們不僅名理嫺熟，且能紹續老莊之玄理方法，甚至大有創發。要之，王弼與郭象把老莊方法的精妙發揚光大，故能在玄理上有超凡的建樹，進而奠定了魏晉道家的玄理規模，在中國學術發展史上，實具有繼往開來的意義。

目　次

第十五冊　嵇康研究

作者簡介

蕭登福，台灣屏東縣人，一九五〇年生。現任國立台中技術學院應用中文系教授；常到中國、香港、新加坡、馬來西亞等處參加學術會議及講學。著有《嵇康研究》、《公孫龍子與名家》、《鬼谷子研究》、《敦煌俗文學論叢》、《漢魏六朝佛道兩教之天堂地獄說》、《道教與密宗》、《道教與佛教》、《道佛十王地獄說》、《周秦兩漢早期道教》、《南北斗經今註今譯》、《讖緯與道教》、《新編論衡》、《易經新譯》、《道教與民俗》、《道家道教影響下的佛教經籍》、《六朝道教上清派研究》、《六朝道教靈寶派研究》等專書三十二種；及學術論文百餘篇。

提　要

本論文共分六章，約十餘萬言，旨在探討嵇康其人及其言論對後世之影響。魏晉之際政局多變，名士少有全者，復重之以老莊之學勃興，於是狂曠之風特起，或裸祖縱酒，或當弔而歌，以廢事為高，以勤恪為俗，故顧炎武以為王、何之罪深於桀紂。然若推溯此風之所以成，則殆有不得不然者焉，前人亦嘗為之致辯矣。嵇生為竹林名士，其學風率與王、何相類而其玄論則義奧而辯，詞藻而實，王導過江特標三論以為清談之資，嵇生玄論乃佔其二焉，亦可見其重要矣。今清談已為陳跡，玄論空留名目，然欲廢斯學，則後學無由窺其玄妙；若欲觀昔賢談玄論道之風，則捨嵇生玄論，莫能窺其堂奧也，故本文分嵇生之時代背景、家世、交遊、思想、玄論數者以探究之。

目　次

第十六冊　六朝形神思想與審美觀念

作者簡介

　　周靜佳，台北市人。國立台灣大學中國文學系、中國文學研究所碩士畢業，台灣大學中國文學研究所博士生。現任南台科技大學通識中心專任講師，著有《六朝形神思想與審美觀念》，編撰《相遇的因果與緣份》。

提　要

　　本論文從六朝名士風神，上述其精神之源，以及「形」「神」的含義與形神思想的背景，並旁及當時相關的藝術觀念。除了緒論、結論之外，從調理自身、入處人群、面對自然，及至感物而作的藝術，依序展開討論：

　　首章說明六朝形神觀念運用的範圍及意義；第一節基於釋名彰義的原則，就先秦以來的材料，分別界定「形」「神」的意義；第二節則交代促進形神觀念與思考的背景，就當時量才觀人、見貌徵神的方法，玄學思想有無本末的討論，以及佛教在這個問題上所帶來的影響，分三段加以討論，以了解形神觀念運用廣泛的原因。

　　第二章體道養神，論述精神的自覺與生命的態度：第一節討論莊子道與神的意義，以及養神的工夫；第二節就現實人生形神關係加以討論，認識形神的主從性與依存性；第三節依序由王何、嵇阮、向郭的觀念，討論當時理想人格的境界。

　　第三章名士風神，主要說明人物風神的展現與互相賞美的活動：第一節從言語思理、神采風儀乃至姿貌形容，敘述人物賞美由形得神的美感活動與美感滿足；第二節從人物賞美的讚辭與高下的評斷，歸結名士風流的精神特質；第三節說明形神相親的意義，並討論名士風神與莊子精神的差異，以及名士末流忘本學跡的現象。

　　第四章興會感神，說明人與自然的關係，以及興會感應乃至創作的問題：第一節從自然山川與自自然然之道的關係，說明慕求自然之道而寄身自然山川，怡志養神的原因；第二節討論人們對自然山川的賞美，並以之譬喻理想人格之美；第三節由自然物色起情興感，談藝術創作之動機，並說明藝術創作以自然為美的原則。

　　第五章藝術創作的形與神，分別討論作者、作品、讀者的問題：第一節從文學構思的神與物遊，以及繪畫遷想妙得的方法，討論藝術創作的神思活動，

以及作者精神在整個創作過程的地位；第二節從繪畫的以形寫神，文學創作的巧構形似，討論從情思表現爲作品，形式與風格的問題；第三節由欣賞者乃至創作者，說明藝術創作與欣賞皆是暢神的活動，從中可得精神的悅樂。

結論綜合人物、自然與作品，說明精神活動的意義，並從神形不離的觀點，說明精神活動與形體形式的問題，進而探討作者、作品、讀者三者之間的關係，用以總述六朝發揚精神情性與創造藝術形象所成就的美感意識與活動。

目　次

六朝美學中的形神思想之研究

作者簡介

　　呂昇陽，1967 年生，台南人。淡江大學中文系畢業，中央大學中文研究所碩士。南台科技大學通識中心講師。熱愛山林，喜從事自然書寫。

提　要

　　形神思想的萌芽，發端於先秦，而到了六朝，便發展成一個時代的重要課題和觀念。因爲在六朝的玄學、人物品鑑與藝術的理論和實踐中，在在都表現出對形神觀念、問題的高度重視。它們一方面被動的受到時代形神觀念的影響，一方面也主動的進一步處理其領域內的形神問題。所以，在如此的輾轉相成中，形神觀念便快速的在六朝這個歷史時期，增加了它的內涵和深度。

　　本篇論文撰述的動機和目的，便是想從六朝玄學、人物品鑑與藝術的理論和實踐等三方面之形神問題的關係中入手，試圖重新理出一條線索，以剖析六朝美學中形神思想的內容與發展。所以本文便由此出發而申論之。

　　第一章，首論「形」與「神」。分別從先秦兩漢與魏晉六朝，來探討形與神在哲學與美學範疇裡的義涵。

　　第二章，論人格理想的建構。透過對莊子與魏晉玄學的人格理想的解析，來闡明人格理想的建構與形神思想的關係。

　　第三章，論人物品鑑與形神思想。經由對《人物志》、《世說新語》的考察，以探討人物品評上關於「形神識鑑」的內因與外緣之問題。

　　第四章，論六朝書畫理論中的形神思想。分別透過對顧愷之、宗炳、王微與謝赫的畫論，以及王僧虔和袁昂的書論，來進一步探究這個時期書畫理論中形神思想的內蘊與性格。

　　第五章，結論。總結全文並歸納出七個主要的論證結果。

目 次

第十七冊　范氏義莊與范仲淹──關於范仲淹的儒學史地位的討論

作者簡介

　　黃明理，臺灣彰化人。臺灣師範大學文學博士，國文系專任副教授。親炙龔鵬程先生，以傳統文人型態考察爲研究重點，希冀能對中國文人階層史研究領域的開展有所貢獻。碩士論文《「晚明文人」型態之研究》、博士論文《范氏義莊與范仲淹──關於范仲淹的儒學史地位的討論》，以及目前正集中進行的歸有光研究（包含其交游與人生志向、科舉經義論策之文等等）、指導研究生從事的古代文人「命名文學」探究，都是此長期計劃下的成果。又涉獵書法，致力於基礎寫字教育，撰有〈左書左字論〉、〈楷書基本筆形再認識──論寫字教育應重視的一個環節〉及古代名碑帖硬筆臨書學習系列。

提　要

　　本書以范氏義莊爲研究核心，探討范氏義莊成立的因緣、發展的過程，以及其歷史意義──尤其是與范仲淹人格交互生成的儒學傳播功能。文中認爲范氏義莊在歷史推衍中，生發出三重含義：第一，是吳中范氏宗族的養贍救助機構，這是最初本義；第二，是中國社會規模最大、最具代表性的范仲淹紀念中心；第三，則是兩宋以降無數支持范文正公理想之人，所形成的儒家價值實踐體。

　　關於第一層含義，本書提出許多翻案的新認識，諸如：捐田救贍非關佛教、范氏義學不曾存在，以及范仲淹直系子孫自洛返蘇的緣由、范氏十六房的宗族結構、主奉制度的產生與意義……等等細節，對歷來關於范氏義莊的誤解多有澄清。

　　在第二三含義層面上的研析，相當於探討范氏義莊與范仲淹的關係。作者對於學界普遍以論著作爲評價儒者、建構儒學史的唯一標準，不表認同。認爲在此習尙卜，無法彰顯某些大儒的眞正價值，范仲淹便是一例。因此，採取就事論學的研究方法，提出義莊制度所形成的儒學傳播功效並不亞於典籍著述的

觀點，重新檢討范仲淹在儒學史上的地位。文中指出范仲淹之儒學乃上溯隋儒王通仲淹（文中子），爲唐宋行道之儒的一脈，有別於研經講學的闡教之儒。范仲淹透過制度，傳播儒學中博施濟眾的理想、收族養教的倫常、積善餘慶的信仰，其理雖不高深，卻是不以言顯而以實踐爲貴的核心價值，在宋元以後，道學內聖爲主流的儒學發展中，獨顯其樸實平易貼近百姓的外王精神。

　　整體而言，全書觀念新穎，而持之有故言之成理，對讀者認識義莊、范仲淹，乃至儒學研究，都有所啓發。

目　次

第十八冊　道南學脈觀中工夫研究

作者簡介

　　侯潔之，現就讀國立臺灣師範大學國文研究所博士班。著有〈由馮少墟學說論晚明關學的轉折〉、〈王塘南「透性研幾」說的義理架構〉、〈王船山乾坤並建的義涵及倫理向度〉、〈由道器之辨論王船山證立形而上的進路〉、〈由張載、朱子形上思維的分歧論其工夫重心的移轉〉、〈裴頠「崇有論」中「有」的義涵與萬有關係〉、〈道南學脈的觀中工夫論〉、〈韓非人性論的建構方法與考量〉、〈王弼「忘言忘象以得意」說之「忘」的意蘊〉、〈《莊子・齊物論》中籟音的義理蘊涵〉、〈撥亂反諸正——從資治通鑑看司馬光的禮制思想〉、〈陌上桑的語言藝術〉、〈木蘭詩的語言藝術〉、〈衛風・有狐中「狐」字確義〉等期刊論文十餘篇。

提　要

　　道南學脈是洛學傳衍的主要支脈，也是洛學與閩學銜接的關鍵。北宋時期，洛學盛行，楊龜山身爲程門高弟，明道甚喜之，及其南歸，更有「吾道南矣」之歎。自其傳道東南，一傳羅豫章，再傳李延平，後世遂以道南學脈稱之。楊龜山根據《中庸》中和說法，開創「體驗未發」的工夫，並以之傳後。高弟羅豫章專主之，附以靜坐形式，並據此自修教人。延平承之，一如其師，將學問重心全置於未發工夫的拓展上，使工夫內涵益趨完密，後並據此教導朱熹，開啓朱子對中和問題的關注。在龜山，其思想範圍非僅止於此，然爲後學繼承者，則專在未發工夫。因此，未發觀中的工夫，可謂聯繫道南傳承的主軸，同時也是這一脈絡的主徵，故又稱爲「道南指訣」。

　　受到程門論中和風氣的影響，楊龜山奠基於前儒對於已發工夫創闢的基礎上，根據《中庸》的已發未發說，將《中庸》的未發說工夫化，於喜怒哀樂未發之際，建立體證德性之源的工夫，以期由中導和，引生眞正的道德行爲。龜山以「正心」的概念爲核心，以未發與已發爲界分，開展內外兩層的工夫。內層的工夫，乃在喜怒哀樂未發之際，默識未發之中，爲道德實踐的本質關鍵。外層（合內外）的工夫，是在體中的根柢基礎上，續以無間斷地自我操存，而能在與物相接時，依循所體證的中體，自然發用爲如理中節的道德活動。在龜山，內外之合，是由定內通外的次第而致。因此，從工夫的次第而言，龜山所創建的觀中的修養方法，可分爲主要工夫與輔助工夫。前者是體證內在主體的本質實踐方法，以未發觀中爲進路；後者是觀中的後續工夫，含誠、敬、格物致知等路數，以存養無息爲要義，以助成未發之中的具體呈現與落實爲歸趨。

　　羅豫章爲龜山嫡傳，專主未發觀中的工夫。他吸取禪宗的靜坐法相，納入觀中工夫中，作爲歸還未發、肯認中體的手段，其後並以相對靜坐的方式，向延平親身示範體中之道。延平繼承靜坐之法，循龜山所開出的觀中進路，進一步對修養內容作細部的補充。其推闡處大抵有三：其一，對心物關係有較縝密的討論。其二，對靜中體認實處的檢驗。其三，「理一分殊」的工夫化。

　　至於觀中的工夫境界，在龜山以「理一分殊」表示。他借助體用觀，證成「理一」與「分殊」的同一性，並從倫理實踐的意義詮釋體用間的關係。觀中所觀者，即天下之理的根源，而分殊乃依於理一所顯發的具體道德活動。

而在延平則以「洒落融釋」表示。相較楊、羅二師，延平更重視學者在見體後、於中體發用之際的生疏、不自然感，並提出「理會分殊」的對治方法。所謂「理會分殊」，即親身面對現實存在的種種曲折之勢，細察分殊事理，練習依據靜中肯認的中體，發顯爲如理合度的言行。在反覆體察事理中，漸涵漸養中體，工夫益趨純熟，使中體不復停滯於抽象狀態中，而能於接物之際，自然稱體發用，即「洒落融釋」境界的體現。

　　觀中工夫的傳承，起於楊龜山，經羅豫章之傳，而終於李延平。觀其前後承繼，不過三人。然究其影響力，則不僅止於道南一系。靜坐體認未發氣象的進路，開啓了後世對中和問題的重視。從朱熹對中和問題的反覆參究，到明代吳康齋「靜時存養」「身體力驗，只在走趨語默之間」，陳白沙「從靜坐中養出個端倪來」，王陽明於滁陽時以「默坐澄心」爲學的，皆可見道南未發觀中說的痕跡，其影響不可謂不遠矣。

目　次

第十九冊　王龍谿學述

作者簡介

　　許宗興，宜蘭人，東吳中文系、政大中文所碩士班及博士班畢業，現任教華梵大學中文系，曾開過「子學通論」、「中國思想史」、「中國思想史專題」、「孟子」、「莊子」等課程，近年發表論文主要為探討「中國實踐哲學」中的「本性論」範疇；著有：《自我與喜悅之道》（國文天地出版社）、《孟子的哲學》（臺灣商務印書館）、《先秦儒道兩家本性論探微》（文史哲出版社）。

提　要

　　本論文旨在述龍谿學之義理內涵，並言其於王門及中國學術史中之地位。凡一冊，約十六萬字，共分五章論述。

　　第一章：龍谿生平及著述　記龍谿之名氏年籍、生平事蹟、及著書等。

　　第二章：龍谿師承　述陽明學之時代背景、義理發展、及三綱領意含，然後對陽明義理作一衡定，並言其不足處，龍谿學便承此不足處而發揮。

　　第三章：龍谿學析論　此為本論文重心，分本體論與功夫論兩大綱目；

本體論旨在討論良知性相、「四無」意含，並取與「四有」對勘，以明其間異同醇駁。工夫論在討論與工夫相關問題，分本質工夫與助緣工夫論述。

　　第四章：龍谿在王門中地位　取王門之江右、浙中、泰州諸家派，論其義理異同，以確立孰方為陽明嫡傳。

　　第五章：結論　說明龍谿在中國義理學之重要地位。

目　次

第二十冊　道德實踐與歷史性——關於蕺山學的討論

作者簡介

廖俊裕，台灣大學機械系學士，中央大學中文所碩士，中正大學中文所博士。現任教於南華大學。大學早期遊於愛新覺羅毓鋆之天德黌舍，稍知儒學外王達用之學。大學後期得內聖證體之學於當代新儒學中唐君毅曾昭旭一脈，於儒學「愛與自由」中得安身立命之處（仁）。期以儒學己立立人、己達達人，老者安之、朋友信之、少者懷之。讓愛傳出去，讓世界更美好。

提　要

本論文主要的用意在於將海德格（Martin Heidegger，1889-1976）的「歷史性」（historicity）概念與「道德實踐」結合起來，藉此論述明儒劉蕺山的道德實踐學體系。之所以如此，是因爲劉蕺山的道德實踐學是爲了要解決陽明後學所造成的「情識而肆、虛玄而蕩」的流弊，因此他非常重視一個脫離不了具體歷史時空中的道德實踐者之修養狀況，而這正是海德格的「歷史性」概念，是故用「歷史性」這個概念正好可以恰當地呈現劉蕺山的道德實踐學。

首先檢討一般蕺山學的研究者認爲蕺山學中充滿「矛盾」、「錯雜」、「無實義」的批評，試圖用「契機說」、「階段論」與「辯證觀」來回應這些批評都是不能成立的，並由此確立蕺山的思維模式是「『一本而萬殊，會眾以合一』的辯證綜合」之「天理與人欲同體依」。

由上文的消除蕺山學的雜音爲基礎，展開對於蕺山道德實踐學的「歷程論」與「存有論」（本體論）的討論。這樣的展開是因爲蕺山由於要對治陽明後學流弊，所以發展出重視道德實踐歷程中的每一步驟的眞僞辯正，分辨其中的天理與人欲。但這種次第性蕺山又蘊含一種「無次第性」，每一歷程步驟，都是本體的呈現　「歷程即本體」、「歷程與本體不二」。

在道德實踐歷程方面，本文區分因位起修與果位起修。在因位方面，藉著〈聖學喫緊三關〉（人己關、敬肆關、迷悟關）、《人譜》（含「六事功課」）與《人譜雜記》來展開討論。在果位方面，本文由蕺山的「親切體認法」與「人以天地萬物爲一體」來立論。

在道德實踐存有論方面，本文由蕺山「天理人欲同體依」的觀念出發，首先展開「天理流行下的存有論」，由此論述蕺山很特殊的「音樂性的時間觀」，和萬物一體的「時空證量」「當下就是過去、現在、未來；當體就是十方世界」。

其次，討論「人欲作用下的存有論」，在「需要」與「欲望」的區分下，闡述蕺山特殊的「在『欲』中現身」的理論，繼而站在蕺山的立場，針對現代社會中很熱門的生死學提出蕺山的「死亡意識：不必理會，但要知道」的命題。

接著，討論蕺山的外王學，這部分是蕺山學中普遍受到忽略的一部分，本文在此揭其「經世治績」部分，並探討其「鄉保」、「鄉約」理論，發現其具體可行有其現實成效，並非迂腐不堪者，最後討論蕺山的「天理在歷史中現身」的「天理史觀」。

結論分成「回顧」與「展望」，在回顧部分，本文檢討全文寫作，其成果與限制所在，成果有如上述，限制則在於對於蕺山的外王學只能「描而不論」、「述而不議」，未能批判地考察。在「展望」方面，奠立日後蕺山學的可能發展面向，一是在明末清初的儒學史中，蕺山的承上啟下的不可或缺的地位；一是在「後現代」的社會中，蕺山學發展的可能性，這展現在蕺山「氣即性、性即氣」對於後現代「性」（sex）論述當道的融攝，以及蕺山在明末超克現在還很流行的《了凡四訓》「功過格」修法而發展出來的《人譜》實踐體系。

目　次

第二一冊　晚明文化論述中「倫理」與「審美」論題之交涉及審美意識之開展

作者簡介

楊晉綺，臺灣師範大學中國文學博士，現任清華大學約聘助理教授。

提　要

本論文旨在闡釋晚明社會「倫理」與「審美」二者之間的相互關係，觀察晚明文人如何在「倫理」與「審美」這兩重「有限的意義範圍」游移、轉換，並分析晚明審美經驗的各個面向及其內涵。

論文計分六章，第一章「緒論」，首先藉由晚明人對於《金瓶梅》閱讀、接受見解紛歧的現象，指出倫理世界與審美世界茲為晚明社會中最為醒目的兩重「意義世界」。由於我們對於審美經驗的闡述，聚焦於審美經驗乃是一種情感淨化的過程，因此，當我們重新檢視晚近晚明美學研究概況，遂能明晰其間的局限與不足之處。第二章「晚明『時代精神』與士人心態之嬗變」，首先論述推動晚明歷史不斷向前轉動的根本精神，即是陽明學說在晚明時期持續發展、分化、歧出與社會化的過程。繼之，以晚明士人對於萬曆年間吳中行等五賢受杖事件的不同詮釋作為論述起點，探討晚明知識分子對於「道」與「勢」關係之辯難、思考。第三章「晚明倫理價值世界的失落與重建之諸般限制」，主要分析明中葉以後，商賈與知識分子的倫理觀念與道德思想。由於各有其理論上、或實踐上難以寰通窮盡之處，遂皆難以有效地化成、轉易縱欲恣樂的社會風氣。第四章「刺激、疲病、扭曲的社會癥狀與藝文觀」，我們率先指出「世俗化」世界兩種人性發展的極端方向，一是自我人格精神的無限擴張，二是人們不斷追求新奇、享樂，終而淪為放蕩的生活型態。前者以李贄的一生經歷作為闡述的具體例證，後者則描述一般晚明人對於官能欲望熱烈追求的景況。接著，觀察此種時代氛圍下所孕育出來之「尚醜」、「好奇」的藝文觀念，說明透過審美視角，奇異醜怪的審美對象，如何具現人性情感的深度，審美主體如何藉此重新界定生命存在之意義、價值；而倫理主體又經由何種感知、照察與思考，將關於「官能享樂」此一活動建構成為道德關注的特殊領域。第五章「入於生活，又自生活逸出──晚明審美意識的構成、審美距離與『冷熱世情』」，此章中，我們進一步追溯晚明審美意識的構成，分析晚明審美經驗的特殊性質、內蘊，並觀察性靈小品與欲望《金瓶

梅》此兩種內涵看似極端的文學作品，同處於晚明時代語境下，所展現的美學意義是否各不相屬？繼之，以此作為一種「前理解」，說明晚明審美概念呈示了一種「狀態屬性」，充滿流動性、多義性的特徵。第六章「餘論」，則概略性地審視倫理主體對於「欲望」進行管理與控制之道德思考，以及「養護生活」此一論題所具有之「倫理」、「審美」兩重經驗性質，繼之說明本篇論文未能深入闡明的面向，以及將來可以持續開展、擴充的研究課題。

目　次

第二二冊　李光地與清初理學

作者簡介

　　楊菁，臺中縣人，畢業於東吳大學中國文學研究所博士班，現為國立彰化師範大學國文學系助理教授。著作有專書：《劉寶楠論語正義研究》、《李光地與清初理學》、《清初理學思想研究》；譯作有《論語思想史》（合譯）；點校有《翼教叢編》等。

提　要

　　本書介紹李光地與清初理學的關係。李光地一生因處於複雜的政治情勢中，又被難以論斷的「三案」所影響，所以後人皆非難其品、輕視其學術，甚至連清初的程朱理學都不被重視。實則，李光地對清初的學術有其貢獻，他與康熙帝共同推崇理學思想，使程朱學成為官方的學術代表；上行下效的結果，也帶起清初理學的盛行，此一時期理學家輩出，使得清初學風一變明末以來的虛浮，而返於重實踐的淳篤之風。李光地的理學思想重實理，「知本」與「明性說」皆強調庸言庸行的實踐之功；又他所獎掖、提拔的理學人才，多精通經學及實用之學，凡此，除了反映清初的理學風貌，亦表現其個人的學術特色。又自康熙朝後，理學日漸衰微，衰弊之跡在其發展過程中已可窺見，因此本書又探討理學衰微之因，以對清初理學的盛衰作一對照與交代。總之，李光地與清初理學及清初至中葉的學風皆有密切關係，由本論文正可看出清初學術風貌之一端。

目　次

第二三冊　黃宗羲之經世思想研究

作者簡介

齊婉先，美國賓州大學（University of Pennsylvania）亞洲與中東研究所漢學研究博士，現為彰化縣明道大學中國文學學系助理教授，曾任教於高雄市文藻外語學院應用華語文系，並擔任文藻外語學院華語中心主任。學術研究領域為：王陽明思想、歐美漢學、宋明理學、黃宗羲思想及明末清初學術。

提　要

晚近研究經世思想之風氣頗盛，而多著重於明末清初與清朝中葉以來兩時期：前者居歷來經世發展之關鍵地位，而後者則受近代西方思想之影響。筆者自來即對儒家經世致用之學存有濃厚興趣，加之有感於明末清初經世思想之特殊地位與意義，乃以明末清初時期極具代表意義之經世思想家黃宗羲為本論文研究對象，深入探討其經世思想之意涵及相關問題。本論文分為七章，各章主要內容如下：

第一章　緒言。概略介紹本文之研究動機、問題意識、論述內容、探討方法與預期結果。

第二章　經世思想探源。主要乃自宏觀角度對經世思想之發展做溯源工作，以彰顯黃宗羲經世思想在歷來儒學之經世致用傳統中，所代表由傳統步向近代發展之轉折意義。

第三章　黃宗羲承心學而轉經世思想之歷程。此則由微觀角度就黃宗羲之經世思想做溯源工作，主要針對其學承與轉變進行檢視，藉以輔助前文所做宏觀之溯源，從而更明確呈現黃宗羲經世思想之源起。

第四章　黃宗羲經世思想之意涵。黃宗羲有鑑於明代政治窳敗，其經世理念以尊三代，重應務，反蹈虛為重要核心價值，而其政治理想之建構正反映如此之核心價值，故而首重國家體制之建立，並自人才拔擢、建都考量、民生經濟、軍事制度及明末時期極為嚴重之奄宦問題等方面擘畫其心中理想政治之藍圖。

第五章　黃宗羲經世思想之特色。主要自經術之學，史籍之教及科學精神三方面解釋黃宗羲之經世思想深具儒學經世傳統特色，即自孔、孟以來已然確立之經、史並重學術體系，惟黃宗羲在經、史並重傳統上，亦同時展現科學精神，然而，此一精神實又蘊藏於其通經致用與史學經世所講求之明理、

徵實思想中。

　　第六章　黃宗羲經世思想之實踐。檢討黃宗羲實踐經世思想時所遭遇之困境、難題，與其解決之道，從而體現黃宗羲之際遇與困境正與歷來儒者所遭逢之境遇相同，即身處胸懷經世高度熱忱而力求用世與受制於現實情勢而屢次受挫之衝突及緊張中。同時，亦對黃宗羲所採行解決之道，分析所代表之歷史意義。

　　第七章　結論：黃宗羲經世思想對後世之影響。對清代浙東史學與清末之變法、革命，進行觀察，以見黃宗羲經世思想影響之深遠。

　　本論文乃欲藉對黃宗羲經世思想之探討，體現儒家之經世精神，從而彰顯儒家體用之學真諦所在。

目　次

第二四冊　晚清新舊學派思想之論爭——以《翼教叢編》爲中心的討論

作者簡介

賴溫如，台灣師範大學國文系畢業，中興大學中文研究所碩士，台灣師範大學國文研究所博士。現任亞洲大學通識中心助理教授，以研究清代學術思想爲主，著有：《清代《論語》述何學考》、《晚清新舊學派思想之論爭——以《翼教叢編》爲中心的討論》專書及〈嵇康與反玄學思想〉、〈魏晉反玄學思想對貴無思想的批判〉、〈《明夷待訪錄》之經世思想述評〉、〈皮錫瑞《春秋通論》析論〉、〈論孫盛「以儒統老」之思想〉、〈論章學誠〈易教〉篇的六經觀念與《易》學思想〉、〈皮錫瑞對先秦易學的幾個觀點〉。另有〈李清照《詞論》析探〉、〈「紅」與「綠」在《小山詞》中的作用〉、〈晁補之與李清照詞學觀點之分析——從評論各家詞作談起〉、〈音節修辭法在詩文教學上的運用〉等專題論文。

提　要

晚清時期，康、梁等新學派爲因應西方列強紛沓而來的勢力，除審視中國積弱的原因，更致力於中國求變、求富、求強的路徑，企圖進行學術及政治兩大體系的改革思潮，而此改革思想使傳統學術及政治體制，面臨極大的挑戰，更震驚當時固守傳統觀念的人士，進而引發一連串相關思想的論辯與批判。舊學派之所以排拒新學派的各種觀念與主張，主要是由於新學派所根據的學理及價值觀念，違背了所謂儒家的正統思想，破壞了原有的學術與政治形象並扭曲了內在的思想內容，所以遭到抗拒，形成新、舊兩學派論爭的情況，可謂中國近代思想史上的一大特色。

本篇論文透過新學及舊學兩派分別在學術、政治、教育、保種及保教等方面的論爭，一方面以檢視兩派在各種思想上的內容及特色，另方面掌握兩派在論爭點上所呈現的意義。本論文共分爲七章：

第一章：緒論。先說明研究動機及研究重點，再界定文獻資料及時間斷限的範圍，最後掲出研究方法及目的。

第二章：晚清思想轉變的分析。包括清代學術發展及經世學風的探求、外患刺激下的思想型態、中體西用說的形成與影響，做分析論述。

第三章：新、舊學派學術思想之論爭。分析哲學思想的差異、經學思想

的論辯（劉歆僞經說、孔子改制說）、對漢學與宋學的主張。

第四章：新、舊學派政治思想之論爭。探討變法思想的論辯、三世進化思想的論辯、對君權思想的論辯、對民權思想的論辯、設置議院的爭議。

第五章：新、舊學派教育思想之論爭。檢視教育理念的差異、幼學教育的論爭、科舉主張的差異、對中西學態度的差別。

第六章：新、舊學派保種與保教之論爭。研究保種思想的不同、孔教觀與保教思想的相異。

第七章：爲結論。綜合上述各章，以文化學及社會學的角度，剖析新、舊學派分別在思想上的特色及限制，並提出兩者間的相即相離處。

目 次

第二五冊　從《弘明集》看佛教中國化

作者簡介

　　王志楣，出生於台灣，祖籍河北省。台灣政治大學博士，現任政大中文系副教授。研究領域以中國佛學、道家思想為主要範疇，主要著作有《從弘明集看佛教中國化》、《維摩詰經之研究》、〈緣情而綺靡——豔詞綺句的禪詩認識分析〉、〈試論智顗「佛不斷性惡」說之思維方式〉、〈從有身到無身——論老子的身體觀〉、〈莊子逍遙義辨析〉、〈從物理學到形上學——導引術與莊子思想〉、〈莊子論愛探析〉、〈無用之用——論莊子之「用」〉、〈其嗜欲深者其天機淺——論莊子之「欲」〉、〈人之生也與憂俱生——論莊子之「悲」〉、〈天下有至樂——論莊子之「樂」〉、〈術以載道——論莊子的道、術關係〉、〈孟、莊論「德」比較〉等。

提 要

漢末至南朝梁武帝三百餘年間，正是佛法大量輸入時期，也是與中國文化接觸發生蛻變的關鍵時期，在中國佛教史上具有相當重要的地位，但此期卻乏成書的佛教專論，大多是零星散列於一般史事中，《大藏經》雖卷帙浩瀚，唯幾以經律論注疏爲大宗，其餘之經錄、傳記、語錄雖繁，卻難從中一窺中國佛教發展面貌，僧祐的《弘明集》可謂是該段時代碩果僅存之作，故《四庫全書總目提要》才會說《弘明集》是：「六代遺編，流傳最古，梁以前名流著作，今無專集行世者，頗賴以存。」

《弘明集》不僅涵蓋了漢魏兩晉南北朝佛教傳入中土最盛時期，其內容又統攝佛教與儒、道二教互動關係，舉凡自牟子〈理惑論〉以迄梁武帝時神滅不滅及因果報應、沙門敬王、夷夏之辨等議題無不包含在內，是中國佛教發展史上不可忽略之作。

《弘明集》中素材雖屢被引用，但學界對僧祐《弘明集》進行全面性的專門研究者卻屈指可數，故本論文希望透過對《弘明集》的系統詮釋、分析、論証，呈顯出印度佛教在中國滲透與轉化的歷程，俾使此期中國佛教之研究獲得進一步釐清。

從整個中國佛教發展演變來看，《弘明集》所代表的佛教中國化史程，有別於隋唐佛教，其記載了佛教中國化前半程足跡，奠定了中國化基礎，爾後才會有隋唐佛教的成熟深化，是以《弘明集》所具有的歷史意義與價值不能忽視。

本論文除詳細考証撰述者僧祐與《弘明集》之外，全書以思想研究爲核心，以史觀爲行文縱軸，包括佛教在漫長輸入過程中的特徵和發展；另以橫向探討傳播中受到的本土特定因素制約與影響，事實上，二者有時可能同步交互進行。

目 次

第二六冊　《觀音玄義》思想研究——以「性」、「修」善惡爲中心

作者簡介

潘慧燕，臺灣花蓮人。現爲臺灣大學中文博士候選人。

學歷：政治大學中文碩士，華梵大學中文系學士。

經歷：華梵大學通識教育中心兼任講師、台灣科技大學人文學科兼任講師。

研究方向：天台思想、明末清初學術發展、宋明理學、先秦諸子思想。

提　要

歷來對於《觀音玄義》的研究，主要集中於論究天台宗的「性惡」（「性具善惡」）思想上，較少探討《觀音玄義》的整體思想。因此，本論文以「性」、「修」善惡論題爲中心，旨在就《觀音玄義》的全文脈絡，抉發其核心觀念，進而呈現其思想的整體圖象。

　　大乘佛教菩提道的修學，是以「自行化他」為主要內容，因此，度化眾生是成佛不可或缺的修行要道。緣此，菩薩道上成立「感應」之門；而「感應」的具體落實，便關涉到佛教聖者與眾生的生命內涵。《觀音玄義》裡，以慈悲度眾的觀世音菩薩為菩提道修學的代表人物，並藉此闡釋諸佛菩薩弘法利生的佛教事業。凡夫道上的眾生，具有可以圓滿覺悟成佛的潛能：「性德」；基於此一內在於各個生命的平等性，已經成就的聖者藉由悲願大力引導眾生時，凡情眾生於是得以轉凡為聖。在世間凡眾有「感」，而佛教聖賢能「應」的兩端，於事理上便是成立了彼此「感應」的現象和理由。同時就在「感應」關係網絡的確立上，為成立種種可能路徑，以便讓度化眾生事業得以更順利進行、更廣大開展，聖者以「惡」為方便的「法門」，於是有其可以成立的理論根據。其次，在應化救苦的菩薩道修行上，透顯出了「慈悲」這一主題；而尚為煩惱所纏縛的眾生，在大乘佛教「心」、「佛」、「眾生」三無差別的實相觀照下，對於眾生，「觀心」成為最簡易的修學入手處；而其展開，便是圓滿「定」「慧」的六度修行。因此，在修行層面，《觀音玄義》乃通過「慈悲」、「觀心」、「定慧」三項法目，來闡說其內容。

目　次

第二七冊　憨山德清註《莊》之研究

作者簡介

　　李懿純，台灣大學中文系學士、淡江大學中文所碩士、輔仁大學中文所博士研究。主要研究領域為道家、禪宗及三教思想，近年則著力於晚明莊學，並於國際會議上發表多篇相關研究成果，本書即 2003 年 6 月定稿為據。

提　要

　　明末三教融合之色彩濃厚，晚明四大師的出現，帶來了振興佛教之契機。四大師之一的憨山德清，更具有融通三教之主張，其調合三教之立場，亦為明末佛教帶來全新展望。本論文主要以憨山「註莊」為研究對象，通過憨山「註莊」之研究，突顯其特色及學術價值。本文共計六章：

　　第一章〈導論〉：對既有研究之成果，作一第二序之探討及介紹，並說明本文研究之動機、目的及方法。

　　第二章〈憨山德清註莊之動機及其中心思想〉：首先以憨山「註莊」思想之「動機」為其基礎，再透過憨山「註莊」之動機緣由，揭示憨山融通三教之中心思想。最後，再論述憨山融攝儒、道二家會歸於佛之主張。

　　第三章〈憨山德清註莊之基本立場〉：通過憨山《老子道德經解》與《莊子內七篇註》，作一「對照表」。由此「對照表」，梳理出憨山解老、註莊之如實主張，及其矛盾之處，藉此釐清憨山解老、註莊之理解及其基本立場。

　　第四章〈憨山德清註莊之系統架構及其內容特色〉：以憨山「註莊」「楞嚴為首、華嚴為次」之基礎出發，進而探論憨山對於莊子內七篇相因次第之主張，再由此呈顯憨山「註莊」之內容特色。

　　第五章〈憨山德清註莊之工夫論及其境界說〉：由憨山三教之判教觀出發，透過憨山對於孔子、老莊、佛之定位及其判攝，釐清憨山以佛統攝儒、道之立場；再由此三教之判攝，進一步探論憨山「註莊」之「工夫論」及其「境界說」。

　　第六章〈結論〉：本文之回顧與總結，並且揭示本文未來研究之展望及其

時代意義。

目　次

第二八冊　李道純道教思想研究

作者簡介

　　王婉甄，淡江大學中國文學系碩士班、博士班畢業，現任清雲科技大學通識中心助理教授，以「道教文化」為主要研究範疇。著作另有博士論文《西遊故事與內丹功法的轉換——以《西遊原旨》為例》。本文係碩士論文，此次刊行。僅作文句上的修訂，未作資料的增補。

提　要

　　李道純，字元素，號清庵，別號瑩蟾子，都梁人，宋末元初道士。原為道教南宗白玉蟾弟子王金蟾門人，於全真北宗南傳後，自稱「全真」門人。李道純精通《老子》、《周易》，兼融儒、釋學說，既傳承來自道教內丹北宗與南宗「性命雙修」的理論主張，也融會禪宗「明心見性」的心性理論，連繫《中庸》「中和」觀念與「玄關一竅」，並運用《周易》卦象陰陽消長之變化、理學家「太極」觀念對宇宙本體的解釋……等，架構其道教思想之體系。

　　第一章〈緒論〉，敘述撰作此篇論文的動機，研究的程序以及論文所欲成就的目標。第二章〈李道純在道教史上之地位〉，因為全真道史並無著錄李道純事略，碑銘刻記也缺乏直接史料，其生平記事只能散見於地方府志，故本章以李道純傳世的十部作品之著述解題以窺其思想概略，羅列譜系與理論承繼以明其道派法系，藉以建立李道純「元代著名道教理論家」之道教史地位。第三章以〈李道純三教合一之思想基礎〉為主題，將儒、釋、道三教的互動關係分為四期，繼之觀察李道純融通三教思想，提出「三教合一」作為立論體系的顯著特色，最後比較異同，作為李道純融攝三教義理上的檢討。第四章〈李道純會通

儒釋之心性理論〉，從李道純融攝儒家「已發未發」以及禪宗「明心見性」之觀點出發，進而發衍李道純將「中和」觀念結合「玄關一竅」所開展的「中派學說」。第五章「李道純性命雙修之內丹功法」，則將論述重點歸結到內丹道教最核心的「性命雙修」部分，其中包括了李道純性功的修心鍊性，命功的頓漸功法，及以「玄關一竅」作爲內丹歸求功夫成敗所繫之至玄至妙機關。第六章〈結論〉是以《中和集·全眞活法》中全精、全氣、全神之「全其本眞」作爲基點，逆推鍊精化氣、鍊氣化神、鍊神還虛之性功與命功的修鍊功夫，並從中抽離其思想會通三教與混融道教南北宗的特色，並以此總括本論文所有議題。

　　總此，本論文從李道純生平事略、著作解題以及道派法系的外環問題，逐漸掌握李道純思想概略，提出「三教合一」之思想基礎，再由三教合一的理論歸趨中，提煉出「心性問題」作爲論述重點，進而切入道教思想的核心理論——性命雙修，由此架構李純道教思想的體系規模。

目　次

陸西星的道教思想

作者簡介

　　郭啟傳，1962 年生，台灣桃園人。台大中文系學士、碩士。清大中文系博士。現職醒吾技術學院通識中心助理教授，曾任職國家圖書館特藏組。專長先秦思想史、古書版本學。著有《陸西星的道教思想》、《太初之道：聖在世界秩序的展開》等書。編著《台灣歷史人物小傳：明清暨日據時期》、《國立中央圖書館善本序跋集錄》、《國家圖書館善本書志初稿》等書，以及論文多篇。《台灣歷史人物小傳：明清暨日據時期》曾獲得「優良政府出版品」等獎勵數種。

提　要

　　本書討論之主題為明代道教東派創始者陸西星的道教思想。之所以限於道教思想是因為陸西星向有《南華眞經副墨》為莊子註解專書，《封神演義》為小說名著，並未包含在本書討論之中。近年來「身體」成為學界顯學，修練功夫是「身體」研究的一環，三教各有其關於身體之功夫，就道教而言，「內丹」是其身體功夫主要成分之一，唐五代以後，有所謂「南宗」，尊鍾、呂，而以張伯端為首，後又有王重陽為首之全眞教，亦尊鍾呂，稱「北宗」。寖假而有陳致虛其人，欲合南北宗之長。陸西星為明代嘉隆間人，其學上承陳致虛。其學之內容為「陰陽雙修」，中國秦漢之際即有房中術，此術與道教關係向來密切，「陰

陽雙修」亦其一環，特假《周易參同契》、《悟眞篇》爲說，隱語難曉，家各一
說。本文之作乃以比較之方法，求其各派用語之分別，以明陸氏之說究處於光
譜之何端。其結論曰：陸氏之法乃是追求最大程度清靜法之下的雙修法。

目　次

先秦人學研究

袁信愛　著

作者簡介

袁信愛,一九五九年生於台北市,四川省南川縣人。一九九四年畢業於台灣天主教輔仁大學哲學研究所博士班,現任天主教輔仁大學哲學系副教授。長期從事中國哲學的研究與教學,並有數十篇相關論文的發表。目前專攻中國人學與中國古典生死學的探究,著有《人學省思》(文史哲出版)與《中國哲學史》(文津出版),另有「海歆工作室-袁信愛的人學天地」(http://http://hk.geocities.com/ai1927)之教學網站的設置。

提　　要

　　所謂的「人學」,諸家說法不一,但大體上都強調凡以「人」作為研究對象的學科皆可稱為「人學」。而筆者則將「人學」定義為:「以人為研究對象,並就人是什麼與人應如何所作的哲學性探索」。此中,對「人是什麼」所作的哲學性探究是屬於本體論的研究領域,而對「人應如何」所作的哲學性探索則是屬於倫理學的研究範疇。本文即是將先秦諸子思想中有關於「人」的各種概念,作概念探源與對比探究的解析,以圖釐清諸子對「人是什麼」與「人應如何」之論議的主要觀點,並藉以重構先秦諸子的人學理論。雖然在先秦時期有諸子百家學說的並起,但能產生重要影響並成為該時期之主要學派的則只有儒、道、墨、法四家。因此本文即以此四家人學的探究作為本文的主體,並兼論影響該時期人學之形成的六部傳統經典。儒、道、墨、法四家雖然都是鎖定在人與其生活世界的互動關係中,並就人與道德規範間的依存關係來探究與省思人的問題,且因之而建構起以人性論為基礎的人學理論;但四家人學理論卻又反映出各家對人所作之不同向度的思考,以致於四家人學雖呈顯出或同或異的人性論,卻又各從人的不同面向中建構出對「人是什麼」的不同詮釋與對「人應如何」的不同規劃。儒家側重人的文化面向,強調道德型理想人格,故推崇文質彬彬的君子;道家側重人的自然面向,強調隱士型理想人格,故推崇逍遙遊世的真人;墨家側重人的宗教面向,強調俠義型理想人格,故推崇愛人利人的兼士;法家側重人的政治面向,強調法政型理想人格,故推崇尊君循法的術士。其中,儒、墨、法三家皆重人的有為濟世,唯獨道家則重人的無為處世。由上述的解析可知,四家人學不僅是提供了我們四種人的理想人格類型,也同時提供了我們四種人的生活方式。因此,我們即可由對四家人學的探研中,尋索出先秦時期對「人是什麼」所提供的可能解答與對「人應如何」所提供的可能模式。

目次

序　言

　　縱觀整個中國哲學史的發展，不難發現先秦哲學不僅是中國哲學的生發基礎，更是中國哲學的深層核心；整個中國哲學的內涵，可說是先秦哲學的闡發與深化。因此，若要把握中國哲學演變的脈絡，首先即應回溯到它的源頭處，也就是回溯到先秦時期的哲學思潮。

　　先秦時期哲學思潮的興發，是受人世實然景象的刺激所致。由於周文的失制，規範的失控，遂激發先秦諸子的危機意識，而欲對此亂世提出導世歸治的具體方案。在他們各自所構思的治世方案中，他們不僅針對當時規範失控的現實刺激而重新省思與批判人與規範之間的互動關係，他們更同時兼顧到對以人為主體的人文世界與對作為人文世界之生發基礎的人之雙向思考。換言之，先秦諸子也就是把握到要整治人文世界，首先就需要先瞭解與掌握主導人文世界之發展與變遷的人及其本質所是。

　　人文世界是人類活動的結果，而人類之所以有如是的活動即在乎他有能產生如是活動的本質。所以，先秦諸子即由對人外在活動的觀察與解析，來探索人內在的本質所是，從而有詮釋人之所是的人觀提出。

　　但人觀的提出並不表示人已找到整治人世的關鍵，因為不僅是人在主導他的人文世界，人也同時被他的人文世界所主導。而這彼此依存又相互影響的互動關係，即表現為人與規範間的互動關係。因此，先秦諸子不但提出了他們各自對人的看法，並也從他們各自的人觀之中試圖去釐清何者是促成人世危亂的不利因素，何者是激發人世歸治的有利因素，然後再藉之而說明人與規範間的互動關係，從而建構出他們各自的人學理論。

　　從人學的形構中，先秦諸子即已為後代思想家們確立了理性思維的基本論域，也就是人與他生活世界的互動關係。人與生活世界都是客觀的存在，

但人對他自身與他生活世界的詮釋、卻是主觀的。因此不同的學者即由各自對既存之名詞、概念的理解與掌握,來詮釋他所認知的人與其生活世界,遂有哲學範疇的形成。這些哲學範疇也就成為後代思想家們所藉以理解與詮釋同一基本論域的依據,並在此基礎上再進一步的闡發、深化與擴充先秦哲學的既有規模。是以,不同時代的哲學雖都有各自不同的思想特色與超越前期的創新詮釋,但也都大體不離先秦哲學的基本論域與哲學範疇。

先秦諸子雖都有對人之所是的基本定位與主觀詮釋,但本文並不是要判定何者為真、何者為偽,因為筆者以為人之外顯行為的複雜性、多元性與矛盾性,使人對人之所是僅能提供出描述定義,而尚無法達及確切的本質定義。

因此,筆者擬採開放的態度,藉由對比探究的研究方式,試圖釐清諸子人學思想中的異同之處,進而由諸子人觀的解析中去建構出先秦時期對人之所是的整體觀照,並試圖說明諸子何以對同一研究對象會有如此或同或異的詮釋,從而找出使之所以然的原因。

大體而言,先秦諸子之所以會有如是的人觀,除受傳統文化的歷史性影響外,也是基於他們各自皆把握住人之活動現象的某一個特殊面向,從而彰顯出構成人之所是的部份性特徵。所以這其中並無對錯可議,也就無所謂好壞可分。

但若依各自人學理論的發展,則會產生出對人與他生活世界之互動關係或利或弊的影響,而這才是本文所要加以論析與評議之處。因為人並不只是靠他的身體在生活,他更是依據他對他自身與他生活世界及兩者間之互動關係的詮釋與評估來主導他的生活。所以不同的人學理論,即等於是為人類的生活提供了可資依循的不同範式。人若能瞭解各範式之形成的基礎理論與應用時所可能產生的利弊影響,則將有助於使人在不同範式之間作靈活的運用,甚至開展出新的生活範式。

本文共分四章、二論。研究的範圍主要集中在探究先秦時期諸子對人之概念的詮釋、評價與理想,並依諸子對當時代現實刺激的回應而側重在論析諸子對人與規範間之互動關係的立場與見解。研究的方法則以概念探源與對比探究為主。

本文的進行分作三個步驟,第一個步驟是藉由整體觀照的方式,先敘述人學的基本意涵與先秦人學在中國哲學史中的關鍵地位;第二個步驟是藉由細部分論的方式,分別陳述與論析先秦諸子的人學思想,從而說明各家人學

理論的共同取向與諸子人學理論的主要指向，這也是本文的主要部份。其結構的鋪陳，如下圖所示：

學　　派	各學派諸子的共同取向	諸子的人學	主要指向	人格模式
儒家人學	人的文化面向（兼重人世的群體價值與人的個體價值）道德型理想人格	孔子的人學	仁愛之人	文質彬彬的君子
		孟子的人學	盡性之人	居仁由義的大丈夫
		荀子的人學	禮義之人	積偽化性的君子
道家人學	人的自然面向（側重人的個體價值）隱士型的理想人格	老子的人學	復樸之人	復樸無為的赤子
		莊子的人學	返真之人	逍遙遊世的真人
		楊朱的人學	貴己之人	獨求自保的隱士
墨家人學	人的宗教面向（側重人世的群體價值）俠義型的理想人格	墨子的人學	敬神之人	愛人利人的兼士
		先秦人學的宗教面向	敬神之人	敬天遵命的君子
法家人學	人的政治面向（側重人世的群體價值）法政型理想人格	管仲的人學	守法之人	去私從公的術士
		韓非的人學	法術之人	尊君循法的術士

第三個步驟則是藉由反思與批判的方式，對研究所得作一個整體性的回顧與論評，並對中國人學研究的未來發展作一個前瞻性的展望。

在當代的哲學研究領域中，人學的研究是一門新興的學科。雖在筆者之前已有許多前輩已在此領域內獲得了相當豐碩的研究成果，但筆者仍欲貢獻一己淺陋之思而願為此領域再多添一份力量，以圖激發更多的同好能一起來共同耕耘這塊有助於人對其自身之自我認知與自我發展的研究領域。

在此謹向項退結教授致以衷心與誠摯的感謝！由於項教授的批評與指正，才使筆者得以不斷的反思與修正先前的認知，從而開展出新的視野與新的詮釋觀點。但因筆者才疏學淺，若有論析不當之處，文責由筆者自負！敬祈前輩不吝指正！

筆者同時也要感謝張立文教授等多位師長與先進對筆者的鼓勵與協助，才使得本文終能順利完成！最後，也是最重要的是要感謝家父母對筆者在寫作期間所給予的寬容與體恤！筆者謹以本文獻給我最敬愛的雙親！

袁信愛

1994 年 5 月於輔仁大學

緒　論

第一節　人學釋義

自古以來，人的問題即是思想家們所共同關注的中心課題。雖然歷代思想家們都在尋思與人有關的諸問題，但以人作為專研對象的人學卻是一門新興的學科。

本節將先介紹人學的定義和研究的範圍，再說明本文所採取的基本立場。

一、有關人學定義及其研究範圍的幾種看法

所謂的「人學」，諸家說法不一，但大體上都強調凡以人作為研究對象的學科皆可稱為「人學」。以下即先介紹對人學之定義與其研究範圍的幾種看法。

（一）人學即是人之哲學，為特殊形上學的一部份，意指從形上學的研究角度去探究有關人的生命及人的本質等問題的哲學。

項師退結在《人之哲學》[註1]一書中，對人之哲學與人學的關係作了如下的說明：「『人之哲學』的通用名詞是『哲學人類學』或『哲學心理學』，二者各係 Philosophical Anthropology 與 Philosophical Psychology 之譯名。人之哲學的範圍比哲學心理學為廣，因為後者嚴格說來祇涉及心理，人之哲學則牽

〔註1〕《人之哲學》，項退結著，台北市：中央文物供應社，民國71年。

涉到生命及人本質等等問題；實際上哲學心理學也必須討論這些題材，因此往往會弄成名實不符。『哲學人類學』一詞中把『學』字重覆，稍嫌累贅。也有人用『人學』一詞，但這個『學』缺少了哲學的限定，意思不夠明顯。再三考慮，我認爲『人之哲學』還是比較差強人意的名稱。」（1 頁）。

項師是將人之哲學與大陸學者所慣稱的人學，及西方學者所習稱的哲學人類學視爲同義語詞，也就是同指從哲學的研究角度去探究有關人的生命及人的本質等問題的學科。

項師在同書中，對人之哲學亦作了如下的定義：「學術性的人之哲學原是形上學的一支。形上學就是我人對自己所經驗所思考的實在界之終極解釋。……形上學討論到不同的存有物時，就形成特殊形上學；人之哲學即特殊形上學的一部份，以人自身是什麼及其如何爲討論對象。……人之哲學與人之科學屬於不同領域，儘管它們均以人爲研討對象（質料對象）。人之科學以各種不同方法及不同角度的觀察研究人的某一範圍（型式對象），例如：醫學從治療觀點研究人的身體之構造及機能，行爲心理學研究人的心理現象或可觀察的『行爲』，社會學研究人之社會活動，文化人類學研究不同民族的特殊文化等等。這些經驗科學雖均以人爲對象，但並不解答什麼是人的基本問題。恰恰相反，它們早已預設了人是什麼的某種構想。……唯有基於形上學的人之哲學才嘗試對人的形上層面提供答案，亦即嘗試答覆人之所以爲人的究竟問題。……用一句西洋形上學術語來表達，人不僅係實際生活中的有限存有者而已，而是始終向無限的存有或完美性開展。存有者與存有雖是西洋哲學中的術語，但所表達的是人之所以爲人的特色；無論從認知或希求二面來看，人都有這一基本傾向；稱之爲人的形上層面。」（3～4 頁）。

項師在此定義中，不僅說明人之哲學研究的質料對象爲人，型式對象爲人的本質（人是什麼），他同時也將人之哲學界定爲探究人之所以爲人之究竟問題的特殊形上學，所以人之哲學的主要探究領域即在於人的形上層面。

（二）人學即是人的哲學，也就是指關於人的本質、價值、需要和人與人、社會、自然關係的學說。

張立文教授在〈中國人學發展的歷程〉〔註2〕一文中，對人學作了如下的定義：「人始終是中國哲學求索的中心，因此中國哲學可謂人的哲學，或稱人

〔註2〕〈中國人學發展的歷程〉（上、下），張立文著，刊載於《中國文化月刊》第145、146 期，民國 80 年 11 月、12 月。

學。……所謂人學，是指關於人的本質、價值、需要和人與人、社會、自然關係的學說。」

此定義是將人學視爲是對人作全面性哲學探究的一門學科，此中不僅包括了對人之本質的形上思辨，也同時關涉到人在其具體生活中所呈現出的多元關係。

（三）人學即是哲學人類學，也就是以人作爲研究的出發點與主要對象並利用科學知識以探究人之本質的一門哲學。

在俄籍哲學家鮑・季・格里格良所著的《現代西方哲學人類學》〔註 3〕一書之中譯本中寫到：「從形式上看，任何一種研究人的本質的哲學都可以稱爲哲學人類學，從詞源學角度看，〝人類學〞一詞就意味著這是一種關於人的學說。」（4～5 頁），「哲學人類學發端於舍勒，〔註 4〕而在普列斯納、〔註 5〕格倫、〔註

〔註 3〕　《現代西方哲學人類學》，（蘇）鮑・季・格里格良著，沈志宏、陳長根譯，上海市：上海文化出版社，1988 年。

〔註 4〕　自註 3 至註 9 皆摘錄《現代西方哲學人類學》第 5 頁之譯者注部份。相關資料則參考高宣揚著《哲學人類學》，台北市：遠流出版公司，民國 79 年；與（蘇）科爾涅耶夫著，李昭時譯之《現代哲學人類學批判》，北京市：東方出版社，1987 年。
　　　「舍勒（1874～1928）德國唯心主義哲學家，哲學人類學和價值倫理學的奠基人之一。」舍勒即 Max Scheler。他曾在 1914 年發表的《論人的思想》（Zur Idee des Menschen）一文中將「不可定義性」（Undefinierbarkeit）視爲人的本質。而在他 1928 年發表的《人在宇宙中的地位》（Die Stellung des Menschen in Kosmos）一書中，他則提出了「人是什麼？」、「人在存在中的地位是什麼？」這兩個哲學人類學的基本問題，從而開創出「哲學人類學」這門新興的學科。Scheler 認爲哲學人類學不僅是哲學的基礎，而且是全部人類知識和整個人類生活的基礎，所以哲學人類學也就是一門最根本的基礎科學。

〔註 5〕　「普列斯納（1892～）德國哲學家和社會學家。與舍勒同爲哲學人類學的創始人。」普列斯納即 Helmuth Plessner。在他 1931 年發表的《權力與人的本性 —— 關於歷史世界觀的人類學研究》（Macht und menschliche Natur. Ein Versuch zur Anthropologie der geschichtlichen Weltansicht）一文中，他強調人類學所研究的即是人的「不可理解性」（Unergrundlichkeit）。他遂藉由現象學的研究方法而提出了「感知人類學」（Anthropologie der Sinne）的理論。

〔註 6〕　「格倫（1904～1976）德國生物學家、社會心理學家和生物哲學人類學者。」格倫即 Arnold Gehlen。他從人生理結構之非專門化的特性及其不完善性，而強調人的自由可能性（die Freiheitsmoglichkeiten des Menschen），以作爲本質之不可規定的人的可塑性（Plastizitat）和可發展性（Entwickelbbarkeit）的論證。在他看來，人的行爲總體表現了人對自己、社會和自然的看法和態度，而這看法和態度是深受人的文化背景所影響，因此他視文化爲人的第二本性，並強調人本質上即是一種文化生物。

6〕羅特哈克、〔註7〕亨斯坦貝格、〔註8〕波爾特曼、〔註9〕蘭德曼〔註10〕等人那裡得到了發展。」（4頁）。「哲學人類學發端於本世紀20年代，……試圖對人的本質作出新的哲學解釋。……舍勒……打算用哲學人類學把對人的存在的各個方面的科學的、具體的研究與對它的整體的、哲學的理解結合起來。……哲學人類學最終又分解成眾多的局部性人類學流派，如生物哲學人類學、文化哲學人類學、宗教哲學人類學、心理哲學人類學等。」（9～11頁）。「哲學人類學論述的是關於生命關係的包羅萬象的聯繫、關於人的完整性及其實踐活動，並以此來解釋文化和社會生活的各種現象。」（16頁）。

按此定義，哲學人類學是以人類學爲基礎，而以哲學的理念與方法爲主軸所建構出來對人之本質所作的哲學性解釋。所以哲學人類學即是人類學與哲學之間的跨科際研究，也就是從人的完整性以研究完整的人的人學。

（四）人學既不同於人的科學，也不同於人的哲學，而是一門研究整體的人及其本質的獨立科學。

按《人學辭典》〔註11〕對人學的定義爲：「關於作爲整體的人及其本質的科學。它不同於人的科學（science of man），人的科學泛指關於人的各種科學，凡研究人的某一方面的科學均可稱爲人的科學，如人體解剖學、（人的）心理學、人才學、管理學、倫理學等等，人學當然也是一種人的科學。它不同於人類學（anthropology），anthropos（人）-logy（學）爲一希臘字，本應譯爲人學，但自19世紀以來，已形成爲一種以人類爲研究對象的科學，故稱爲人類

〔註7〕 「羅特哈克（1888～1965）德國生物學家、社會學家、人種學者和文化哲學人類學者。」羅特哈克強調人的精神性本質與創造性活動，並視人即是用人所創造出的語言符號而建造出人的文化世界，且因此而形成人所特有的生活環境。

〔註8〕 「亨斯坦貝格（1904～）德國現象學者、神學家和宗教哲學人類學的主要倡導者。」亨斯坦貝格即 Haus Eduard Hengstenberg。他強調每一個個體的唯一性與不可替代性，並以現象論、存在主義和天主教教義爲基礎，試圖去解決人的自由與人的結構之相互關係的問題。

〔註9〕 「波爾特曼（1897～）德國哲學家、生物學家和生物哲學人類學者。」波爾特曼即 A. Portmann。他強調個體發育的特點使人特別容易接受教育和訓練，而易於養成一切可能的社會和文化特性及習慣，並易於發展人與其世界之關係中的靈活性及適應性。

〔註10〕 「蘭德曼（1913～）德國文化哲學人類學者。」蘭德曼即 M. Landmann。他強調人既是文化的創造者，又是被文化所塑造的產物。

〔註11〕 《人學辭典》，黃楠森、夏甄陶、陳志尚主編，北京市：中國國際廣播出版社，1990年。

學；人組成人類，但不等於人類，人學也不能與人類學混爲一談。人學也不同於人的哲學，人學是一門基礎科學，而人的哲學是一門應用哲學，是人學中的哲學問題，即人學中的原則性部份。西方有人稱人學爲 homonology，以區別於人的科學與人類學。」（1 頁）。

此定義是將人學視爲既不同於人的科學，也不同於人的哲學，而是一門研究整體的人及其本質的獨立科學。但又因人的哲學涉及到人學中的原則性部份，而人的科學則涉及到人學中的實證性部份，所以人學也可視爲是人的科學與人的哲學之整合性研究的科學。

人的科學與人的哲學兩者雖各有其研究的主要領域，但又可相互補充以助益於對人之本質的整體性理解。因此，就研究領域的涵蓋面而言，此定義視人學的研究範圍乃大於人的科學或是人的哲學。

（五）人學即是以人爲核心，以人與世界的各種關係爲輻輳，全面性的探究人的本質與存在等問題的綜合性科學。

在英籍哲學家 Leslie Stevenson 著之《The Study of Human Nature》一書的中譯本《人學的世界》〔註12〕裡，譯者不僅將對人性的研究視爲人學的研究，並將人學定義爲:「人學是關於人本身的學說體系或理論體系。人學，嚴格地講，是對作爲整體的人、人的本質和存在等問題加以研究和闡述的科學。……人學的研究對象不是關於人的某一屬性，某一種規定的闡述，人學的研究對象是整體的人，即包括著社會屬性、精神（或心理）屬性和自然屬性等多種規定性綜合組構而成的統一體，這種人是具體的、現實的、完整的人。人學既不同於人的科學，也不同於人類學，人學的主題是人與世界關係的闡釋，或者說，是對於處在人與世界關係中的人的問題的闡釋。……人學研究並不同於其他學問，它對人學研究者本人的素養和人格提出了更高的要求。……人學也是教會人們如何做人的學問。……人學研究較爲集中的基本課題，……大致包括：人的存在問題，（人的創生，人的命運和人的境遇等）；心靈與肉體的關係；人性及其培養；人類社會與個體的關係（人的自由、解放、歷史決定論和選擇自由等）；心理與行爲的關係；情感與理性的關係等等。」（4～9 頁）。

此定義是將人學研究的對象視爲與世界相互作用的人；而視人學研究的路徑也就是以人爲核心，以人與世界的各種關係爲輻輳，全面性的探究人的

〔註12〕《人學的世界》，（英）Leslie Stevenson 著，李燕、趙健杰譯，北京市：中國人民大學出版社，1992 年。

本質與存在等問題。

二、本文所採取的人學定義、方法運作與基本立場

　　本文的基本目的是要探究在先秦諸子的哲學思想中，諸子對於人之本質及其相關問題的詮釋與立場。但由於先秦諸子的哲學思想是為對應於當時禮壞樂崩之實然景象而起的反思與批判，從而欲構建一套止亂歸治的具體而又有效的治世方案，以至於諸子的哲學思想主要是在處理先秦時期社會、政治、經濟、教育等人世的實際問題，有關於人之本質的預設與詮釋則是或隱或顯的內含在其論議之中。而諸子對於人之本質的預設與詮釋又各有不同的取向，有的是側重於就人與至上神的關係來論人的自趨完善，如儒家的孔孟與墨家的墨子；有的是側重於就人與社會的關係來論人的自我規範，如儒家的荀子與法家諸子；而有的則是側重於就人與自然的關係來論人的自我實現，如道家諸子。所以，筆者在對先秦諸子思想作人學研究時，涉及的範圍就必須要對應到諸子在經驗層面所作的反思與規劃，也就是依先秦諸子哲學思想中所涉及的主要面向，來尋索與重構諸子的人學。

　　因此，筆者對於人學所作的定義即是：以人為研究對象，並就人是什麼與人應如何所作的哲學性探索。換言之，筆者視人學不僅是一門探究人是什麼的學問，也同樣是一門能夠幫助我們瞭解人應如何的學問。但也正因著對人是什麼所作的哲學性探究是屬於本體論的研究領域，而對人應如何所作的哲學性探研又是屬於倫理學的範疇，所以總結而言，人學之最恰當的名稱應是項師所稱的「人之哲學」。但為簡化起見，筆者仍以「人學」名之。

　　在本文之探究中，筆者將就先秦諸子對人與神、人與自然、人與社會、人與文化、人與人、人與物、人與自我等諸關係所作之論議中，去探究諸子對人之本質、本性、價值與理想等的詮解與定位，以便能從中尋索出先秦諸子之人學思想的原貌，並藉此以省思在人與其生活世界的互動關係中，人所呈顯的多向度、多層次面貌。

　　至於本文的方法論運作，筆者則是將先秦諸子思想中有關於人的各種概念作概念探源與對比探究的解析，以圖釐清諸子對人是什麼與人應如何之論議的主要觀點，並藉以重構先秦諸子的人學理論。

　　筆者深信在每一個哲學思想的背後，都有一套思想家自身的人學預設。這個人學預設不僅反映在各思想家的哲學理論裡，也同時主導了他哲學理論

的推演與發展。

　　因此，先秦人學研究也就是這個信念的初步嘗試。

第二節　先秦人學在中國哲學中的關鍵地位

　　哲學的出現，即是始於當人正視人自身的行爲，並對人自身行爲的結果與原因作反省與批判的時候。而中國的哲學，也就是開始於春秋戰國時代，諸子對周文的興衰、利弊作深入的反省與批判之時。因此，中國哲學的始源即是始於先秦時期的諸子哲學。

　　先秦哲學既是始於對人自身行爲之結果與原因所作的反省與批判，也就是以人及其相關問題爲該時期的主要研究對象，所以，先秦哲學也即相應的反映出先秦時期的人學思想。

　　本節將先說明先秦人學在中國哲學中的關鍵地位，而後再簡介先秦人學的大概內容與主要觀點，以作爲進入正文之探究的引言。

一、先秦哲學之發展與其人學思想

（一）先秦時期是中國歷史上變動最為劇烈的時期

　　中國歷史〔註13〕發展的源頭雖可追溯到黃帝時代，但對於該時代的史料闕如，僅有神話的傳述。有史料可考的是自殷商時代開始，有關該時代的史料主要是在龜甲與獸骨上記錄卜辭的甲骨文與一些青銅器物及雕工精美的陶器。

　　若按甲骨文上的記載，則見在殷商時代除人工器物的製作外，也已有人世制度的建立。在此人世制度中，不僅有諸侯爵位的等級分別，也有兄終弟及的君位傳承模式。但此傳承模式自第二十六主庚丁之後，則逐漸改爲父死子繼。

　　再就甲骨文上的卜辭來看，則見時人不僅事事都要占卜問神，而且連天地山川鬼神祖先都視爲崇拜的對象，可見當時的宗教思想十分濃厚。殷人不僅深信鬼神的存在，而且也相信人死後其靈魂依然存在，因此而有以人殉葬的習俗。

　　若依整體的情況而觀，我們可以看出殷人雖有人文產物的創作，但卻尚未有人文的自覺。這也就是說，殷人以至上神爲人類的主宰，尤其側重神意

〔註13〕本節文中有關中國歷史的資料皆參考李國祁編著之《中國歷史》，台北市：三
　　　　民書局，民國65年。

對人世的導向，以致於阻礙了人對其自身行為的自我認知與自我反省。

及至武王克殷立周，不僅是在政治上起了變革，在文化上更有了新的發展。

殷商時代由於篤信宗教，遂視君權得自神授，謂之「天命」。〔註14〕殷王視「天命不易」（《尚書‧君奭第三十六》），所以雖有祭祀之禮，但對自身的作為卻缺乏自省。武王克殷，繼統天下。但這是出於人為所致，故與原始的天命觀相違。不過，也正是因為如此，周人遂能自省人自身的作為，而重新詮釋人與至上神之間的關係，乃有「天命靡常」（《詩經‧大雅‧文王》：235）、「惟德是輔」（《尚書‧蔡仲之命第三十七》）等觀念的提出。

人與至上神的關係不會因人的詮釋而有所改變，但人對此一關係的詮釋卻反映出人對其自身的自我認知與自我評價。因此，當周人提出「天命靡常」、「惟德是輔」等觀念時，所顯現的不僅是人賦予至上神道德屬性，也同時是提昇了人在此關係中的地位，使人相信人可以藉其自身的德行與至上神產生雙向互動的關係。

再就周代的人世制度而觀。周公為周王室所規劃的封建制度，實際上是承襲殷商既有的模式，再加以系統化的整理以使之更完備而已。從殷商的君位繼承由兄終弟及到父死子繼的變化來看，殷商既已形成宗法制度的雛型。而周公也就是在此基礎上，將關涉血緣親情的宗法制度與關涉政權統治的封建制度作密切的結合，並使兩者成為周代定型的人世制度。因此，我們可以說，殷商是宗法封建制度發展的前緣，而周代則是此制度的成形時期。

經由宗法制度的確立，不僅分劃了人倫的尊卑次序，也同時強化了重視血緣親情的家族意識。由於周公強調宗法與封建的結合，遂使家與國一貫相連。再加上「惟德是輔」觀念的影響，遂使對親盡孝以維家、對君盡忠以維國即成了周文內含的道德規範，也就是禮的基本訴求。因此，周文即是周禮，而周禮的外顯形式是人世制度，但其內涵則是道德規範。

周文成之於周公，並藉政治上的一統天下而行之於天下。周文雖是人為其自身所制訂的人文規範，但也是為人自身所破壞，以致於產生了人世制度的崩解與道德規範的失控，遂引發了春秋戰國的亂世。

在周室強盛的時候，周文是主導時人思想與行為的意識型態，具有不容質疑的權威性。但當周室衰弱的時候，周文就不再能掌控時人的思想與行為，

〔註14〕《尚書》：「先王有服，恪謹天命。」（〈盤庚第十六〉）。

以致於形成舊規範失效而新規範又尚未建立的過渡時期。但也正因著限制性意識型態的解禁，人們的思想遂得以自由發展，不僅呈顯出多向度思想路徑的取向，也同時引發了諸子百家爭鳴的學術思潮。

在春秋戰國時期的政治動盪與社會劇變中，較值得注意的現象有三：一是貴族沒落與平民崛起，這不僅是造成知識普及化的結果，也同時是思想自由化的肇因；二是土地私有與工商業發達，這不僅改變了以農為本的既有經濟型態，也同時激發了功利思想的抬頭；三是中央集權與官僚體系的建立，這不僅形成新的政治型態，也同時促成了尚賢風氣的興起。因著這些因素的刺激，遂有諸子學說的興起，也使得春秋戰國時期成為中國歷史上思想最自由、最開放也最發達的一個關鍵時期。

在武王克殷之時，姜太公與周公都有輔助之功，並受冊封。姜太公封於齊，周公封於魯。兩者雖都同樣的肯定人應為其自身制訂人文規範，但姜太公重法，而周公尚禮。事實上，在周公為周室所立的周文之中，兼攝刑、德，但以禮為主，以法為輔。〔註 15〕當周文失控，社會失範之時，身為齊相的管仲承襲姜太公的理念而主張法治，生於魯國的孔子則承襲周公的理念而主張禮治，遂使得禮、法之議即成了當時人所共同反思與批判的一個重要課題。

在諸子對禮、法的評議上，儒家孔、孟皆重禮而輕法，如孔子之言：「道之以政，齊之以刑，民免而無恥；道之以德，齊之以禮，有恥且格」（《論語‧為政第二》：3），孟子之言：「以力假仁者霸，……以德行仁者王，……以力服人者，非心服也，力不贍也。以德服人者，中心悅而誠服也」（《孟子‧公孫丑上》：2A.3）。儒家荀子與法家管仲皆重禮法並治，但荀子是以禮為主，「從人之性，順人之情，必出於犯分亂理而歸於暴。故必將有師法之化，禮義之道，然後出於辭讓，合於文理而歸於治」（《荀子‧性惡第二十三》：3～4）；管仲則是以法為主，「所謂仁義禮樂者，皆出於法，此先聖之所以一民者也」（《管子‧任法第四十五》：2）。法家韓非重法而輕禮，「法之為道，前苦而長利；仁之為道，偷樂而後窮。聖人權其輕重，出其大利，故用法之相忍；而棄仁人之相憐也」（《韓非子‧六反第四十六》：3～5）。儒、法兩家皆以義為禮、法的判準，而墨家墨子則是在禮、法之外，確立了義的終極根源，「天為貴，天為知而已矣。然則義果自天出矣」（《墨子‧天志中第二十七》：12～13）。

〔註15〕在周代的官制中，以春官大司樂掌禮教，而以秋官大司寇掌刑罰（參見《周禮》所載）。是見，在周文之中，不僅是兼攝刑、德，而且是以禮樂教化為主導。

道家老、莊則是根本否定禮法之制，如老子之言：「天下多忌諱，而民彌貧；民多利器，國家滋昏；人多伎巧，奇物滋起；法令滋彰，盜賊多有」（《老子》第五十七章），莊子則言：「為善無近名，為惡無近刑。緣督以為經，可以保身，可以全身，可以養親，可以盡年」（《莊子・養生主第三》；1～2）。

由禮、法之議而觀，大體可說，儒家孟子與道家老、莊皆重自然法，也就是皆重個人的自律、自由，如孟子之言：「君子所性，雖大行不加焉，雖窮居不損焉，分定故也。君子所性，仁義禮智根於心」（《孟子・盡心上》；7A.21），老子之言：「我無為而民自化，我好靜而民自正，我無事而民自富，我無欲而民自樸」（《老子》第五十七章），莊子之言：「至德之世，不尚賢，不使能；上如標枝，民如野鹿；端正而不知以為義，相愛而不知以為仁，實而不知以為忠，當而不知以為信，蠢動而相使而不以為賜。是故行而無跡，事而無傳」（《莊子・天地第十二》；80～83）。儒家孔、荀與法家管、韓皆重人為法，也就是皆重人文規範對人的導引與制約，如孔子之言：「君子博學於文，約之以禮，亦可以弗畔矣夫」（《論語・雍也第六》；27），荀子之言：「古者聖人以人之性惡，以為偏險而不正，悖亂而不治，故為之立君上之勢以臨之，明禮義以化之，起法正以治之，重刑罰以禁之，使天下皆出於治，合於善也。是聖王之治而禮義之化也」（《荀子・性惡第二十三》；39～41），管仲之言：「道也者，上之所以導民也。是故，道德出於君，制令傳於相，事業程於官。百姓之力也，胥令而動者也」（《管子・君臣上第三十》；7～8），韓非之言：「故明主之國，無書簡之文，以法為教；無先王之語，以吏為師；無私劍之捍，以斬首為勇。是境內之民，其言談者必軌於法，動作者歸之於功，為用勇者盡之於軍」（《韓非子・五蠹第四十九》；10～12）。墨家墨子則重永恆法，也就是視人為法歸本於至上神的神聖律令，「今天下之士君子，中實將欲仁義，求為上士；上欲中聖王之道，下欲中國家百姓之利者，當天之志而不可不察也。天之志者，義之經也」（《墨子・天志下第二十八》；71～73）。

從周文之制訂中所顯現的是，人知道人需要為其自身制訂管理人世的人文規範；但直到周文失控後，人才真正的去省思人何以需要為其自身制訂人文規範。〔註16〕如是的反思，不僅使人正視人自身的作為，也同時使人從對

〔註16〕在《尚書》中雖已言：「民心無常，維惠之懷。為善不同，同歸於治；為惡不同，同歸於亂」（〈蔡仲之命第三十七〉），是見對人自身之行為已有相當程度的自省；但直到春秋戰國時代，人才真正的深入去探究人何以能為善、何以

人世的具體觀照深入到對人性的抽象思辨。因此，先秦時期，特別是春秋戰國時期，不僅是中國人自覺意識高漲的時期，也是人眞正開始反省人自身之所是所爲的關鍵時期。

（二）先秦時期是中國人文自覺的啟蒙時期

在殷商時代，人雖有人文產物的創作，卻沒有對其自身行爲的自覺。此中雖直接關涉的是殷商時代的宗教信仰極強，只注意上帝的好惡，而忽略了對人自身行事的自省。但若再深入省思殷人之所以重視人與至上神的關係，則見其中已預含了人對其自身在宇宙中之地位的肯定。這也就是說，殷人視人類是受至上神眷顧的族類，所以人類可藉由占卜而測知神意。

到了殷周之際，武王伐殷的人爲事件，照既有的觀念來評斷，這是公然向至上神之權威性挑釁的行爲，是不敬神的叛逆行爲。但周人爲使其行爲合理化，遂言：「我不可不監於有夏，亦不可不監於有殷。……惟不敬德，乃早墮厥命」（《尚書・召誥第三十二》），這不僅是在強化其奪權行爲的道德性，也同時賦予至上神以道德屬性。若依殷商的天命觀而議，這是將叛逆的行爲解釋爲合理的行爲；但若擺開殷商的天命觀來看，這正是人對其自身行爲之自省的契機。

人與至上神的關係，雖然不是由人所決定；但人如何詮釋人與至上神的關係，人又如何詮釋至上神對人的期許，則是可由人所決定。周人所掌握到的即是人在詮釋上的主觀性與自由性。因此，周人不僅改變殷商對至上神之「帝」或「上帝」的舊稱而爲「天」，並爲至上神賦予了道德屬性的詮釋。如此不僅是至上神的權威性依然受到尊重，武王伐殷的行爲也被合理化而爲道德的行爲。

設若周人無宗教信仰，即無須爲武王的行爲尋求合理化的解釋，也就不會激發人對其自身行爲的自省；但就是因爲周人也有強烈的宗教信仰，而又有了爲其宗教信仰所不容的叛逆行爲，所以反倒促成了人對其自身行爲的自省。

由是而觀，殷人雖有強烈的宗教信仰，卻是屬於非理性的宗教信仰；周人雖有與其宗教信仰相衝突的行爲，但卻顯現出其信仰是屬於理性的、自覺的宗教信仰。因此，若比較殷、周的天命觀，則見殷的天命觀是立基在以神意爲導向的宗教信仰上，而周的天命觀則是立基在以神德爲導向的宗教信仰上。

能爲惡的根本原因，也就是深入到人性之中去探索人之爲善與爲惡的究竟根源。

　　一樣的宗教禮儀，不一樣的宗教心態。殷人的宗教崇拜帶有功利色彩，藉由敬神而求其王權的永續；但周人的宗教崇拜則涵具報恩意識，因爲從其取得王權的過程既知徒求神授而不思有爲，也不足以確保其王權的永續，因此取得王權即應感謝神恩，但要常保王權，就要戒愼行事，故《尚書》中即言：「惟乃丕顯考文王，克明德愼罰」（〈康誥第二十九〉）。

　　周公制訂周禮，即是在這樣的宗教心態下所成。從《尚書》的記載中可看出周公也有很強烈的宗教信仰，但他制訂周禮所顯現的卻是人爲其自身立法，也就是爲人制訂以人爲主體的人文規範。雖然宗法封建制度在殷商時代即已初具規模，但由於當時的人只知做此規劃，而不思爲何要做；直及周公，不僅是將既有的宗法封建制度加以完備化，而且也已自覺爲何需要作此規劃。這也就是說，周公知道人需要爲人世制訂人文規範，這不僅是爲保民，也是爲保持周室王權的永續，如見《尚書》中所言：「惟王其疾敬德，王其德之用，祈天永命」（〈召誥第三十二〉）。由是也可看出，內含在周禮之中的「德」概念，側重的是導世歸治的政治意義。因爲只有得民，才能得天永命，故《尚書》中即言：「欲王以小民受天永命」（仝上）。也即因此，人對人自身的關注也隨之而見提昇。

　　若說周代是在宗教信仰下發現了道德自我，那麼我們就應說春秋戰國時代是在人自身的行爲中發現了人類自身。

　　當周公爲人世確立了人世制度與人際規範，並藉由政教的措施而使之成爲主導時人思想與行爲的意識型態後，雖是有效的控制了人世，而有成康盛世，但也在人與至上神之間構築了一道人文規範的認知障礙。因此，同樣是諸侯奪權的行爲，但武王的行爲所引發的是使人更強化其宗教信仰；而春秋五霸的行爲卻不僅不是強化人的宗教信仰，反倒是引發了先秦諸子對人文規範的反省與批判。

　　由於禮壞樂崩所顯現的是人文規範的失控，而人文規範的制訂又是爲控制人的行爲而起，遂使得諸子便集中在對人文規範與人之行爲間作反省與批判。而如是的反省與批判，也使得在周文中原具政治意涵的「德」概念有了新的詮釋，而向導人向善的倫理意涵轉化。

　　因此，道德的問題即成爲先秦時期的主要議題。儒家孔、孟皆視道德源自於天命，如孔子之言：「不知命，無以爲君子也」（《論語・堯曰第二十》：3），孟子之言：「仁義忠信，樂善不倦，此天爵也」（《孟子・告子上》：6A.16）；而

孟子更強調人先天即有道德本性，「惻隱之心，人皆有之；羞惡之心，人皆有之；恭敬之心，人皆有之；是非之心，人皆有之。惻隱之心，仁也；羞惡之心，義也；恭敬之心，禮也；是非之心，智也。仁、義、禮、智，非由外鑠我也，我固有之。」（全上；6A.6）。儒家荀子與法家管仲則視道德源自於聖人的創制，如荀子之言：「古者聖人以人之性惡，以爲偏險而不正，悖亂而不治，故爲之立君上之勢以臨之，明禮義以化之，起法正以治之，重刑罰以禁之，使天下皆皆出於治，合於善也。是聖王之治而禮義之化也」（《荀子‧性惡第二十三》：39～41），管仲之言：「道德出於君」（《管子‧君臣上第三十》：7）；但荀子認爲道德是出於聖人所制的禮，「聖人化性而起僞，僞起而生禮義，禮義生而制法度。然則禮義法度者，是聖人之所生也」（《荀子‧性惡第二十三》：28），而法家管仲則認爲道德是出於聖人所制的法，「所謂仁義禮樂者，皆出於法，此先聖之所以一民者也」（《管子‧任法第四十五》：2）。墨家墨子則反歸宗教，視道德源自於天志，「今天下之士君子，中實爲將欲仁義，求爲上士；上欲中聖王之道，下欲中國家百姓之利者，當天之志而不可不察也。天之志者，義之經也」（《墨子‧天志下第二十八》：3）。道家老、莊則視道德即是順諸自然，如老子之言：「道生之，德畜之，物形之，勢成之。是以萬物莫不尊道而貴德。道之尊，德之貴，夫莫之命而常自然」（《老子》第五十一章），莊子之言：「夫至德之世，同與禽獸居，族與萬物并，惡乎知君子小人哉！同乎無知，其德不離；同乎無欲，是謂素樸；素樸而民性得矣」（《莊子‧馬蹄第九》：9～10）。

此中，儒、墨、法三家都肯定人需要道德規範。儒家視道德規範爲禮，如孔子之言：「道之以德，齊之以禮，有恥且格」（《論語，爲政第二》：3）；墨家視道德規範爲義，如墨子之言：「天下……有義則治，無義則亂」（《墨子‧天志上第二十六》：12～13）；法家視道德規範爲法，如管仲之言：「君臣上下貴賤皆從法，此謂爲大治」（《管子‧任法第四十五》：5）。道家視道德規範即是自然規律，如老子之言：「人法地，地法天，天法道，道法自然」（《老子》第二十五章），所以主張一切順諸自然規律，而反對在自然規律之外再另立人文的規範，「絕聖棄智，民利百倍；絕仁棄義，民復孝慈；絕巧棄利，盜賊無有」（《老子》第十九章）。

由對人文規範的反省與批判，遂使人轉注到對人自身行爲的反省與批判；再由人對人自身行爲的反省與批判，更進而導引出人對人之所是的探研與詮釋，終而使得人性論的探究成爲先秦哲學的主要特徵。

（三）先秦時期的人學思想主導該時期的哲學思潮

　　從殷商時期視神爲人類的主宰，一切以神意爲依歸，到殷周之際開展出對至上神的新詮釋，並賦予至上神道德屬性以後，人對其自身行爲的自覺意識也逐漸浮顯，以至於在最早的經典文獻——《詩》、《書》中即有疑天、怨天思想的出現。但在這兩個階段之中，宗教信仰仍是主導意識，雖漸有人對其自身行爲的自覺，但尚未將之顯題化，人們仍是習於按宗教信仰來解釋人自身的行爲。

　　值得注意的是，周公將宗法與封建加以系統化的整合而成爲人世的確定規範後，人遂有了以人爲主體的人文規範。在此人文規範中，不僅確立人世制度與人際關係的基本模式，而且也確立了人的道德觀。雖然周文之中對人世制度的規劃，隨著人自身的破壞而行崩解，以致於到春秋戰國時期產生出新的制度模式；但周文裡對人際關係的規劃與內蘊其中的道德觀，則因春秋戰國時期儒家學者的大力維護而得保存與發展。

　　當周公爲人制訂了人文規範之後，人即已知道人可以爲其自身立法。故當人又以其自身的力量破壞此規範時，人所思考的就不再是自人與至上神之間的關係來反省人自身的行爲，而是轉向於自人與其創造物，也就是自人與人文規範之間的關係來反省人自身的行爲。所以，春秋戰國時期思想的發展就是以對人與人文規範之關係的反省與批判爲主軸，而旁攝一切與人有關的各種問題，從而形成以人爲研究對象的哲學思潮。

　　從西周時期確立中國的人世制度與人際關係的基本型模，到春秋戰國時期對周文的反省與批判所形成的哲學思潮來看，我們可以說，中國文化的始源在於周文，而中國哲學的始源則在於先秦哲學。此處所謂的先秦哲學，指的即是春秋戰國時期的哲學思潮。

　　雖然在春秋戰國時期有諸子百家學說的並起，但能產生重要影響並成爲該時期之主要學派的則只有儒、道、墨、法四家。而此四家學說之所以能產生重要影響，也就是因爲他們的思想都能緊扣在「如何導世歸治」與「如何導人向善」這兩個該時代的基本議題上，並藉由對人與人世的雙向思考而爲人提供了治世與自處的具體方案，遂成爲該時期的主要學派。

　　至於名家學說則因探究的論域是集中在名詞概念的思辨上，未能處理具體的人世問題，所以也就不受當時人們的重視。而陰陽家的學說則因探究的論域是集中在對宇宙生成的說明與對本體構成的解釋上，雖也爲人世的變遷

提出了一套法則性的詮釋，如鄒衍所提出的五德終始說，但終究因無助於人世問題的具體處理而未能成爲該時期的主要學派之一。

　　雖說只要有人，就有人的行爲；但人雖有其行爲表現，卻沒有對其行爲的自覺與自省，則仍不能構成哲學思想。因此，在儒、道、墨、法四家的哲學思想中，具顯在人世中的人之行爲是諸子所共同觀察的對象；但內蘊在人之行爲中並主導人之行爲表現的人性，才是諸子所共同關切的思考對象。此中所反映出來的一個基本觀點即是，因爲有如是的人性，所以才會有如是的人之行爲表現；因爲有如是的人之行爲表現，才會有如是的人世景象呈顯。因此，四家學說的外顯形式雖呈顯的是以社會哲學、政治哲學爲主；但究其內涵而觀，則見四家學說實際上都以倫理學爲基礎，並以人性論爲核心。

　　四家諸子雖各有其對人性的理解與詮釋，但並非都將對人性的論議置於其哲學理論之中，例如墨子、老子與楊朱等即未對人性做直接而明確的定義，而孔子也只以「性相近」(《論語・陽貨第十七》；2) 一語來表達他對人性的看法。但若審視各家諸子的哲學思想，即不難發現諸子事實上都有其對人性之詮釋的基本預設，而這對人性的基本預設不僅主導著他們對人性的詮釋與論證，也同時主導著他們對於治世方案的具體規劃與對個人修養的具體建議。因此，先秦哲學不僅是以人爲研究對象，而且是以對人性之詮釋的基本預設作爲哲學思想的生發基礎。

（四）先秦人學在中國哲學中的關鍵地位

　　先秦哲學是由對具體人世的關懷而導入對人性的探究，此中的轉折關鍵即在於諸子對人與人文規範之關係的反省與批判。到了秦漢之際，董仲舒藉由漢武帝的政治力量而將三綱五常的人文規範確立爲導化人性之發展的必要機制。〔註 17〕到了魏晉時期，名教與自然的關係也就是人文規範與人性的關係，又成爲該時期思想家們所主要探究的議題。〔註 18〕到了隋唐時期，由於佛學思想的影響，不僅解消了人文規範與人性之間的關係，甚至也將人與人世的問題都從人的意識層面中加以解消。〔註 19〕到了宋明時期，人文規範與

〔註17〕《春秋繁露》：「今萬民之性，待外教然後能能爲善。善當與教，不當與性。」（〈深察名號〉）。

〔註18〕在魏晉時期，思想家們對名教與自然之關係的論議，主要有二派見解：王弼主張「名教本乎自然」、嵇康主張「越名教而任自然」、郭象主張「名教即自然」。

〔註19〕如見《中論》中所言：「世俗諦者，一切法性空。而世間顛倒故，生虛妄法，

人性之間的關係又成爲該時代的主要議題。〔註 20〕但宋明諸子所切入的角度
卻不是如先秦時期是對具體人世的關懷而起，而是從宇宙論與本體論的角度
重新去理解與詮釋人性與人文規範之間的關係，這不僅是回應了先秦哲學對
人與人文規範之關係的反省與批判，也同時是爲此一議題開拓了更寬廣的思
維領域。

　　若按歷史的變遷與哲學的發展來看，先秦哲學所對應的是春秋戰國的亂
世，所呈顯的是自由論議的思想風貌。兩漢哲學所對應的是秦漢大一統的政治
局面，以致於思想的發展也相隨的是趨於一元化、整合化；這也就是以儒家思
想爲主導的去整合先秦時期的諸家思想，特別是道家與陰陽家的思想。魏晉玄
學所對應的是三國鼎立、三家分晉與南北朝的亂世，再加上印度佛教的傳入與
本土道教的興起，遂促使思想又轉趨於多元化的發展。隋唐佛學所對應的是隋
唐大一統的政治局面，以致於在思想的發展上又呈顯出另一次整合化、一元化
的趨勢；當時雖有儒、釋、道三教合一之議，但實則還是以佛學思想爲主導，
遂有本土三宗的興盛。隋唐之後就是五代十國的亂世，人世雖是再次的陷入失
範的景象，但與先秦時期不同的是，春秋戰國的亂世是基於周文的失控，也就
是人對既有規範的破壞所致；而五代十國的亂世則是在沒有確定的人文規範之
下所導致的人世失控。因此，宋明理學雖對應的是宋元明皆曾一統天下的政治
局面，但其思想的發展卻是起源於對隋唐佛學的批判與對五代十國人世失控的
反思，以致於該時期思想的一元化、整合化傾向更爲明顯；這也就是以儒家思
想爲主導的去整合佛、道兩教思想。〔註 21〕但正由於宋明理學所遵崇的儒家思
想，不是自秦漢以後所發展的儒家思想，而是反溯到先秦時期的原始儒家思想，
再加上宋明諸子將從佛、道兩教思想中所吸收到的思維觀點，配合孟子的人性
理論，從而給予先秦儒家經典以新的理解與詮釋，遂使儒家思想更確定而爲中
國哲學的正統與中國文化的主流。〔註22〕

於世間是實。諸賢聖知其顛倒性故，知一切法皆空無生，於聖人是第一義諦。」
（〈觀四諦品〉）。

〔註20〕宋明時期，人文規範與人性的關係轉化爲天理與人欲的關係。宋明時期的理
學家如二程、朱熹與心學家如陸九淵、王陽明等人皆主張存天理，去人欲；
但明清之際的心學家如李贄與氣學家如王夫之、戴震等人則視天理即在人欲
之中，因此反對存天理，去人欲之說。

〔註21〕請參考張立文著《宋明理學研究》，北京市：中國人民大學出版社，1985年，
3～5頁。

〔註22〕仝註21，15～18頁。

　　儒家思想雖是發源於先秦時期，並在兩漢時期定爲學術思想的正統，但卻是直到宋明時期才成爲確立不移的文化主流。自此而後的中國哲學既未曾再有顯著變動，而自清代以至於民國時期的學者也習以宋明時期對先秦儒家的詮釋來理解先秦儒家，並依此爲判準來評議其他各家的思想。

　　因此，就中國哲學史的發展來看，中國哲學是始源於先秦哲學，而後歷經兩漢經學、魏晉玄學、隋唐佛學等階段性的發展，而大成於宋明理學。再就宋明理學對先秦儒家思想的批判性繼承來看，先秦儒家之人學思想是先秦諸家人學中的一支，而宋明理學既是以先秦儒家思想爲基礎，尤其是以孟子的人性理論爲主軸，所以宋明理學也就同時是反映了宋明時期的人學思想。換言之，宋明時期的人學思想也就是先秦時期儒家人學思想的深化與發展。

　　就先秦儒家人學在中國人學思想史的地位來看，就正如先秦儒家哲學在中國哲學史的地位一般，先秦儒家人學只是先秦人學中的一支。而就宋明人學在中國人學思想史的地位來看，它可以被視爲如宋明理學在中國哲學史的地位一般的作爲中國人學思想的集大成者；但它也可以被視爲是中國人學思想的終結者，因爲它將人對其自身的反省鎖定在儒家人學的理解與詮釋中，也就是限制了人對其自身的全面性反省與批判。

　　因此，筆者以爲，要瞭解中國的人學思想就必須先從先秦人學入手，才能掌握到中國人學發展的原始面貌，並能從先秦諸子的人學之中去把握到中國人尋索人是什麼與人應如何之解析與規劃的幾種基本型態。

　　而筆者在理解與詮釋先秦人學時，所採取的是直接回到諸子的哲學著作之中，以探究內蘊在諸子哲學著作裡的人學思想，而不循由宋明理學所建構的判準來評議各家的思想，以免因判準的設定而阻礙了對諸子思想的深入探析。

　　當然，這也並不表示筆者的理解與詮釋就是絕對的客觀，因爲任何的理解與詮釋都避免不了研究者本身的主觀意念滲入其中。而這主觀意念既是研究者所藉以進行理解與詮釋的先在結構，又是研究者所藉以集中研究視域並整理研究所得的思維模式。所以，筆者在陳述個人的理解與詮釋時，都會儘量引述啓發該一觀點的相關文句，以作爲該觀點之所以提出的論據。〔註 23〕雖不能達到完全的客觀，但仍希望能趨近於客觀的詮釋，以期能揭示出先秦諸子之人學思想的原貌。

〔註23〕本文中之引文皆引自《哈佛燕京學社引得特刊》，台北市：成文出版社（翻印），民國 55 年。各章之註釋中亦會再作詳註。

二、先秦人學簡介

本文是依先秦時期的主要學派爲探索先秦人學的基礎，因此即以先秦時期的儒、道、墨、法四家人學的探究作爲本文的主體。

在進入四家人學的深入探究之前，在此先略論四家人學的大致內容，以作爲本文主體部份之簡介。

就儒家人學的整體觀照而論，儒家突顯的是人的文化面向，側重的是人性發展的道德取向。儒家即是認爲人與動物的區別即在於人有禮文規範與仁義道德，而禮文規範的具體內容也就是親親、尊尊、長長的仁義道德。但孟子強調人先天即具仁義禮智的道德本性，而荀子則強調人需要學習成就仁義道德的禮文規範。儒家諸子雖對道德根源有如是的爭議，但對人的道德教育與道德修養卻是同樣的重視，並都推崇「殺身成仁」（《論語·靈公第十五》；9）、「捨身取義」（《孟子·告子上》；6A.10）、「重死持義而不撓」（《荀子·榮辱第四》；20）的道德情操。

就儒家諸子對人之所是的基本觀點而言：

孔子由凡人皆具的個別本性，而論及人的可塑性，「性相近也，習相遠也」（《論語·陽貨第十七》；2）；並期由博文約禮之教，以使人「克己復禮爲仁」（《論語·里仁第四》；1）；因此，他遂視人之爲人的主要特徵即在人的道德性，「君子懷德」（《論語·陽貨第十七》；3）。

孟子則由凡人皆具的仁義本性，「惻隱之心，人皆有之；羞惡之心，人皆有之；恭敬之心，人皆有之；是非之心，人皆有之。惻隱之心，仁也；羞惡之心，義也；恭敬之心，禮也；是非之心，智也。仁、義、禮、智，非由外鑠我也，我固有之」（《孟子·告子上》；6A.6），而論及人的自主性，「君子所性，雖大行不加焉，雖窮居不損焉，分定故也」（《孟子·盡心上》；7A.21）；並期由人倫之教、仁政之治，以激發人的道德自覺，「愛人不親，反其仁；治人不治，反其智；禮人不答，反其敬。行有不得者，皆反求諸己」（《孟子·離婁上》；4A.4）；因此，他遂視人之爲人的主要特徵即在實現人與生俱來的仁義本性，「人之所以異於禽獸者，幾希。庶民去之，君子存之。舜明於庶物，察於人倫，由仁義行」（《孟子·離婁下》；4B.19）。

而荀子則由人之有辨以區別人與禽獸之異，「人之所以爲人者，非特以二足而無毛也，以其有辨也」（《荀子·非相第五》；25～26）；並以人之有義以突顯人的優越性，「水火有氣而無生，草木有生而無知，禽獸有知而無義，人

有氣有生有知亦且有義，故最爲天下貴也」（《荀子‧王制第九》；69～70）；他雖視凡人皆有普遍同然的自然本性，但不認爲人先天即有道德本性，而是認爲人之所以有道德是出於聖人的禮義教化，「古者聖王以人之性惡，以爲偏險而不正，悖亂而不治，是以爲之起禮義、制法度，以矯飾人之情性而正之，以擾化人之情性而導之也。始皆出於治而合於道者也」（《荀子‧性惡第二十三》；7～8）；因此，他遂視人之爲人的主要特徵即在人之內化禮義而爲人，「學惡乎始？惡乎終？曰：其數則始乎誦經，終乎讀禮；其義則始乎爲士，終乎爲聖人。眞積力久則入，學至乎沒而後止也。故學數有終，若其義則不可須臾舍也。爲之，人也；舍之，禽獸也」（《荀子‧勸學第一》；26～28）。

就道家人學的整體觀照而論，道家突顯的是人的自然面向，側重的是人性發展的自然取向。道家即是認爲人與動物一樣，都是自然的產物，都有自然的欲求，也都受自然的規律所管理。自然規律不僅主導人的生成變化，也同樣主導人世的運作與變化。因此，道家排斥一切的人爲造作，而強調人應效法自然，順任人的自然本性而活。

就道家諸子對人之所是的基本觀點而言：

老子由人與萬物同然的本性而論及人的自然性，「道生之，德畜之，物形之，勢成之。是以萬物莫不尊道而貴德。道之尊，德之貴，夫莫之命而常自然」（《老子》第五十一章）；並期由聖人的政治改革以解消既有的人文制限，使人見素抱樸，「絕聖棄智，民利百倍；絕仁棄義，民復孝慈；絕巧棄利，盜賊無有。此三者以爲文不足，故令有所屬——見素抱樸，少私寡欲」（《老子》第十九章）；因此，他遂視人之爲人的主要特徵即在體現人的素樸本性，「爲天下谿，常德不離，復歸於嬰兒。……爲天下式，常德不忒，復歸於無極。……爲天下谷，常德乃足，復歸於樸」（《老子》第二十八章）。

莊子由人與萬物同然的自然本性而論及人的眞實性，「天在內，人在外，德在乎天。……無以人滅天，無以故滅命，無以得殉名。謹守而勿失，是謂反其眞」（《莊子‧秋水第十七》；50～53）；並期由化解人文規範對人的制限，以開放出人心的絕待自由，「無爲名尸，無爲謀府，無爲事任，無爲知主。體盡無窮，而遊無朕；盡其所受乎天，而無見得，亦虛而已」（《莊子‧應帝王第七》；31～32）；因此，他遂視人之爲人的主要特徵即在實現人的純眞本性，「純素之道，唯神是守；守而勿失，與神爲一；一之精通，合於天倫。……能體純素，謂之眞人」（《莊子‧刻意第十五》；29～32）。

楊朱則由人與人世的疏離而論及人的自衛性,「義不入危城,不處軍旅,不以天下大利,易其脛之一毛」(《韓非子·顯學第五十》;1);並期由拒斥人文規範對人的束縛,以開放人生在世的存在自由,「全性保眞,不以物累形」(《淮南子·卷十三氾論訓》;7a);因此,他遂視人之爲人的主要特徵即在人的獨立自主,「古之人損一毫利天下,不與也;悉天下奉一身,不取也。人人不損一毫,人人不利天下,天下治矣」(《列子·楊朱第七》)。

就墨家人學的整體觀照而論,墨家突顯的是人的宗教面向,側重的也是人性發展的道德取向。墨家即是認爲人與動物的區別在於人是會勞動生產的動物,因此肯定人需要爲其自身的存在負責。墨家也特別重視人世的正義,強調人應遵從天志,兼相愛、交相利,爲人世興利除害,以共同致力於人際的和諧與人世的平治。

就墨家墨子對人之所是的基本觀點而言:

墨子即是由人與禽獸的區別而論及人的勞動性,「今之禽獸麋鹿蜚鳥貞蟲,因其羽毛以爲衣裘,因其蹄蚤以爲絝屨,因其水草以爲飲食。故唯使雄不耕稼樹藝,雌亦不紡績織紝,衣食之財固已具矣。今人與此異者也,賴其力者生,不賴其力者不生」(《墨子·非樂上第三十二》;30~33);並期由人之尚同天志,以使人行仁義,「今天下之士君子,中實爲將欲仁義,求爲上士;上欲中聖王之道,下欲中國家百姓之利者,當天之志而不可不察也。天之志者,義之經也」(《墨子·天志下第二十八》;71~73);由於他視仁義的內涵即在爲人興利,故視人之爲人的主要特徵即在人的利他性,「仁之事者,必務求興天下之利,除天下之害,將以爲法乎天下。利人乎,即爲;不利人乎,即止」(《墨子·非樂上第三十二》;1~2)。

就法家人學的整體觀照而論,法家突顯的是人的政治面向,側重的是人性發展的功利取向。法家也就是認爲人天生就是自私自利、重利輕義、好佚惡勞,因此視人凡事都求其經濟效益,而不顧群體公義,所以主張利用刑法賞罰來制約人的好利本性,使人在政治的導向與法律的規範下,能去私從公,守法止姦。

就法家諸子對人之所是的基本觀點而言:

管仲由人好利惡害的本性而論及人的功利性,「明主之治也,縣爵祿以勸其民,民有利於上,故主有以使之;立刑罰以威其下,下有畏於上,故主有以牧之。故無爵祿則主無以勸民,無刑罰則主無以威衆。故人臣之行理奉命

者，非以愛主也，且以就利而避害也；百官之奉法無姦者，非以愛主也，欲以愛爵祿而避罰也」（《管子・明法解第六十七》；12～14）；並視人需要強制性的道德規範以禁人爲惡，「治國使眾莫如法，禁淫止暴莫如刑」（仝上；3）；因此，他強調以法律來建立人的道德觀念以約束人自身的行爲，「所謂仁義禮樂者，皆出於法，此先聖之所以一民者也」（《管子・任法第四十五》；2）。

韓非則由人的自爲心而論及人的自利本性，「子父至親也，而和諧或怨者，皆挾相爲而不周於爲己也」（《韓非子・外儲說左上第三十二》；14～15）；並視法律較諸道德更能禁人爲非，「夫聖人治國，不恃人之爲吾善也，而用其不得爲非也。恃人之爲吾善也，境內不什數；用人不得爲非，一國可使齊。爲治者用眾而舍寡，故不務德而務法」（《韓非子・顯學第五十》；2～3）；因此，他遂強調人之所爲即應是從公去私、奉法守職，「世治之民，奉公法，廢私術，專意一行，具以待任」（《韓非子・有度第六》；11～12）。

儒、道、墨、法四家各自展現了人的多元面向與多層次結構。其中，儒家展現的是人的文化面向，總括了對人之理性與道德的深入探研；道家展現的是人的自然面向，總括了對人之形體與精神的整體解析；墨家展現的是人的宗教面向，總括了對人之現實性與理想性的向上提昇；法家則展現的是人的政治面向，總括了對人之功利性與可塑性的實際應用。

儒、道、墨、法四家對於周文所規劃的人世制度與人際規範，也有其各自不同的立場與取向。

若就對人世制度的建制而言，儒家強調仁政，如孟子之言：「不以仁政不能平治天下」（《孟子・離婁上》；4A.1）；重視禮治，如孔子之言：「道之以德，齊之以禮，有恥且格」（《論語・爲政第二》；3）。法家則強調霸政，如韓非之言：「聖人之治也，審於法禁；法禁明著，則官法必於賞罰；賞罰不阿，則民用官；官治則國富，國富則兵強，而霸王之業成矣」（《韓非子・六反第四十六》；15～16）；重視法治，如管仲之言：「君臣上下貴賤皆從法，此謂爲大治」（《管子・任法第四十五》；5）。墨家強調義政，如墨子之言：「天下有義則治，無義則亂，是以知義之爲善政也」（《墨子・天志中第二十七》；4）；重視神治，「天子爲善，天能賞之；天子爲惡，天能罰之」（仝上；8～9）。唯獨道家則強調返樸歸眞，主張無爲之治，也就是放任人民依其自然本性而自治，如老子之言：「聖人云：我無爲而民自化，我好靜而民自正，我無事而民自富，我無欲而民自樸」（《老子》第五十七章）。

　　若就人際規範的規劃而言，儒、墨、法三家皆肯定人際規範爲人自求完善的必要機制，儒家賦與其道德權威性，墨家賦與其宗教權威性，法家則賦與其法律權威性；唯獨道家否定人際規範爲人自求完善的必要機制，而肯定人依其自然本性的自我實現即可自趨完善，故賦與自然以絕對的權威性。由是即見，儒、墨、法三家所欲建構的是人爲化的人文世界，因此強調依人文規範去決定人之爲人的人化方向；而道家所欲建構的則是自然化的人文世界，也就是強調順諸自然規律的必然趨勢使人成其爲人。

　　在儒、墨、法、道四家人學中，也有其各自構建的理想人格模式。儒家強調道德型理想人格，故推崇文質彬彬的君子，如孔子之言：「君子義以爲質，禮以行之，孫以出之，信以成之」（《論語‧衛靈公第十五》：18）；墨家強調俠義型理想人格，故推崇愛人利人的兼士，如墨子之言：「今天下士君之欲爲義者，則不可不順天之意……兼愛天下之人」（《墨子‧天志下第二十八》：18～19）；法家強調法政型理想人格，故推崇尊君循法的術士，如韓非之言：「夫有術者之爲人臣也，效度數之言，上明法度，下困姦臣，以尊主安國」（《韓非子‧姦劫弑臣第十四》：1～2）；道家則強調隱士型理想人格，故推崇逍遙遊世的眞人，如莊子之言：「不知說生，不知惡死。其出不訢，其入不距。翛然而往、翛然而來而已矣。不忘其所始，不求其所終；受而喜之，忘而復之，是之謂不以心捐道，不以人助天，是之謂眞人」（《莊子‧大宗師第六》：7～9）。前三家皆重人的有爲濟世，而道家則重人的無爲處世。

　　設若將此四種理想人格化爲個人對其人群社會之態度來看，則見儒家道德型人格易使人成爲社會的中堅者，墨家俠義型人格易使人成爲社會的監督者，法家法政型人格易使人成爲社會的立法者，而道家隱士型人格則易使人成爲社會的疏離者。由是可見，四家的人格模式分別爲人之立身處世提供了四種生活方式。而這四種人格模式與生活方式，不僅是對已然呈顯的人之現實形象的反思與歸納所得的不同規劃，也同時是爲人所可藉以調和運作或再作創發的基本型模。

　　儒、墨、道、法四家的人學，不僅提供了我們有關人是什麼的可能解答，也提出了人應如何的可能模式。

第一章　儒家人學──人的文化面向

　　在先秦諸家學派之中，以儒家學說對後世的影響最爲深刻。儒家學說，在先秦時期與墨家學說並盛；至秦漢以後，則成爲中國文化發展的主軸。

　　儒家學說由孔子開其端，而孟、荀承其續，並分立儒學之兩大主脈。兩派學說雖相逕庭，但都以孔子思想爲本。孔學之本在仁，孟學之本在仁義，而荀學之本則在禮義。荀學鼎盛於宋明之前，而孟學則大興於宋明之後。

　　儒家人學是研究中國人學的主脈，從孔子建立仁學之後，使人爲仁即成爲儒家人學的一致取向。由於仁在個人是個人人性的完善，在人際是人際關係的和諧，所以仁即兼攝個人與人際的兩相成全。〔註1〕孟子以仁義起論，強調仁義即在個人的心性之中，所以側重自個人人性的完善來導引人際關係的和諧；〔註2〕而荀子則是以禮義起論，強調禮義乃是聖人爲導化個人情性而起的人文規範，所以側重自人際關係的和諧來導引個人人性的完善。〔註3〕

　　兩者路徑雖異，但都指向使人成爲有道德的君子。只是孟子強調人之有道德是出於人心性之善端，因此他視人之盡性即可成德而爲君子；〔註4〕而荀

〔註 1〕　《論語》：「克己復禮爲仁。一日克己復禮，天下歸仁焉。」（〈顏淵第十二〉；1）。

〔註 2〕　《孟子》：「君子所以異於人者，以其存心也。君子以仁存心，以禮存心。仁者愛，有禮者敬人。愛人者，人恆愛之；敬人者，人恆敬之。」（〈離婁下〉；4B.28）。

〔註 3〕　《荀子》：「今人之性生而有好利焉，順是，故爭奪生而辭讓亡焉；生而有疾惡焉，順是，故殘賊生而忠信亡焉；生而有耳目之欲、有好聲色焉，順是，故淫亂生而禮義文理亡焉。然則從人之性，順人之情，必出於犯分亂理而歸於暴。故必將有師法之化，禮義之道，然後出於辭讓，合於文理而歸於治。」（〈性惡第二十三〉；1～4）。

〔註 4〕　《孟子》：「君子所性，仁義禮智根於心。」（〈盡心上〉；7A.21）。

子則強調人之有道德是出於學習聖人所爲人制訂的禮義、法度，因此他視人
之積僞即可成德而爲君子。〔註5〕

　　若按孔子之言：「文質彬彬，然後君子」（《論語‧雍也第六》：18）〔註6〕
一語來看，則見荀子之言：「性僞合，然後聖人之名」（《荀子‧禮論第十九》：
76～77）〔註7〕似較接近孔子重禮之原意。但若按孔子之言：「不知命，無以
爲君子也」（《論語‧堯曰第二十》：3）一語來看，則見孟子之言：「盡其心者，
知其性也。知其性，則知天。存其心，養其性，所以事天也。殀壽不貳，修
身以俟之，所以立命也」（《孟子‧盡心上》：7A.1）〔註8〕似較接近孔子論天
命之主旨。

　　孔子重視天命，是因孔子視天爲具有位格性的至上神，並視天給予人自
趨向善的道德使命，因此孔子所論的知天命也就是強調人藉由理性的直觀而
知此天命，並知此爲人自身的責任，所以孔子視人應當「克己復禮爲仁」（《論
語‧顏淵第十二》：1）以自成君子，「不知命，無以爲君子也；不知禮，無以
立也」（《論語‧堯曰第二十》：3）。

　　孟子與孔子同樣的肯定天爲具有位格性的至上神，但孟子視至上神將天
命預置於人的自然本性之中，爲人心性中的善端，也就是人之爲善的內在潛
能；此內在潛能有其實現的自然趨勢，也就是使人自趨向善。〔註9〕所以，孟
子視人只要順其心性的自然趨勢以實現其心性之善端，則凡人都能爲善而成
有德的君子。

　　與孔、孟相反的是，荀子只肯定天爲無識無知的自然規律，而人也只是
在此自然規律下所生成的自然產物。但荀子強調人就是因爲發揮他先天所稟
賦的知能，所以人才能爲其自身制訂出人文規範以規範其自身的行爲；〔註10〕

〔註5〕　《荀子》：「今人化師法、積文學、道禮義者，爲君子。」（〈性惡第二十三〉：9）。
〔註6〕　《論語》乙書之引文，皆引自《哈佛燕京學社引得特刊 —— 論語、孟子》（附
　　　　原文），台北市：成文出版社（翻印），民國55年。
〔註7〕　《荀子》乙書之引文，皆引自《哈佛燕京學社引得特刊 —— 荀子引得》（附
　　　　原文），台北市：成文出版社（翻印），民國55年。
〔註8〕　《孟子》乙書之引文，皆引自《哈佛燕京學杜引得特刊 —— 論語、孟子》（附
　　　　原文），台北市：成文出版社（翻印），民國55年。
〔註9〕　《孟子》：「無惻隱之心，非人也；無羞惡之心，非人也；無辭讓之心，非人
　　　　也；無是非之心，非人也。惻隱之心，仁之端也；羞惡之心，義之端也；辭
　　　　讓之心，禮之端也；是非之心，智之端也。人之有是四端也，猶其有四體也。
　　　　有是四端而自謂不能者，自賊者也。」（〈公孫丑上〉：2A.6）。
〔註10〕　《荀子》：「聖人積思慮、習僞故，以生禮義而起法度。然則禮義法度者，是

而人也就是因爲修養此人文規範以導化其自身所本有的自然情性，才成爲有道德的君子。

使人成爲有道德的君子，即是孔、孟、荀三子人學的共同目標。道德，也就是三子所藉以區別人禽之辨的依據，如孔子之言：「今之孝者，是謂能養。至於犬馬，皆能有養；不敬，何以別乎」（《論語・爲政第二》：7），孟子之言：「人之所以異於禽獸者，幾希。庶民去之，君子存之。舜明於庶物，察於人倫，由仁義行」（《孟子・離婁下》；4B.19），及荀子之言：「學惡乎始？惡乎終？曰：其數則始乎誦經，終乎讀禮；其義則始乎爲士，終乎爲聖人。眞積力久則入，學至乎沒而後止也。故學數有終，若其義則不可須臾舍也。爲之，人也；舍之，禽獸也」（《荀子・勸學第一》：26〜28）。

第一節　孔子的人學：仁愛之人

孔子，名丘，字仲尼，生於周靈王二十一年（公元前 551 年），卒於周敬王四十一年（公元前 479 年）。春秋末年魯國陬邑昌平鄉闕里（今山東曲阜縣東南）人。爲商代貴族的後裔，亦爲先秦儒家學派的創始人。

孔子生於周禮齊備的魯國，重視人文精神，致力於平民教育。他曾整理《詩》、《書》、《禮》、《樂》、《易》、《春秋》等文獻典籍以爲教本，傳授予有心向學之人。孔子學生彙整孔子言論而成《論語》一書，是爲尋索孔子思想的重要依據。孔子思想的核心概念在「仁」。

孔子身處禮壞樂崩的春秋時期，這是一個禮文失控、社會動盪的戰亂時代。由於時代的刺激，使孔子如同其他同時期的思想家一樣的致力於對傳統禮文作反思與批判。但孔子的走向卻是欲爲傳統禮文尋索出它在人心的深層根基，使人衷心悅服的去信守此禮文，進而使此禮文得以重獲生機。

一、性近習遠

在《論語》一書中，記載孔子論性僅有一處，「性相近也，習相遠也。唯上知與下愚不移」（〈陽貨第十七〉：2）。單由此語，難以判定孔子對於人性的明確定義，但卻也可以看出孔子是從人的可塑性來論析人性。

孔子既言：「性相近也」，即表示孔子認爲雖然凡人皆有人性，但實際呈

生於聖人之僞，非故生於人之性也。」（〈性惡第二十三〉：24〜25）。

顯出來的人性卻是有個別不同的差異。由是可知，孔子論性不是就人的抽象概念而論，而是就人的具體事實而言。實際存在的只是個別的人，所以從個別的人身上所反映出的人性也就各有不同。因此，孔子之言：「性相近也」是合乎事實的判斷。但也正因著孔子並未對人性作價值判斷，所以才導致孟、荀對人性作出了彼此相異的價值判斷，從而開展出性善、〔註11〕性惡〔註12〕兩種不同價值取向的人性論。

若依習相遠來反觀性相近之論，則見孔子側重的是後天學習對於人性的影響。這也可以反映出，孔子認為外在的教化與個人的學習是決定個人本性發展之趨向的主要因素。外在教化之所以能夠影響人性的發展，是因為人能夠學習；人之所以能夠學習，是因為人具有可塑性。也就是因為人具有可塑性，所以人就可以透過政治與教育的途徑，使所有人都能朝向同一個方向發展，而形成相同、一致的人性。但也正因著政治與教育的導引能使人形成相同、一致的人性，所以孔子認為在不同政治與教育導引下的人們，即會形成不同的人性面貌，「道之以政，齊之以刑，民免而無恥；道之以德，齊之以禮，有恥且格」（〈為政第二〉：3）。

從個別、不同的人性之發展，到相同、一致的人性之形成，即顯現出孔子視個人的本性不是處在一個已完成的狀態，而是處在一個待完成的階段。這不僅是孔子人性論的基本立場，也同時是孟、荀人性論的基本立場。只不過孟子強調人性的自我實現即是人性的完成，而荀子則是強調在禮義規範之下的人性實現才是人性的完成。

孟、荀雖然都依從孔子對於外在教化的重視，而側重政治與教育對人性發展的影響。但孟子強調政治與教育的作為應是啓發人先天既存的道德本性，〔註13〕使人能藉由道德自覺而自趨向善；而荀子則是強調人無先天的道德本性，所以政治與教育的作為即應是使人經由積學禮義而形成人的道德認知與自我規範，〔註14〕以導正人性向善。

〔註11〕 《孟子》：「乃若其情，則可以為善矣，乃所謂善也。若夫為不善，非才之罪也。」（〈告子上〉：6A.6）。

〔註12〕 《荀子》：「人之性惡，其善者偽也。」（〈性惡第二十三〉：1）。

〔註13〕 如孟子之言：「學問之道無他，求其放心而已矣。」（《孟子・告子上》：6A.11）。

〔註14〕 如荀子之言：「古之人……厚德音以先之，明禮義以道之，致忠信以愛之，尚賢使能以次之，爵服慶賞以申之。時其事，輕其任，以調齊之。長養之，如保赤子。政令以定，風俗以一。……然後百姓曉然，皆知脩上之法，像上之志而安樂之。於是有能化善，脩身五行，積禮義，尊道德。百姓莫不貴敬，

若依前述孔子之言：「道之以政，齊之以刑，民免而無恥；道之以德，齊之以禮，有恥且格」來看，則見孔子所著重的是成之於禮文的道德教化對人的導引，以使人性向善。人之所以能夠向善，是因爲人有向善的可能性；但人雖有向善的可能性，卻不表示人必然會因此而自趨完善，因爲人也同樣有向惡的可能性，「好仁不好學，其蔽也愚；好知不好學，其蔽也蕩；好信不好學，其蔽也賊；好直不好學，其蔽也絞；好勇不好學，其蔽也亂；好剛不好學，其蔽也狂」（〈陽貨第十七〉；7）。這也就是說，人雖有向善的可能性，但若不學習禮文，則人仍有可能向惡。所以禮文教化對人而言，就是在導正人性的發展，使人只趨向於善而不趨向於惡，「君子博學於文，約之以禮，亦可以弗畔矣夫」（〈雍也第六〉；27）。

人之所以能制訂禮文，能學習禮文，其關鍵即在於人有理智，這是凡人皆有的共同本質。但孔子認爲人智與人性一樣，都會因人的具體存在而有個別不同的差異。換言之，孔子認爲人天生即有智、愚不同的差異，所以有的人能透過學習禮文來確定其人性的發展，而有的人則不能，「唯上知與下愚不移」（〈陽貨第十七〉；2）。

在孔子的基本預設裡，似乎已存在著肯定「上知」之人雖不受禮文教化的影響，但他會依其本性的發展而自趨向善，所以他不需要學習禮文即能自趨完善；而孔子所謂的「下愚」之人則是指那些「困而不學」（〈季氏第十六〉；9）的人，因爲這些人不學禮文，所以也就不會受到禮文的影響而自趨向善，「困而不學，民斯爲下矣」（仝上）。

由是可見，孔子按人智的差異將人分作三個層級：上知之人、中智之人與下愚之人。既然上知之人不待化，而下愚之人不可化，所以孔子著重的即是對於中智之人的教化導引，「中人以上，可以語上也；中人以下，不可以語上也」（〈雍也第六〉；21）。這也就是說，「生而知之」（〈季氏第十六〉；9）的上知之人，不待教化即能自趨完善；但「學而知之」（仝上）的中智之人，則須待教化才能使其自趨向善。既然孔子認爲包括其自身在內 ﹝註 15﹞ 的大多數人都是中智之人，因此外在教化的導引即有其存在的必要性，「不學禮，無以立」（仝上；13）。

莫不親譽。」（〈議兵第十五〉；95～100）。
﹝註15﹞ 《論語》：「吾非生而知之者，好古，敏以求之者也。」（〈述而第七〉；20）。

二、成人之教

孔子既視人性是處在一個待完成的階段,所以視人之生而即具的本性就不足以作爲人之爲人的本質定義,而只是人之所以爲人的基礎條件。而孔子之言:「克己復禮爲仁」(〈顏淵第十二〉:1),即是視人之爲仁即是人之爲人的完成。因此,孔子視仁即是人性發展的終極目的,也是人性發展的最終完成。所以,孔子的仁學也就是人學,也就是使人爲人的學問。

孔子既然肯定人不學禮,無以立,所以孔子也就是視學禮爲助成人之爲人的一個必要機制。換言之,人就是因習禮而成人,所以禮文教化即是人的成人之教,「若臧武仲之知,公綽之不欲,卞莊子之勇,冉求之藝,文之以禮樂,亦可以爲成人矣」(〈憲問第十四〉:12)。由是可知,孔子即視禮文教化即是使人成其爲人的人化之道。

由於孔子肯定人性的呈顯會因人而異,所以他所強調的禮文教化也就著重在因材施教,以給予適當的指導,使個人本性的發展能達到他自身的完善。但也由於孔子同時強調「約之以禮」(〈雍也第六〉:27)、「齊之以禮」(〈爲政第二〉:3),所以禮文教化也就是使人本性的發展是在禮文的規範下去達到他自身的完善。因此,禮文教化雖是助成個人自身的完善,但所呈顯出來的完善面貌卻是相同、一致的,「克己復禮爲仁。一曰克己復禮,天下歸仁焉」(〈顏淵第十二〉:1)。

孔子既肯定仁是人性發展的完善狀態,所以仁即是善。〔註16〕而人之所以能爲仁,是因爲人能擇善,「三人行,必有我師焉。擇其善者而從之,其不善者而改之」(〈述而第七〉:22),這就顯現出孔子肯定人本具向善的可能性,這也是人之爲仁的內在基礎與動力。但孔子也認爲人還有向惡的可能性,「巧言令色,鮮矣仁」(〈陽貨第十七〉:15)。所以人雖具有向善的基礎與動力,卻仍不足以使人自趨向善,因此須要禮文教化的導引,以激發人向善的可能性,並限制人向惡的可能性,使人能在確定的規範之下自趨向善,而終至自身的完善,故當顏淵問行仁的條目時,孔子即答曰:「非禮勿視,非禮勿聽,非禮勿言,非禮勿動」(〈顏淵第十二〉:1)。由是可知,孔子視禮文教化的功能即在導人向善。

但由於孔子並未肯定人性本善,而只是承認人有向善與向惡的兩種可能

〔註16〕《論語》:「苟志於仁矣,無惡也。」(〈里仁第四〉:4)

性，所以人會因其所習而形成不同取向的人性發展。因此，禮文教化也就不是順任人之本性的自我實現，而是要建立人在實現其本性時的自我規範，故孔子乃言：「克己復禮爲仁」，而非言：「順己復性爲仁」。這也即顯現出，孔子視仁非出自於人的本性，而是出自於禮與人性的結合。

孔、孟、荀三子雖都是從人與生俱來的的自然本性處談人，但三子對於人之自然本性的內涵界定卻各有不同。

孔子視人的自然本性中兼具有向善與向惡的兩種可能性，而人之所以有道德是在禮文的教化之下，建立了人的道德規範與道德判準，人遂依其內在向善的動力，根據禮文的設準而成爲有道德的人，「君子博學於文，約之以禮，亦可以弗畔矣夫」（《論語·雍也第六》：27）。因此，孔子即重視「道之以德，齊之以禮」（《論語·爲政第二》：3）的禮文教化對人的導正之功。

孟子是將人的向善可能性視爲人的與生俱來的自然本性，〔註17〕因而視人之所以有道德即在於人實現其向善的可能性而自趨向善，「乃若其情，則可以爲善矣，乃所謂善也」（《孟子·告子上》：6A.6）。但孟子認爲人之所以還需要人倫教化，是因爲人會受其小體之性的影響而不能識得其大體之性，所以不能自趨向善。〔註18〕孟子雖視小體之性也是爲人所生而即有，但他並不是以此來定義人的自然本性，而是以涵具善端的大體之性來定義人的自然本性。〔註19〕因此，孟子即視人倫教化的目的即在於啓發人的道德自覺，使人能復歸其本性的自我實現而自趨向善，「仁，人心也；義，人路也。……學問之道無他，求其放心而已矣」（《孟子·告子上》：6A.11）。

荀子雖與孔子一樣的承認人的自然本性中兼具有向善與向惡的兩種可能性，但他側重的是就人之向惡的可能性來論人的自然本性，「人之性惡，其善者僞也」（《荀子·性惡第二十三》：1）。而此惡的界定則是依據人性在人世中

〔註17〕　《孟子》：「惻隱之心，人皆有之；羞惡之心，人皆有之；恭敬之心，人皆有之；是非之心，人皆有之。惻隱之心，仁也；羞惡之心，義也；恭敬之心，禮也，是非之心，智也。仁、義、禮、智，非由外鑠我也，我固有之，弗思耳矣。故曰：求則得之，舍則失之。」（〈告子上〉：6A.6）。

〔註18〕　《孟子》：「耳目之官不思，而蔽於物；物交物，則引之而已矣。心之官則思，思則得之，不思則不得也。此天之所與我者，先立乎其大者，則其小者不能奪也。」（〈告子上〉：6A.15）。

〔註19〕　《孟子》：「無惻隱之心，非人也；無羞惡之心，非人也；無辭讓之心，非人也；無是非之心，非人也。惻隱之心，仁之端也；羞惡之心，義之端也；辭讓之心，禮之端也；是非之心，智之端也。」（〈公孫丑上〉：2A.6）。

所產生的實際效應而言，也就是視若順任人之自然本性在人世中的自我實現，即會導致人世的偏險悖亂，而偏險悖亂即是荀子對於惡的定義，「凡古今天下之所謂善者，正理平治也；所謂惡者，偏險悖亂也。是善惡之分也已矣」（全上：37～38）。荀子也就是依此定義來反觀人的自然本性，而強調人有向惡的可能性。所以，荀子認爲人需要爲人制訂道德規範以導化人性的自我實現，使人性的實現是向善而非向惡；換言之，也就是使人性在人世中的實現是導致人世的正理平治，而非偏險悖亂，「故古者聖人以人之性惡，以爲偏險而不正，悖亂而不治，故爲之立君上之勢以臨之，明禮義以化之，起法正以治之，重刑罰以禁之，使天下皆皆出於治，合於善也。是聖王之治而禮義之化也」（全上：39～41）。

所以，依孟、荀各自人性論的發展，即見孟子強調人倫教化是爲內省仁義而爲人，「察於人倫，由仁義行」（《孟子‧離婁下》；4B.19），「居仁由義，大人之事備矣」（《孟子‧盡心上》；7A.33）；荀子則強調外學禮義是爲內化禮義而爲人，「今人之性固無禮義，故彊學而求有之也；性不知禮義，故思慮而求知之也」（《荀子‧性惡第二十三》；34～35），「性僞合，然後聖人之名」（《荀子‧禮論第十九》；76～77）。

若依照孔子所言的「道之以德，齊之以禮」（〈爲政第二〉；3）、「君子博學於文，約之以禮」（〈雍也第六〉；27）、「克己復禮爲仁」（〈顏淵第十二〉；1）等語來看，則見孔子強調外學禮文是爲內化禮文而爲人，「文之以禮樂，亦可以爲成人矣」（〈憲問第十四〉；12）。因此，若就孟、荀兩子對孔子人性論的理解而言，則見荀子是更掌握到孔子人性論的要旨。

孔子雖視禮文教化即是人的成人之教，但他所強調的不是禮文的外在形式，而是禮文的內在功能，也就是導人向善的教化功能，如見孔子門生有若所言：「恭近於禮，遠恥辱也」（〈學而第一〉；13）。禮的目的既在使人爲仁，所以人之習禮也就不是只在學習禮文的外在形式而已，更應當透過對禮文的學習而去思考禮文之所以制訂的意義與目的，如此才能使禮文眞正深入人心，而使人誠心悅服的去內化禮文，並因此而自趨向善而爲仁。所以，孔子強調一個完整的學習歷程即應是涵括了學與思這兩個基本要件，「博學而篤志，切問而近思，仁在其中矣」（〈子張第十九〉；6）。

人之能學、能思，是因爲人有天生的知能。但縱使人能因學與思而瞭解人之爲人制訂禮文規範的意義與目的，可是人若不願意內化此禮文規範，則

禮文教化仍不能使人爲仁，「人而不仁，如禮何？」（〈八佾第三〉；3）。因爲禮文教化不具有強制性，不會以刑法賞罰作爲使人內化此規範的強制手段，所以孔子認爲禮文教化就必須要依靠在上者的身教感化與在下者的意志認同，禮文規範才能深入人心，而爲人的自我規範，「其身正，不令而行；其身不正，雖令不從」（〈子路第十三〉；6）。如果禮文教化的制訂者與執教者本身都不認同禮文規範，也不以禮文來規範其自身的行爲，則又如何能使在下者或受教者能認同此禮文規範，並以此來規範其自身的行爲？故孔子即言：「不能正其身，如正人何」（仝上；13）。因此，孔子不僅重視對人的道德教育，更重視人自身的道德修養。

孔子之言：「苟志於仁矣，無惡也」（〈里仁第四〉；4），也就是強調當人立志爲仁時，他即會內化此禮文規範而爲其自身的道德判準，擇善而固執，故所行所爲皆是依於禮而合於善。人既有向善的可能性，再加上內化禮文規範而爲其自身的道德判準，人就能達到人性完善的境界，也就是爲仁。因此，孔子視人只要立志爲仁，人就能自趨向善而爲仁，「仁遠乎哉？我欲仁，斯仁至」（〈述而第七〉；30），所以孔子強調：「爲仁由己」（〈顏淵第十二〉；1）。

孔子認爲，當人能「志於仁」、「依於仁」（〈述而第七〉；6）而行時，人所表現的就不僅是道德行爲，也同時表現出人的道德勇氣，「知者不惑，仁者不憂，勇者不懼」（〈子罕第九〉；29）。而人之所以能有如此的道德勇氣，是因爲人有確定的道德判準在其心，「君子無終食之間違仁，造次必於是，顛沛必於是」（〈里仁第四〉；5）。所以，孔子視「唯仁者，能好人，能惡人」（仝上；3），因爲仁者的好惡不是依其主觀情緒而定，而是依其內在的道德判準爲之。因此，孔子認爲當人能依於仁而行時，人就能夠不惑、不憂、不懼而表現出大無畏的道德勇氣，「君子不憂不懼」（〈顏淵第十二〉；4）。

但人之所以能形成人的內在道德判準，是因人學習禮文，並內化禮文而成。所以，孔子認爲透過禮文教化的導引，不僅是使人成爲一個知識份子，而且也是使人成爲一個有道德的君子。因此，孔子即訓示子夏而言：「女爲君子儒，無爲小人儒」（〈雍也第六〉；13）。

人之能成爲「文質彬彬」（仝上；18）的君子，雖是透過對人的道德教育與人自身的道德修養而後成之，但孔子亦言：「君子之道，……有始有卒者，其唯聖人乎」（〈子張第十九〉；12），這也就是視人的道德修養必須是持之以恆的貫徹到底，才能使人由君子而爲聖人。聖人是人性發展的完善境界，也

是人之為仁的完成，所以孔子即謙稱：「若聖與仁，則吾豈敢？」（〈述而第七〉：34）。這也就反映出，孔子視聖人為人之為人的理想形象，也是人之為仁的最高境界。然而，孔子又言：「聖人，吾不得而見之矣！得見君子者，斯可矣」（仝上：26），這則顯現出孔子視君子為人之所可及而至的境界，所以孔子即是以文質彬彬的君子作為人之為人的理想人格。

三、知命學禮

若依孔子之言：「天下有道，禮樂征伐自天子出」（〈季氏第十六〉：2）、「君子博學於文，約之以禮，亦可以弗畔矣夫」（〈雍也第六〉：27）等語來看，是見孔子所謂的「禮」指的是人君為人所制訂的人文規範，是外在於人性的道德規範。因此，孔子所謂的「禮」就不是如孟子所視是由人心性之善端所體現而成的禮，〔註20〕而是如荀子所視是由聖王為導化人性而為人所制訂的禮，〔註21〕所以孔子強調：「不學禮，無以立」（〈季氏第十六〉：13）。

禮既是人君為人所制訂的人文規範，所以禮也就是出自於人的心智所為。孔子肯定理性知能是人生而即有的天生資質，所以人能立禮，也能學禮。

若再對照孔子之言：「君子義以為質，禮以行之」（〈衛靈公第十五〉：18），則見孔子是以義作為禮的基礎，而以禮作為義的實踐。所以，孔子也就是視人君是依義而為人立禮，故禮的內涵為義。這推論亦可由孔子之言：「君子有勇而無義為亂」（〈陽貨第十七〉：21）與「勇而無禮則亂」（〈泰伯第八〉：2）二語中得證。

由是亦可看出，孔子視義與禮皆非人所本有，而是成之於人，為人為其自身所制訂的行為規範；若無此行為規範以規範人的行為，則人即會因其向惡的可能性之實現而為亂，「禮樂不興，則刑罰不中；刑罰不中，則民無所措手足」（〈子路第十三〉：3），孔子也就是肯定人需要為其自身制訂行為規範。

若禮是人為人制訂的行為規範，則義就是人所據以制訂規範的行為準則。「聞義不能徙，不善不能改，是吾憂也」（〈述而第七〉：3），是見孔子認為此行為準則非人性所本有，但能導正人性的發展，使人改過遷善。

〔註20〕《孟子》：「辭讓之心，禮之端也。」（〈公孫丑上〉：2A.6）。
〔註21〕《荀子》：「故古者聖王以人之性惡，以為偏險而不正，悖亂而不治，是以為之起禮義、制法度，以矯飾人之情性而正之，以擾化人之情性而導之也。始皆出於治而合於道者也。」（〈性惡第二十三〉：7～8）。

孔子雖未明言義從何出，但若依孔子之言：「夫達也者，質直而好義，察言而觀色，慮以下人」（〈顏淵第十二〉：20）此語來看，此中所描述的皆指向人的理性作爲，所以筆者以爲孔子似視義是人以其天賦的知能對人之行爲所作的合理、合宜的規劃，使人的行爲能有其確定準則可依，「徙義，崇德也」（仝上：10）。這也可看出，孔子視人爲人自身設定行爲準則，是爲使人自趨向善而有道德。

人有向善的可能性，而人又可以其心智爲人設定行爲準則，也就是訂出善的定義與範圍，所以人不僅能向善，而且能爲善。因此，凡是合於義的行爲即是合於善的行爲，「君子之於天下也，無適也，無莫也，義之與比」（〈里仁第四〉：10）。

義既是源自於人之心智所爲的理性規範，故義即是理；人依義而立禮，所以禮也即是合理的行爲規範。禮既有其合理性，故人可由學禮而知禮，也就是知其理；人能知其理，是因禮由義出；人既是以其心智定義，所以義即是由智出，故人即可以其心智學禮而知義。人既是因學禮而有道德，所以禮即是人的道德規範；而人又是依義而立禮，所以義即是所有德行的最高準則，故「君子義以爲上」（〈陽貨第十七〉：21）。

孔子雖不否認人有求利的欲望，但也強調人之求利必當在義的規範下才可爲之，「富與貴，是人之所欲也。不以其道得之，不處也」（〈里仁第四〉：5）。由是可知，孔子重義而輕利，視道德價值尤高於物質利益。所以孔子認爲重視道德價值的人即是君子，而重視物質利益的人即是小人，「君子喻於義，小人喻於利」（仝上：16）。孔子由是即分判出君子與小人這兩個人格層級的差異。

人是由學禮而知義。義雖是禮的根本，而禮是義的體現，但在《論語》中，「禮」字出現有74次，而「義」字僅出現24次，可見孔子論禮更甚於論義。孔子之所以重禮，不僅是因爲孔子視禮是人的立身處世之道，「不學禮，無以立」（〈季氏第十六〉：13）；也是因爲孔子視禮是人之成其爲人的人化之道，「克己復禮爲仁」（〈顏淵第十二〉：1）。因此，孔子視人能學禮，並能內化此禮而爲人內在的道德判準，則人即可因此而成爲「文質彬彬」（〈雍也第六〉：18）的君子。

但孔子亦言：「不知命，無以爲君子」（〈堯曰第二十〉：3），則見孔子視人之所以爲君子是出於天命使然。換言之，孔子視上天給予人自趨向善的道德使命，所以人若知此天命即會自趨向善而爲君子。

　　若依此而觀，則可推知首先以智定義者，即是生而知天命之人；因其生而知天命，所以能以其心智爲人設定行爲的準則，並依此準則而爲人制訂出道德的規範，也就是依義立禮，以導人向善而爲君子。因此，孔子雖視禮是人爲人所制訂的道德規範，但人之所以要爲人制訂道德規範則是天命使然。

　　孔子言：「吾非生而知之者，好古，敏以求之者也」（〈述而第七〉；20），則見孔子自視爲因學而知天命之人。孔子也就是由學禮之中，而去認知天命，並因此而知天命於人者即是使人自趨向善而爲君子，「下學而上達。知我者，其天乎」（〈憲問第十四〉；35）。這也就是說，孔子視下學於禮而爲君子，即是體現天命，故能上達於天。

　　孔子承襲周代之視天爲至上神的傳統觀念，並以德配天命，故知天命者即是知德者。孔子認爲，無論人是生而知之抑或是學而知之，人都能獲知天命。但孔子所強調的知天命，是就人的理智直觀與理智認知而言，並未肯定天命即在人性之中。

　　肯定天命在人性之中的是孟子。孟子與孔子同樣肯定天爲至上神，但孟子視至上神要人成爲有道德之君子的天命是內在於人性之中。所以當人盡其心性之時，人即能由知其心性而知內含於其心性之中的天命，進而履踐天命而爲君子，「盡其心者，知其性也。知其性，則知天。存其心，養其性，所以事天也。殀壽不貳，修身以俟之，所以立命也」（《孟子·盡心上》；7A.1）。因此，人之爲君子即是至上神預置於人心性之中的內在目的，「君子所性，仁義禮智根於心」（仝上；7A.21）。

　　由是可知，孔、孟雖皆言天命，但孔子是就人的心知而論天命，孟子則是就人的心性而論天命。所以兩者所言之天命雖皆指向使人成爲有道德的君子，但孔子強調學禮，而孟子則強調盡性。

四、仁者愛人

　　孔子既視天命於人者即是使人自趨向善而爲君子，因此孔子所著重的是如何使人能上承天命而爲君子，故當樊遲問「知」時，孔子即答曰：「知人」（〈顏淵第十二〉；22）。孔子即視唯有知人，才能爲人制訂出有助於使人爲君子的禮義規範，故當季路問「鬼神」時，孔子則答曰：「未能事人，焉能事鬼」（〈先進第十一〉；12）。這並非顯現出孔子否定鬼神的存在，只是孔子認爲人既稟承天命，就應專務於天命的落實，這是人自身所能爲也應爲之事，「務民

之義，敬鬼神而遠之，可謂知矣」（〈雍也第六〉：22）。

　　孔子雖承認天有賞罰的能力，「獲罪於天，無所禱也」（〈八佾第三〉：13）；但他認爲人之爲君子是出於人知道至上神對人的道德使命，而不是爲求獲賞於至上神，「不知命，無以爲君子」（〈堯曰第二十〉：3）。所以，孔子所謂的「畏天命」（〈季氏第十六〉：8），也就不是指含具功利心態的畏天之罰，而是指含具報恩心態的敬天之命。

　　人由知天命而畏天命，就如人由知其生而敬其親一樣。孔子視人與禽獸之別即在於人能敬其親，「今之孝者，是謂能養。至於犬馬，皆能有養；不敬，何以別乎」（〈爲政第二〉：7）。這也就是說，孔子認爲人必待敬其親，而後可謂之爲人。

　　敬其親既是孝，所以孝即是人之爲人的根本，也就是人之爲仁的根本，故孔子的門生有若即言：「孝弟也者，其爲仁之本與」（〈學而第一〉：2）。

　　對父母之敬曰「孝」，對兄弟之敬曰「悌」。孔子視人若以孝弟爲始，以誠信爲守，而終於泛愛眾人，就近乎於仁，「弟子入則孝，出則弟；謹而信，泛愛眾；而親仁」（〈學而第一〉：6）。所以，當樊遲問「仁」時，孔子即答曰：「愛人」（〈顏淵第十二〉：22）。

　　孔子雖是以愛人來定義仁，但他既以孝弟爲始，所以他所謂的「愛人」即有其親疏、遠近之別，循序漸進的終止於愛所有的人。因此，孔子所謂的「愛人」與墨子所謂的「愛人」，雖皆指向愛所有的人，但孔子視愛人必按人倫次序而推之，由親及疏，「弟子入則孝，出則弟；謹而信，泛愛眾；而親仁」（《論語・學而第一》：6）；而墨子則視愛人不應設定任何前提條件，所以無分親疏、遠近，凡人皆愛，「愛人，待周愛人，而後爲愛人」（《墨子・小取第四十五》：23）。

　　孔、墨的形上基礎都在至上神，但孔子側重的是就人際關係來論人，強調「君君、臣臣、父父、子子」（《論語・顏淵第十二》：11），所以重視人的自然情感與人倫秩序；而墨子側重的是就人與至上神的關係來論人，強調「人無幼長貴賤，皆天之臣也」（《墨子・法儀第四》：14），所以視人在至上神之前皆平等無別。

　　由是可知，墨子所突顯的是人的宗教信仰，「順天意者，兼相愛，交相利，必得賞；反天意者，別相惡，交相賊，必得罰」（《墨子・天志上第二十六》：22～23），是有兼愛之論；而孔子所突顯的則是人的人文精神，「君子學道則愛人」（《論語・陽貨第十七》：3），故有仁愛之議。

但也正因孔子重視人文精神，強調「敬鬼神而遠之」（《論語・雍也第六》；22），所以墨子遂批評：「儒者以天爲不明，以鬼神爲不神」（《墨子・公孟第四十八》；50）。

若就孔子之言：「天之未喪斯文也，匡人其如予何？」（〈子罕第九〉；5）來看，可見孔子並非視天爲不明；再就孔子稱頌大禹之言：「禹，吾無間然矣。菲飲食而致孝乎鬼神」（〈泰伯第八〉；21）來看，則見孔子亦非視鬼神爲不神。只是孔子認爲人世的治亂在於人類自身的作爲，所以人世的止亂歸治與人自身的自趨向善也就都是人自身所應承擔的責任，「務民之義，敬鬼神而遠之，可謂知矣」（〈雍也第六〉；22）。

孔子既以愛人釋仁，又言：「君子學道則愛人」，則見孔子視君子所學之道即是仁道，也就是愛人之道。孔子視愛人之道不僅是「己所不欲，勿施於人」（〈顏淵第十二〉；2），更是「己欲立而立人，己欲達而達人」（〈雍也第六〉；30）。所以孔子視有德的君子不僅應「脩己以敬」（〈憲問第十四〉；42），而且應「脩己以安人」（仝上）。敬是敬天命，也就是個人的道德修養；安人即是愛人，也就是個人的道德實踐。由於孔子在個人的道德修養中即已涵攝了對群體價值的肯定，所以他認爲若能推己及人，博施而濟眾，就不只是完遂了仁道的要求，更是達臻了聖人的境界。〔註22〕

孔子既視人是由克己復禮而爲仁，所以愛人之道也就內含在禮之中。人是透過學禮而知天命，人也是透過學禮而知愛人，故孔子即言：「不知禮，無以立也」（〈堯曰第二十〉；3）。

仁既是禮與人之本性的結合，故人之爲仁也就是人性的提昇，而其所表現出的行爲即是愛人。孔子認爲，當個人的生命與愛人的意念相衝突時，有德的君子即會捨己而成仁，「志士仁人，無求生以害仁，有殺身以成仁」（〈衛靈公第十五〉；9）。所以，孔子視人之爲仁不僅是人之爲人的完成，更是人生的最高價值、人格發展的最高境界，「仁以爲己任，……死而後已」（〈泰伯第八〉；7）。

第一節　孟子的人學：盡性之人

孟子，名軻。約生於周安王十二年（公元前 390 年）前後，約卒於周赧

〔註22〕《論語》：「子貢曰：如有博施於民，而能濟眾，何如？可謂仁乎？子曰：何事於仁，必也聖乎！」（〈雍也第六〉；30）。

王十年（公元前 305 年）前後。戰國中期鄒國（今山東省鄒縣）人。孟子爲魯國貴族孟孫氏的後代，亦爲先秦儒家學派的主要承繼者之一。

　　孟子從學於孔子之孫子思門下，深受儒學之薰陶，而以孔學的傳承與發揚爲終身職志。他的思想主要見之於《孟子》乙書，以「仁義」爲其學說的核心概念。

　　孟子思想的形上基礎在位格之天，並以人性直接天命，而視仁、義、禮、智均爲人與生俱來的自然本性與道德規範的先驗基礎，並以仁作爲諸德的根本與人性的最終完成，故人的盡性之道即是使人成其爲人的人化之道。

　　孟子即以性善論爲其學說的主軸，並強調人性的自我實現即能使人自趨完善，因此主張藉由政、教的導引以激發人的道德自覺而自趨向善。

一、知性知天

　　孟子承襲殷周以來的天人關係思想，將天定義爲三：一指位格之天，也就是視天爲主宰人世的至上神，「順天者存，逆天者亡」（〈離婁上〉；4A.7）；二指命運之天，也就是視天爲非人力所能主宰的超自然力量，「莫之爲而爲者，天也；莫之致而至者，命也」（〈萬章上〉；5A.6）；三指自然之天，也就是視天爲自然萬物生發的根源，「形色，天性也」（〈盡心上〉；7A.38）。

　　但綜觀孟子的析論，則見孟子思想的形上基礎還是在位格之天，並視人以其自然本性上承天命，且以人間的所爲與天合德。所以，就人性的角度而言，其直接根源在自然，但最終根源則在至上神，「夫仁，天之尊爵也，人之安宅也」（〈公孫丑上〉；2A.7）。

　　孟子在論述人性的內涵時，曾言：「無惻隱之心，非人也；無羞惡之心，非人也；無辭讓之心，非人也；無是非之心，非人也。惻隱之心，仁之端也；羞惡之心，義之端也；辭讓之心，禮之端也；是非之心，智之端也。人之有是四端也，猶其有四體也」（〈公孫丑上〉；2A.6）。這也就是將道德規範納入到人的自然本性中，並以此自然本性來定義人性。因此，孟子認爲當人實現其自然本性時，人的行爲也就自然符合道德規範的要求，「有是四端而自謂不能者，自賊者也」（仝上）。

　　孟子既將道德規範納入到人與生俱來的自然本性中，故視「孩提之童，無不知愛其親者；及其長也，無不知敬其兄也」（〈盡心上〉；7A.15）。愛親、敬長既是人與生俱來的天性，因此孟子不僅將仁、義定義爲「親親，仁也；

敬長，義也」（仝上），並且視仁、義爲人所不學而能的良能、所不慮而知的良知。

仁、義既是人的先驗道德，人的良知良能，就本應爲人所自知，但孟子認爲人之所以不能自知其良知良能，是因爲人不能善用其心，「耳目之官不思，而蔽於物；物交物，則引之而已矣。心之官則思，思則得之，不思則不得也」（〈告子上〉；6A.15）。孟子視人的耳目之官爲人的小體，人的心之官則爲人的大體。但無論是小體或大體，都不足以區分人禽之辨或是君子與小人之別，因爲這是人禽皆有的自然條件與人人皆然的自然本性。

所以，在人禽之辨上，孟子即強調：「人之所以異於禽獸者，幾希。庶民去之，君子存之」（〈離婁下〉；4B.19）。這也就是說，君子所存者即是人禽之辨的關鍵。但既是君子存之，所以君子所存者也即是君子與小人之別的關鍵所在。

孟子解釋人禽之辨的關鍵在仁義，「舜明於庶物，察於人倫，由仁義行」（仝上），因此，君子所存者即是仁義。但仁義既是人的良知良能，即應是君子與小人皆同之處，又何以區分兩者之別呢？孟子即言：「從其大體爲大人，從其小體爲小人」（〈告子上〉；6A.15）。這也就是說，君子把握到天之所與的大體，並「先立乎其大者」（仝上），故能爲大人，因此孟子即言：「君子所以異於人者，以其存心也。君子以仁存心，以禮存心」（〈離婁下〉；4B.28）。由是也可看出，孟子不僅是以道德作爲區分人禽之辨的依據，也同時是以道德作爲君子與小人之分的評量標準。所以，人之所以異於禽獸者即在於人有道德，而人之所以有其人格尊嚴也就在於人所本具的仁義道德，故孟子即言：「人人有貴於己者，弗思耳」（〈告子上〉；6A.17）。

因此，孟子視人若不能善用其大體以識得其本然的良知良能，人就不能成爲大人。孟子也就因而十分強調人的道德自覺，「言非禮義，謂之自暴也；吾身不能居仁由義，謂之自棄也。仁，人之安宅也；義，人之正路也」（〈離婁上〉；4A.11）。孟子即是視此內在於人心的仁義即是人外在德行的根本，所以主張性善，強調人只要能實現其心性中的善端即能爲善，「乃若其情，則可以爲善矣，乃所謂善也。若夫爲不善，非才之罪」（〈告子上〉；6A.6）。

孟子之論性善是因其形上基礎在位格之天，也就是視至上神賦命於人者即是人心性的善端，所以人若能存其大體，就能知天命於人者即是欲人自趨向善，以達臻人性的全現。但告子卻視人「性無善無不善」（仝上；6A.6），所以在〈告子〉一篇中即有兩者對於人性的激辯。

告子言：「性，由湍水也。決諸東方則東流，決諸西方則西流。人性之無分善不善也，猶水之無分東西也」（仝上；6A.2）。這與孔子所言：「性相近也，習相遠也」（《論語・陽貨第十七》；2）之意念相同，都是在強調人的可塑性，也就是強調人性的實現會因外在刺激的導引而呈顯出不同的面貌。唯其不同的是，孔子未對人性作明確的價值評議，而告子則直言人性之無分善不善；孔子的形上基礎是在位格之天，而告子的形上基礎則在自然之天，「生之謂性」（《孟子・告子上》；6A.3）。

孔、孟的形上基礎雖同，但孔子是欲藉禮文教化對人的形塑，使人皆統一在仁性之中，「克己復禮爲仁。一日克己復禮，天下歸仁焉」（《論語・顏淵第十二》；1）；而孟子則視仁爲人天生即具的內在本性，「惻隱之心，人皆有之；羞惡之心，人皆有之；恭敬之心，人皆有之；是非之心，人皆有之。惻隱之心，仁也；羞惡之心，義也；恭敬之心，禮也；是非之心，智也。仁、義、禮、智，非由外鑠我也，我固有之，弗思耳矣」（《孟子・告子上》；6A.6）。

孟子視仁義俱爲內在於人的自然本性，所以強調「舜明於庶物，察於人倫，由仁義行，非行仁義也」（〈離婁下〉；4B.19）；而告子則視「仁，內也，非外也；義，外也，非內也」（〈告子上〉；6A.4）。告子也就是視人之爲仁是人性的自顯，但人之爲義則是基於外在的教化使然，所以視以義導仁而成的仁義，即非出自於人性的本然，「告子曰：性，猶杞柳也；義，猶桮棬也。以人性爲仁義，猶以杞柳爲桮棬」（仝上；6A.1）。但孟子則主張：「言非禮義，謂之自暴也；吾身不能居仁由義，謂之自棄也。仁，人之安宅也；義，人之正路也」（〈離婁上〉；4A.11）。

由是可見，告子側重的是人的可塑性，所以主張「性可以爲善，可以爲不善」（〈告子上〉；6A.6）；孟子側重的則是人的自發性，所以主張「人性之善猶水就下也，人無有不善」（仝上；6A.2）。告子的性無善無不善論並不否定人可以爲善，但其關鍵不在人自身，而是在外在環境的刺激；而孟子的性善論雖是肯定人必然可以爲善，但人若「陷溺其心」（仝上；6A.7），則人仍然可以爲不善，故孟子強調「學問之道無他，求其放心而已矣」（仝上；6A.11）。

孟子的性善論，實際包含了人性向善與人性本善的兩個觀點。就人性向善而言，孟子視人心性的善端即是天命賦予人以使人自趨向善的內在潛能，人若順從此潛能的實現傾向即可爲善，「乃若其情，則可以爲善」（仝上；6A.6）；就人性本善而言，孟子認爲心性的善端雖是人之向善的基礎與動力，

但這善端也正是人之爲人的人性所在，「無惻隱之心，非人也；無羞惡之心，非人也；無辭讓之心，非人也；無是非之心，非人也。惻隱之心，仁之端也；羞惡之心，義之端也；辭讓之心，禮之端也；是非之心，智之端也」（〈公孫丑上〉；2A.6），所以孟子認爲人之所以可爲善，即因其本性爲善，「若夫爲不善，非才之罪也」（〈告子上〉；6A.6）。

故依此而觀，孟子的性善論也就是涵攝了三段歷程：人性本善，人性向善，到人性的完善，「夫仁，亦在熟之而已矣」（仝上；6A.19）。是故，孟子視仁之由善端而爲善的歷程即是人化的歷程，「仁也者，人也。合而言之，道也」（〈盡心下〉；7B.16）。孟子也就是視人的盡性之道，即是使人成其爲人的人化之道。孟子視人的盡性之道或是由主體的道德自覺而爲之，或是藉由人倫教化的啓發而爲之，但兩者的指向唯一，即是欲人自盡其心性之善端以自趨完善。

但孟子也視人之心性得自於天，所以強調「盡其心者，知其性也；知其性，則知天」（〈盡心上〉；7A.1），這也即是相應於人性本善的認知；孟子又認爲人之可以爲善，在於「存其心，養其性，所以事天也」（仝上），這也即是相應於人性向善的作爲；孟子並視人性的體現，在於「夭壽不貳，修身以俟之，所以立命也」（仝上），這也即是相應於人性完善的階段。所以，孟子認爲當人自覺其本性之善端，並專心致志的使此善端實現爲人之善德時，這就不僅是人性的實現，也同時是天命的落實，「誠者，天之道也；思誠者，人之道也」（〈離婁上〉；4A.13）。孟子於此而將性與天道相結合，視人按其性之實然而自盡其性，即是誠之於天道，而使天道因人而得體現，「夫君子，所過者化，所存者神，上下與天地同流」（〈盡心上〉；7A.13）。因此，孟子視人之盡性所爲即是與天合德。

二、人倫教化

孟子雖承認人有先驗的道德基礎，但也承認人未必會因此有道德的實踐。而人之未能體現其內在的德性，孟子認爲基本上是受環境因素的影響使人從其小體之性而然，「富歲子弟多賴，凶歲子弟多暴。非天之降才爾殊也，其所以陷溺其心者然也」（〈告子上〉，6A.7）。

因此，他分別就政治、經濟與教育三方面來談如何導人重返其本性的自我實現。由此也可看出，孟子設論的對象即是指向足以主導政治走向的人君，與足以左右社會走向的知識份子。

孟子雖是以仁、義、禮、智來定義人性，但他並未否定人與生俱來的生理本能，「口之於味也，目之於色也，耳之於聲也，鼻之於臭也，四肢之於安佚也，性也」（〈盡心下〉；7B.24）。人之有生理本能是因人有生命，所以生理本能的傾向也就關涉到人之生命的需求與維續。因此，孟子雖是視仁、義、禮、智才是人性的內涵，但他也並未忽略生理本能同為人之為人的必要條件，「人之於身也，兼所愛；兼所愛，則兼所養也」（〈告子上〉；6A.14）。

孟子雖視自然屬性為小體之性，但仍承認小體之性亦有其實現的傾向，所以他雖主張「體有貴賤，有大小；無以小害大，無以賤害貴。養其小者為小人，養其大者為大人」（仝上），卻也承認「民之為道也，有恆產者有恆心，無恆產者無恆心；苟無恆心，放僻邪侈，無不為己」（〈滕文公上〉；3A.3）。

孟子既視人間的實然景象是如此，所以要使人恢復其本性之善，而不為物欲所役，最直接且是最主要的方式就是改善人民的經濟條件，使人民可以滿足其小體之性的實現需求，「是故明君制產，必使仰足以事父母，俯足以畜妻子；樂歲終身飽，凶年免於死亡；然後趨而之善，故民之從之也輕」（〈梁惠王上〉；1A.7）。

孟子也就依此而視人民經濟生活的改善是人君之所以得民的主要依據，「得天下有道：得其民，斯得天下矣。得其民有道：得其心，斯得民矣。得其心有道：所欲與之聚之，所惡勿施爾也」（〈離婁上〉；4A.10）。

事實上，從西周初期開始，即已注意到民心向背與國家興亡之間的密切關係，如《尚書·召誥第三十二》中即言：「欲王以小民受天永命」。〔註23〕及至春秋戰國時代，各思想家也十分注意到民心向背對國家興亡的影響，而民生問題更是多數思想家所認同是對應民心取向最主要的關鍵，如春秋初期的法家管仲即言：「民利之則來，害之則去。……人主之所以令則行，禁則止者，必令於民之所好，而禁於民之所惡也」（《管子·形勢解第六十四》；8～12）。〔註24〕

雖然，管仲強調的是人性好利〔註25〕論，並主張霸政，〔註26〕而孟子強

〔註23〕 《尚書》乙書之引文，皆引自《哈佛燕京學社引得特刊──周禮、儀禮、尚書》（附原文），台北市：成文出版社（翻印），民國55年。

〔註24〕 《管子》乙書之引文，皆引自《管子》，國學基本叢書，台北市：臺灣商務印書館，民國57年；並參考《哈佛燕京學社引得特刊～管子引得》，台北市：成文出版社（翻印），民國55年。

〔註25〕 《管子》：「凡人者莫不欲利而惡害。」（〈版法解第六十六〉；6）。

調的則是人性好義〔註27〕論，並主張仁政。〔註28〕但兩者在民生問題的見解上，卻有其相同之處，可見兩者的人性論並非是矛盾的兩端，而只是詮釋角度的不同。

經濟生活的改善，只是導人向善的初步措施，而不是導人向善的充足條件。所以，孟子認為在民生問題解決之後，人君為政的要務即是要對人民施予教化，「后稷教民稼穡，樹藝五穀；五穀熟，而民人育。人之有道也。飽食、煖衣、逸居而無教，則近於禽獸。聖人有憂之，使契為司徒，教以人倫：父子有親，君臣有義，夫婦有別，長幼有序，朋友有信」（〈滕文公上〉：3A.4）。

五倫，即是人君為人設定的人文規範，也就是規劃人際相處之道的道德規範。這既是人君所訂，因此須要藉由教育的方式使人知之，故孟子即言：「設為庠序學校以教之。庠者，養也；校者，教也；序者，射也。夏曰校，殷曰序，周曰庠，學則三代共之；皆所以明人倫也。人倫明於上，小民親於下」（全上：3A.3）。

若就人倫之教的內在因素言，孟子視人倫之教即是教人為孝悌，「謹庠序之教，申之以孝悌之義」（〈梁惠王上〉：1A.3）。孟子也即是以孝悌為人倫之本，「堯舜之道，孝弟而已矣」（〈告子下〉：6B.2）。而孝即是親親，即是仁；悌即是敬長，即是義。所以，孝悌即是仁義，而人倫之教也就是要人復歸其仁義本性而為仁，「仁也，人也。合而言之，道也」（〈盡心下〉：7B.16）。因此，孟子也就是要以人倫之教來確定人之為仁的人化之道。

若就人倫之教的外緣因素言，孟子之重視學校教育，除因他自身即是受過教育的知識份子之外，他也認為學校教育即是政治理念的延伸與落實，所以透過學校教育的普遍化影響，即能將為政者的政治理念貫徹到人民的思想之中，使人民自動的去遵守為政者所訂的行為規範，「善政，不如善教之得民也。善政，民畏之；善教，民愛之。善政，得民財；善教，得民心」（〈盡心上〉：7A.14）。

但孟子既視學校教育是以為政者的政治理念作為導向，所以孟子即要求人君當以施行仁政為其施政的基本理念，「王若施仁政於民，省刑罰，薄稅斂，

〔註26〕《管子》：「夫霸王之所始也，以人為本。」（〈霸言第二十三遍：2～3）。
〔註27〕《孟子》：「心之所同然者何也？謂理也，義也。聖人先得我心之所同然耳。」（〈告子上〉：6A.7）。
〔註28〕《孟子》：「不以仁政不能平治天下。」（〈離婁上〉：4A.1）。

深耕易耨；壯者以暇日修其孝悌忠信，入以事其父兄，出以事其長上」（〈梁惠王上〉；1A.5），那麼貫徹其政治理念的學校教育也就能使「人人親其親、長其長，天下平」（〈離婁上〉；4A.12）。因此，孟子即言：「不以仁政不能平治天下」（仝上；4A.1）。

孟子所謂的「仁政」即是將人所同具的不忍人之心擴充到政治層面，體現爲不忍人之政，「人皆有不忍人之心。……以不忍人之心，行不忍人之政，治天下可運之掌上」（〈公孫丑上〉；2A.6）。不忍人之心即是惻隱之心，也即是仁之端。故孟子視仁政之本即本乎此仁心；但仁政之行則在乎義理。

義即是理，也即是孟子所視爲人心同然的取向，「心之所同然者何也？謂理也，義也」（〈告子上〉；6A.7）。但因「聖人先得我心之所同然耳」（仝上），所以人君能依此理而爲人民制訂出合乎人心之取向的人倫規範（五倫），故孟子即言：「始條理者，智之事也；終條理者，聖之事也」（〈萬章下〉；5B.1）。聖人依理（義）而爲人制訂人倫規範，並落實而爲仁政，即能得民心之歸向，而導世歸治，「以德服人者，中心悅而誠服也」（〈公孫丑上〉；2A.3）。

人君所行的仁政既是立基在人性本然的善端之上，也就是立基在仁之心、義之理上，故落實仁政理念的學校教育也就自然能有助於啓發人的道德自覺，「無爲其所不爲，無欲其所不欲」（〈盡心上〉；7A.17），人也即能因此而自趨向善。

由是也可看出，孟子是以導世歸治作爲其政治理論的施行目標，而以導人向善作爲其教育理論的指導原則。

但孟子也並非認爲所有人都需要外在環境的刺激，才能自趨向善，「待文王而後興者，凡民也；若夫豪傑之士，雖無文王猶興」（〈盡心上〉；7A.10）。所謂的「豪傑之士」，也就是順諸本性之善而爲的君子，「君子所性，雖大行不加焉，雖窮居不損焉，分定故也。君子所性，仁義禮智根於心」（仝上；7A.21）。

所以具有道德自覺的君子，即是先知先覺者，而尚未開啓其道德自覺的匹夫匹婦，則是後知後覺者，「天之生此民也，使先知覺後知，使先覺覺後覺也」（〈萬章上〉；5A.7）。

依此而觀，孟子即視人君爲人所實施的人倫教化，實際就是順諸人性之善端而體現的道德規範，「仁之實，事親是也；義之實，從兄是也。智之實，知斯二者弗去是也；禮之實，節文斯二者是也；樂之實，樂斯二者」（〈離婁上〉；4A.27）。所以，人民依從此人倫教化就能返諸其自然本性而自顯道德，「學

問之道無他，求其放心而已矣」（〈告子上〉；6A.11）。

三、盡性為人

　　孟子將人區分為兩等，一是順諸本性而自趨向善的人，這即是君子；一是待人倫教化而後自趨向善的人，這即是凡民。若凡民接受人倫教化之導引而實現其內在的善端，即可以為君子；如若不然，且自甘墮落而向惡，則是小人，「莫之禦而不仁，是不智也。不仁不智，無禮無義，人役也」（〈公孫丑上〉；2A.7）。所以，孟子極其重視道德教育與道德修養，並視人之所以為人的意義與價值就在於人有仁義道德，「居仁由義，大人之事備矣」（〈盡心上〉；7A.33）。

　　仁義道德既是人與生俱來的自然本性，所以人生的要務就在於體現其本性的仁義道德而為人。因此，人化之道也就是盡性之道。盡性之道即是盡其自然本性而自臻完善之道，是故盡性之人也就是能全現其自然本性之人，「聖人之於民，亦類也。出於其類，拔乎其萃」（〈公孫丑上〉；2A.2）。

　　但聖人也是人，何以聖人能出於其類而拔乎其萃？孟子以為，聖人之所以與眾人相異之處即在於聖人能自盡其性，而自顯人倫道德，「舜明於庶物，察於人倫，由仁義行，非行仁義也」（〈離婁下〉；4B.19）。人倫雖是人世的道德規範，卻也是發自於人性善端的外顯，所以人若能內盡其性，即能誠之於人倫，「聖人，人倫之至也」（〈離婁上〉；4A.2）。因此，孟子即以聖人為人的理想形象，以指引眾人以此理想形象為典範而自趨向善，「舜何人也：予何人也？有為者亦若是」（〈滕文公上〉；3A.1）。

　　由是即見，人能向善，是因人有心性本然的善端。此善端不僅是人之向善的原動力，亦是人之內在德性與外在德行的基礎，「言非禮義，謂之自暴也；吾身不能居仁由義，謂之自棄也。仁，人之安宅也；義，人之正路也」（〈離婁上〉；4A.11）。

　　人雖皆有此善端，皆具此向善的動力，但要激發此動力以自趨向善，卻並非是那麼的輕而易舉。因為，人有小體之性，易受物欲的牽引，「耳目之官不思，而蔽於物；物交物，則引之而已矣」（〈告子上〉；6A.15）；而人又是生活在人際社會之中，也容易受到人世之名位爵祿的牽制，「仁義忠信，樂善不倦，此天爵也；公卿大夫，此人爵也。古之人，修其天爵，而人爵從之。今之修其天爵，以要人爵；既得人爵，而棄其天爵，則惑之甚者也」（全上；6A.16）。

因此，孟子認爲若要導人向善，使人恢復其本然之善端的實現而自趨爲善，就必須啓發人的道德自覺，激發人的道德勇氣，使人一心向善，「夫志，氣之帥也；氣，體之充也。夫志至焉，氣次焉。故曰：持其志勿暴其氣。……志壹則動氣，氣壹則動志」（〈公孫丑上〉；2A.2）。此中所謂之「氣」即指人的生命力，所謂之「志」即指人的意志抉擇。孟子即視人若能持志帥氣，「配義與道」（仝上），即能主導生命力之趨向，「由仁義行」（〈離婁下〉；4B.19），而形成至大至剛的道德勇氣。「我善養吾浩然之氣」（〈公孫丑〉；2A.2），人即是因其浩然之氣的培養與體現，而能挺立於天地之間，不爲物役，不畏強暴，「自反而縮，雖千萬人，吾往矣」（仝上）。

孟子之論養氣，側重的是激發人的道德勇氣；而孟子之論養心，則側重的是啓發人的道德自覺，擇善固執而不動心，「養心莫善於寡欲」（〈盡心下〉；7B.35）。人能寡欲，即能不爲物欲所役；不爲物欲所役，即能體現道德勇氣，「無所往而不爲義也」（仝上；7B.31）。

這不僅顯現出孟子視人若能持志養氣，寡欲養心，人即能超脫內在物欲的牽絆與外在環境的引誘，而挺立人之爲人的道德情操；這也同時顯現出孟子視人必先有道德自覺，進而培養人的道德勇氣，人才能「居天下之廣居，立天下之正位，行天下之大道」（〈滕文公下〉；3B.3），而成爲「富貴不能淫，貧賤不能移，威武不能屈」的「大丈夫」（仝上）。大丈夫者，即是「從其大體」的「大人」（〈告子上〉；6A.15），即是「仰不愧於天，俯不怍於人」的「君子」（〈盡心上〉；7A.20），也即是孟子所稱許的理想人格。

大丈夫之所本，本於天之所與人的善端，此善端也就是人之心性的本然，「君子所性，雖大行不加焉，雖窮居不損焉，分定故也。君子所性，仁義禮智根於心」（仝上；7A.21）。因此，人若能「存其心，養其性」（仝上；7A.1），「反身而誠」（仝上；7A.4），並「知皆擴而充之」（〈公孫丑上〉；2A.6），人即能自盡其性，而爲君子，乃至於聖人。所以，君子也就是人之進階爲聖人的一個中介階段，是人自盡其心性之善而較易顯現的人格型態。

君子所顯現的是人的自趨向善，而聖人所顯現的則是人的自臻完善。君子向善之本，本於人心性之善端；而聖人則是此心性之善端的如實全現，也就是自盡其性的自我完成，「飽乎仁義」（〈告子上〉；17）。因此，人之由君子到聖人的人格發展歷程，也就是人心之仁的自我實現過程，「夫仁，亦在熟之而已矣」（仝上；6A.19）。

孟子雖視人有四端之心，但以仁爲本，以義爲顯，以禮爲成。是故就此三者的關係而言：「仁，人心也；義，人路也」（〈告子上〉；6A.11），「夫義，路也；禮，門也。惟君子能由是路，出入是門也」（〈萬章下〉；5B.3）。

孟子將人倫之禮與人性之義皆歸本於人心之仁，由是也即呈顯出仁之實現的兩個向度，其一即是由義所開展的個人向度，強調的即是個人的道德取向，突顯的即是個體的存在價值；其二則是由禮所開展的社會向度，強調的則是社會的整合取向，突顯的則是群體的存在價值。前者即是人的內聖之道，而後者則是人的外王之道，「得志，澤加於民；不得志，修身見於世。窮則獨善其身，達則兼善天下」（〈盡心上〉；7A.9）。

人倫之禮既是聖人依其與眾民同然的內在本性而爲人所制訂的人倫規範（五倫）。因此，人倫之禮就不僅是聖人道德自律的表現，也同時是聖人之內在德性的外在體現，「聖人，人倫之至也」（〈離婁上〉；4A.2）。由是亦可看出，人倫之禮也就是人性之仁義的客觀化、具體化呈顯，「舜明於庶物，察於人倫，由仁義行，非行仁義也」（〈離婁下〉；4B.19）。

所以，聖人以其所制訂的人倫之禮來教化人民，也就是幫助人民復歸其本然之性，依從人倫之禮的導引而由仁義行，「言非禮義，謂之自暴也；吾身不能居仁由義，謂之自棄也」（〈離婁上〉；4A.11）。

故就人倫之禮的根源處言，此禮是出於聖人盡性之爲；而就人倫之禮的功能處言，此禮則是聖人爲使人向其本性復歸，而能自盡其性的輔助機制。因此，人倫之禮就不僅是爲啓發人的道德自覺，也同時是在強化人的道德實踐，使人成爲道德完善的聖人，「動容周旋中禮者，盛德之至也」（〈盡心下〉；7B.33）。

由是亦可看出，孟子將人的德行歸根於人的德性自顯，所以孟子所強調的是人的道德本性、道德自律與道德自省。就人的道德本性而言，「君子所性，仁義禮智根於心」（〈盡心上〉；7A.21）；就人的道德自律而言，「君子所以異於人者，以其存心也。君子以仁存心，以禮存心。仁者愛人，有禮者敬人」（〈離婁下〉；4B.28）；就人的道德自省而言，「愛人不親，反其仁；治人不治，反其智；禮人不答，反其敬。行有不得者，皆反求諸己」（〈離婁上〉；4A.4）。因此，孟子視人之有外在德行，是因人先有內在的德性，故當人實現其內在德性時，即能自成顯現於外的道德行爲。

孟子既視人之爲人即在乎本心之仁的自我實現，而惻隱之心又是仁之

端，所以惻隱之心的體現即是仁的自我實現，而仁的自我實現所表現出的即是愛人，「仁者，愛人」（〈離婁下〉；4B.28）。

孟子與孔子一樣強調人在天地之間的優位性與親情在人倫之中的在先性，「君子之於物也，愛之而弗仁；於民也，仁之而弗親。親親而仁民，仁民而愛物」（〈盡心上〉；7A.45）。所以，他視仁的體現，愛的表達，必始自於親親，而後推恩於天下，「老吾老，以及人之老；幼吾幼，以及人之幼；天下可運於掌。詩云：刑于寡妻，至于兄弟，以御于家邦，言舉斯心加諸彼而已。故推恩，足以保四海；不推恩無以保妻子。古之人以大過人者無他焉，善推其所為而已」（〈梁惠王上〉；1A.7）。

既然孟子在其對人性的定義上，已將關涉於人際關係的社會屬性視作人的自然本性，「人之所不學而能者，其良能也；所不慮而知者，其良知也。孩提之童，無不知愛其親者；及其長也，無不知敬其兄也。親親，仁也；敬長，義也」（仝上；7A.15）。所以依此基本預設的推演，孟子便認為當人在實現其自然本性時，人也就會自然的傾向於社會關係中的自我定位，而將親親、敬長視之為人性的自然流露，也就是人理所當然之事。因此，當人表達愛、體現仁的時候，也就必然的是由親而疏，由近而遠的呈顯其先後之序、等級之別。

孟子也就是以此來批評墨、楊二子之論：「楊氏為我，是無君也；墨氏兼愛，是無父也。無父無君，是禽獸也」（〈滕文公下〉；3B.9）。與孟子之論相較，楊、墨二子之論所呈顯的正是愛的兩端。楊朱論愛鎖定於己，不及於人；墨子論愛則無定向，凡人皆愛。而孟子論愛則是依人倫的常軌，由己及人，「老吾老，以及人之老；幼吾幼，以及人之幼」（〈梁惠王上〉；1A.7）。

若以孟、墨之論作比較，則見兩者同以至上神作為他們立論的形上基礎，〔註29〕也同樣重視天意的賞罰，〔註30〕並也同樣的強調人際的互動關係，〔註31〕但何以兩者對於愛的定位卻有如此的不同？

〔註29〕如孟子所言：「天與賢，則與賢；天與子，則與子。其子之賢不肖，皆天也，非人之所能為也。」（《孟子‧萬章上》；5A.6）；墨子所言：「人無幼長貴賤，皆天之臣也。」（《墨子‧法儀第四》；14）。

〔註30〕如孟子所言：「順天者存，逆天者亡。」（《孟子‧離婁上》；4A.7）；墨子所言：「順天意者，兼相愛，交相利，必得賞；反天意者，別相惡，交相賊，必得罰。」（《墨子‧天志上第二十六》；22～23）。

〔註31〕如孟子所言：「愛人者，人恆愛之；敬人者，人恆敬之。」（《孟子‧離婁下》；4B.28）；墨子所言「夫愛人者，人亦從而愛之；利人者，人亦從而利之；惡

　　筆者以爲，孟子是將宗法人倫視之爲人性的本然，所以人性的自我實現也就是依此宗法人倫的既定關係而開展，「我亦欲正人心，息邪說，距詖行，放淫辭，以承三聖者」（《孟子‧滕文公下》：3B.9），故強調有等級之分的仁愛；但墨子則是就人與至上神的直接關係而視人人平等，「人無幼長貴賤，皆天之臣也」（《墨子‧法儀第四》：14），所以人際即是在此平等的基礎上互愛，故強調無等級之分的兼愛。

　　對於孟子而言，仁的實現，即是惻隱、羞惡、恭敬、是非此四端之心的實現，也就是人性的自我實現。「夫仁，天之尊爵也，人之安宅也」（《公孫丑上》：2A.7），這即是視仁是上天賦予人最尊貴的資產，也是人之所以爲人最根本的所在。所以，孟子視仁的實現也就是完成了天命對人的賦與，「存其心，養其性，所以事天也。殀壽不貳，修身以俟之，所以立命也」（《盡心上》：7A.1）。孟子於此也就是超脫傳統宗教中以祭祀事天的形式儀節，而直由人與生俱來的道德心性的存養與實現，來體現人對天命的敬崇與實踐。

　　孟子的形上基礎雖與道家莊子不同，但兩者卻都同樣的肯定人的自我完成即在於人性的自我實現。只不過莊子所強調的自我實現是順任人無涉於禮文規範的自然屬性之自我實現，「形莫若緣，情莫若率。緣則不離，率則不勞。不離不勞，則不求文以待形；不求文以待形，固不待物」（《莊子‧山木第二十》：44～45）；而孟子所強調的自我實現則是順任可成就禮文規範之社會屬性的自我實現，「言非禮義，謂之自暴也；吾身不能居仁由義，謂之自棄也」（《莊子‧離婁上》：4A.11）。所以，兩者雖都肯定人的自然本性是人之所以爲人的基礎，但莊子是在此人性基礎上突顯出人的自然面向，而孟子則是在此人性基礎上開展出人的文化面向。

四、義利之辨

　　孟子不否定人間有惡，但他視人之所以爲惡是因於人從其小體之性而欲利，「苟爲後義而先利，不奪不饜」（《梁惠王上》：1A.1）。

　　孟子視人從其小體之性者欲利，從其大體之性者好義。兩者雖同爲人之自然本性，但孟子視後者才是人之爲人的本質定義，與人倫道德的先驗基礎，因此主張「君臣父子兄弟，去利，懷仁義以相接也」（《告子下》：6B.4），遂強

人者，人亦從而惡之；害人者，人亦從而害之。」（《墨子‧兼愛中第十五》：27～28）。

調人之爲人者即應重義輕利，「無所往而不爲義也」（〈盡心下〉；7B.31）。

是以，孟子認爲，當人面對物質利益的取捨時，人就應該依循其大體之性的需求，以其內在的道德判斷來衡量此利益之施與授的得當與否而後爲之，「非其義也，非其道也，一介不以與人，一介不以取諸人」（〈萬章上〉；5A.7）。這也就是說，凡不合於道德判斷的利益，就算是微薄小利都不僅不應給予人，也不應取之於人。設若人「非其有而取之者」（仝上），孟子即視之爲盜，盜是爲人之恥。但若有人侵害他人權益而不覺其爲恥，這才是眞正的無恥，「人不可以無恥，無恥之恥，無恥矣」（〈盡心上〉；7A.6）。

但人既有與生俱來的道德心性，何以卻有人不知恥？孟子以爲，人之所以不知恥，是因人未能「自反」（〈離婁下〉；4B.28）；人若能「反身而誠」（〈盡心上〉；7A.4），則人就必然「無所往而不爲義」（〈盡心下〉；7B.31）。

「生，亦我所欲也；義，亦我所欲也；二者不可得兼，舍生而取義者也……非獨賢者有是心也，人皆有之，賢者能勿喪耳」（〈告子上〉；6A.10）。這不僅顯現出孟子視凡人皆具的義是人可爲之生、可爲之死的最高價值，這也同時反映出孟子重視道德意涵的精神價值，尤甚於重視肉體形軀的生命價值。

因此，當人面對義與不義的抉擇時，縱使不義而得利，擇義而喪生，孟子仍視人應舍生而取義，因爲人之爲人的人格尊嚴即在乎人有仁義道德。所以，孟子即推崇「以身殉道」（〈盡心上〉；7A.42）的道德勇氣是人性的最崇高表現，「盡其道而死者，正命也」（仝上；7A.2）。

若就義利之辨來論析楊、墨、孟三子的價值論，則見楊朱重個人私利，「楊子取爲我，拔一毛而利天下，不爲也」（仝上；7A.26）；墨子重群體公利，「墨子兼愛，摩頂放踵利天下，爲之」（仝上）。孟子以爲，兩者所重雖有公私之別，但實則兩者都是重利輕義的價值取向，而孟子自身則是強調重義輕利的價值取向。

再者，由於楊朱所突顯的是人的個體價值，而墨子所突顯的是人的群體價值，所以孟子即評此兩者皆有所偏取，而不能顧及整全的觀照。因爲孟子認爲個人與社會乃是互動的兩端，社會的構成雖在個人，但個人的自我實現卻只有在社會的實踐中才得完成，所以孟子強調人即應以其仁義道德爲權，以聯繫兩端，使人的群體價值與個體價值都能因人的道德體現而得確保，「天子不仁，不保四海；諸侯不仁，不保社稷；卿大夫不仁，不保宗廟；士庶人不仁，不保四體」（〈離婁上〉；4A.3）。

　　若就孟子與荀子相較,則見兩者雖同屬儒家之流,同重人倫道德,〔註32〕同遵禮文規範;〔註33〕但孟子立論是以人性之仁義爲主,而荀子立論則是以人文之禮義爲宗。孟子視人生而即具道德本性,故強調人之所以爲人者即在於仁性的自我實現,遂因此而突顯人的獨立性與自主性;但荀子則視人並無生而即具的道德本性,並強調人之所以爲人者乃是因於師法聖王禮義之道以化性起僞而有義,故荀子所突顯的即是人的可塑性與依附性。由是可見,孟子實較荀子尤重個人的道德自覺與人格尊嚴。

第三節　荀子的人學：禮義之人

　　荀子,名況,又稱孫卿;約生於周赧王二年(公元前 313 年)前後,約卒於秦王政九年(公元前 238 年)前後;戰國末期趙國郇(今山西省猗氏縣西南)人;與孟子同爲先秦儒家學派的主要承繼者,對儒學之傳承與發揚貢獻最鉅。

　　荀子曾遊學齊國稷下學宮,並三爲祭酒,在當是時之學術界的聲望甚高。然因到宋明時期,學者多推崇孟子的心性之學,並視之爲直承孔子,而將荀子排除於道統之外,且將其判爲儒學之異端,遂使荀子的學術地位逐漸低落下來。荀子的思想主要見之於《荀子》乙書,而以「禮義」爲其學說的核心概念。

　　與孟子思想相較,孟子重仁義,並將之視爲人的自然本性,外顯而爲人文之禮;荀子則重禮義,並將之視爲人的人文規範,藉內化而爲人心之仁。因此,對孟子而言,人的人化之道即是人心之仁的自我實現過程,故其爲論著重於內省;但對荀子而言,人的人化之道則是人之習禮化性而爲仁的社會化過程,故其爲論則著重於外學。換言之,孟子肯定人的成人是人之自然本性的自我完成;而荀子則認爲人的成人是透過人由其心智思慮創制出人文禮法後,再藉由政治、社會、文化對人的影響與制約,從而形塑出人之所是而

〔註32〕加孟子所言:「聖人,人倫之至也。」(《孟子‧離婁上》:4A.2);荀子所言:「聖也者,盡倫者也。」(《荀子‧解蔽第二十一》:82)。

〔註33〕如孟子所言:「上無禮,下無學,賊民興,喪無日矣。」(《孟子‧離婁上》:4A.1);荀子所言:「故古者聖王以人之性惡,以爲偏險而不正,悖亂而不治,是以爲之起禮義、制法度,以矯飾人之情性而正之,以擾化人之情性而導之也。始皆出於治而合於道者也。」(《荀子‧性惡第二十三》:7～8)。

使人爲人。故兩者即由不同角度的人性觀中，形構出儒家哲學的兩條主脈。

　　荀子論人，是分就人與自然世界及人與人文世界這兩個向度而兼論之。就人與自然世界的向度而言，荀子強調人所擁有的形神條件都是來自於自然的賦予；〔註34〕但就人與人文世界的向度而言，荀子則強調人是以其天生的知能而爲人自身開創出適於其存養的存在空間。〔註35〕所以，荀子視人的本性之中即涵具了與生俱來的自然屬性〔註36〕與後天養成的社會屬性。〔註37〕而荀子也就是以人天生的理智知能來爲人規劃出人之所以爲人的人化之道，藉以使人既能安處於人群社會之中，又能因此而自趨向善。所以與孔孟相較，荀子則是更重視人的創造性與規範性活動，也更加的突顯人在宇宙中的至尊地位。

一、制天用天

　　荀子釋天：「列星隨旋，日月遞炤，四時代御，陰陽大化，風雨博施，萬物各得其和以生，各得其養以成，不見其事而見其功，夫是之謂神。皆知其所以成，莫知其無形，夫是之謂天」（〈天論第十七〉；8～10）。這也就是視天爲涵攝自然萬物、自然現象與自然規律的自然之天。換言之，荀子所謂的「天」即指自然而言。

　　自然雖造就一切，但可見的只是自然萬物與自然現象，不可見的則是使萬物生發與現象變化的自然規律。所以，荀子視無識無知的自然規律即是造就天地萬物的終極原因，「天地合而萬物生，陰陽接而變化起……。天能生物，不能辨物也；地能載人，不能治人也」（〈禮論第十九〉；77～78）。自然規律主導自然現象的變化，產生自然萬物，這僅是自然規律的必然趨勢，所以天

〔註34〕　《荀子》：「天職既立，天功既成，形具而神生。」（〈天論第十七〉；10～11）。

〔註35〕　《荀子》：「力不若牛，走不若馬，而牛馬爲用，何也？曰：人能群，彼不能群也。人何以能群？曰：分。分何以能行？曰：義。故義以分則和，和則一，一則多力，多力則彊，彊則勝物，故宮室可得而居也。」（〈王制第九〉；71～72）。

〔註36〕　《荀子》：「形具而神生。好惡喜怒哀樂藏焉，夫是之謂天情。耳目口鼻形能，各有接而不相能也，夫是之謂天官。心居中虛以治五官，夫是之謂天君。」（〈天論第十七〉；10～12）。

〔註37〕　《荀子》：「然則從人之欲，則勢不能容，物不能贍也。故先王案爲之制禮義以分之，使有貴賤之等、長幼之差、知愚能不能之分，皆使人載其事而各得其宜，然後使祿多少厚薄之稱，是夫群居合一之道也。」（〈榮辱第四〉；72～74）。

無知、地無治。天地只是無識無知的自然規律，依其必然趨勢而生成萬物，所以天地的功能只在生人生物而已。

荀子既視天為無識無知的自然，所以認為天只是按其自然規律而行，與人事無涉，「天行有常，不爲堯存，不爲桀亡。應之以治則吉，應之以亂則凶」（〈天論第十七〉；1）。人世的治亂既決定在人自身的所爲，所以荀子將天、人二分，而將天的功能定位在生人生物，將人的功能定位在治人治物，「宇中萬物，生人之屬，待聖人然後分也」（〈禮論第十九〉；78～79）。因此，荀子即強調：「天地生之，聖人成之」（〈大略第二十七〉；35），由是也即突顯了人在宇宙中的崇高地位。

荀子既然將天人二分，又肯定天生人成，所以在對天的態度上，荀子即強調人應尊重天的職份，而不應與天爭職，「不爲而成，不求而得，夫是之謂天職。如是者，雖深，其人不加慮焉；雖大，不加能焉；雖精，不加察焉，夫是之謂不與天爭職」（〈天論第十七〉；6～7）。荀子即是認爲以人的主觀理智，人也無法決定天的客觀規律，所以人就不須要浪費心力於此，「唯聖人爲不求知天」（仝上；10）。再者，荀子視天既生成萬物，所以人雖不能決定天的客觀規律，但人卻可以以其理智來瞭解天的客觀規律，從而運用對此客觀規律的瞭解，以利用因此客觀規律而生的天地萬物來爲人服務，故荀子亦言：「聖人……知天」（仝上，14～16）。

但此處所謂的「知天」，雖然也兼及由對自然現象的觀察所獲得的經驗知識，但荀子主要所談的是對人的認知。換言之，荀子也就是要藉由知人而知天，「天職既立，天功既成，形具而神生。好惡喜怒哀樂藏焉，夫是之謂天情。耳目口鼻形能，各有接而不相能也，夫是之謂天宮。心居中虛以治五官，夫是之謂天君。財非其類，以養其類，夫是之天養；順其類者謂之福，逆其類者謂之禍，夫是之謂天政。……聖人清其天君，正其天宮，備其天養，順其天政，養其天情，以全其天功。如是則知其所爲，知其所不爲矣，則天地官而萬物役矣。其行曲治，其養曲適，其生不傷，夫是之謂知天」（仝上；10～16）。

荀子視人之所生既是由天而成，所以透過對人的瞭解就能瞭解天；既然對人與天都有了一定的瞭解，所以人也就能知其所爲，知其所不爲；既然人能知其所爲，知其所不爲，所以人就能運用其主觀理智與天的客觀規律，來宰制自然萬物以爲人所用。「大天而思之，孰與物畜而制之；從天而頌之，孰與制天命而用之；望時而待之，孰與應時而使之；因物而多之，孰與騁能而

化之；思物而物之，孰與理物而勿失之也。願於物之所以生，孰與有物之所以成」（全上：44～46）。荀子即是認爲天的功能既然只在生人生物，而不能治人治物，所以就需要人以其理智思慮來制天命而用之，使人與萬物都能因此而得治，「錯人而思天，則失萬物之情」（全上：46）。所以，荀子立論也就是以人爲主。

但荀子於「制天命而用之」（《荀子‧天論第十七》：44）中所謂的「天命」，與孔孟所謂的「天命」不同。孔子所謂的「天命」，指的是至上神所賦與人以使人成爲君子的道德使命，「不知命，無以爲君子」（《論語‧堯曰第二十》：3）；孟子所謂的「天命」，是將孔子的天命觀內化到人的自然本性中，使人按其道德本性的自我實現而自成君子，「君子所性，仁義禮智根於心」（《孟子‧盡心上》：7A.21）；但荀子所謂的「天命」，則是指無識無知而且與人之道德無關的客觀規律，此客觀規律僅是提供人之得以生存的基本條件與人之得以存養所需的物質資源，所以人就應該利用此客觀規律來助成人的存養與維續。

荀子之所以提出與孔孟相異的天命觀，主要是因爲荀子立論的形上基礎與孔孟不同。孔孟雖皆不否定人與自然的密切關係，但他們將自然歸於至上神之下，而主訴在人與至上神間的位格關係，所以孔孟強調知天立命。然而荀子則是否定人與至上神間的位格關係，而僅肯定人與自然之間的密切關係，所以荀子所強調的則是知天制命。由是可知，孔孟立論的形上基礎是具有位格性的至上神，而荀子立論的形上基礎則是無識無知的自然。因此，順此形上基礎的不同，即導引出儒家兩種不同的天命觀。

荀子的形上基礎雖與道家的莊子相同，而且也同樣強調知天人之所爲的不同是人生的最高智慧，〔註38〕但兩者所欲突顯的主旨卻有所不同。莊子是否定人應有所爲，而肯定人應順任自然而無所爲，「明白入素，無爲復樸，體性抱神，以遊世俗之閒」（《莊子‧天地第十二》：68～69）；荀子則是肯定人應對治自然而有所爲，「天地者，生之始也；禮義者，治之始也；君子者，禮義之始也。爲之、貫之、積重之、致好之者，君子之始也。故天地生君子，君子理天地。君子者，天地之參也，萬物之總也，民之父母也」（《荀子‧王制第九》：64～66）。所以，莊、荀的形上基礎雖同，但莊子是順此形上基礎以突顯人的自然面向，而荀子卻是在此形上基礎上再開展出人的文化面向。

〔註38〕　《莊子》：「知天之所爲，知人之所爲者，至矣。」（〈大宗師第六〉：1）；《荀子》：「明於天人之分，則可謂至人矣。（〈天論第十七〉：5～6）。

二、以心治性

荀子雖依職能的不同，而將天、人二分，但他仍視人的根源在於天，「天職既立，天功既成，形具而神生。好惡喜怒哀樂藏焉，夫是之謂天情。耳目口鼻形能，各有接而不相能也，夫是之謂天官。心居中虛以治五官，夫是之謂天君」（〈天論第十七〉：10～12）。這就是強調自然先造就了人的形體，然後由人的形體再產生出人的精神意識。所以人的精神意識也就不是能獨立於人體之外的精神性實體，而是因人之形體而有的附隨現象。而這附隨現象所表現出來的即是人的情感、知覺與心思。因此，人生而即有物質性的形體與精神性的意識，這也是人之得以存在的基本條件。

而在此基本條件之中，荀子尤其突顯人心在人身的主宰地位，「心者，形之君也，而神明之主也」（〈解蔽第二十一〉：44～45）。荀子以為，人心兼具理智認知與意志抉擇的雙重功能，「心知道，然後可道」（全上：32），這也就是視人的意志抉擇從屬於人的理智認知，「人生而有知，知而有志」（全上：36）。荀子即視人因其心之有知、有志，故可為人自身的主宰，從而挺立於天地之間，「君子壹於道，而以贊稽物。壹於道則正，以贊稽物則察；以正志行察論，則萬物官矣」（全上：52～53）。因此，荀子論人即十分重視其心之功能。

就心的認知功能而言，荀子強調的是人立基於感官經驗上的理智認知，「心有徵知。徵知則緣耳而知聲可也，緣目而知形可也。然而徵知必將待天官之當簿其類然後可也」（〈正名第二十二〉：19～20）。這即是說明人的理智認知是藉由感官經驗所提供的資料而加以整理，據此以形成人可資證驗的知識。荀子也即是肯定人有先天的認知能力，並能依此而形成後天的知識，「所以知之在人者，謂之知；知有所合，謂之智；智所以能之在人者，謂之能；能有所合，謂之能」（全上：5～6）。此中所謂的「所以知」，即指人與生俱來的認知能力；所謂的「知有所合」，即指人以其認知能力而得的所知；所謂的「智所以能」，即指人生而即具的才能；所謂的「能有所合」，即指人以天生才能所表現出來的所能。所以知、所以能，是人先天即具的認知功能；而所知、所能，則是人後天所成就的知識與能力。前者是人天生即有的潛能，而後者則是此潛能的實現。但荀子所肯定的僅是人具有與生俱來的認知能力；至於知識的來源，荀子則認為是始於感官經驗，而非始於先天概念。

若以道德概念的始源來區分孟、荀的知識論，則見孟子肯定人有先天的

道德概念,「君子所性,仁義禮智根於心」(《孟子·盡心上》:7A.21);而荀子則是否定人有先天的道德概念,「今人之性固無禮義,故彊學而求有之也;性不知禮義,故思慮而求知之也。然則生而已,則人無禮義、不知禮義」(《荀子·性惡第二十三》:34～35)。由是可知,兩者的知識論雖都指向倫理學,但孟子所主張的是先驗道德論,強調人的盡性即能使人成為有道德的君子;而荀子則主張的是經驗道德論,強調人必先「化師法,積文學、道禮義」(全上:9),而後人才能成為有道德的君子。所以,孟子重內省,而荀子則重外學。

荀子雖肯定人生而即有認知能力,但此能力並非人所獨有,「凡生乎天地之間者,有血氣之屬必有知」(〈禮論第十九〉:97～98)。固然荀子視人與禽獸同樣有知,但他亦言:「有血氣之屬,莫知於人」(全上:100)。這即顯現出荀子視人較禽獸具有更高的智慧,而非徒具有知而已,「人之所以為人者,非特以二足而無毛也,以其有辨也」(〈非相第五〉:24～26)。辨即是分辨,也即是人之理性認知的固有特徵,所以荀子即以有辨作為人禽之辨的分判標準,也就是以人的理性作為人的本質特徵。但荀子亦視人之為天下之最貴者,不僅是因為人有理性,而且是因為人有禮義,「人有氣有生有知亦且有義,故最為天下貴也」(〈王制第九〉:69～71)。

荀子並非視理性認知為心的唯一功能,他也肯定人心還有其意志抉擇的功能。荀子論及心的抉擇功能時,側重的是人之意志的自由抉擇,「心者……出令而無所受令。自禁也、自使也、自奪也、自取也、自行也、自止也。故口可劫而使墨也,形可劫而使詘申也,心不可劫而使意易。是之則受,非之則辭」(〈解蔽第二十一〉:44～46)。但他亦言:「道者,古今之正權也。離道而內自擇,則不知禍福之所託」(〈正名第二十二〉:74)。由是可知,荀子雖是肯定人之意志的自由抉擇,但也強調人的自由意志還是應受其理性認知的指導,「心知道,然後可道;可道,然後能守道以禁非道」(全上:32～33)。由是可知,荀子反對無所規範的絕對自由,而只贊成在禮義之道所規範下的相對自由。

荀子除肯定人因有形而有心之外,也同時肯定人亦因有形而有情,「形具而神生。好惡喜怒哀樂藏焉,夫是之謂天情」(〈天論第十七〉:10～11)。人之有情是人生而即具的天性,「夫好利而欲得者,此人之情性也」(〈性惡第二十三〉:29～30)。荀子即視人有情性,即有欲,所以人之有欲也就是人生而即

具的自然本性,「飢而欲食,寒而欲煖,勞而欲息,好利而惡害,是人之所生而有也,是無待而然者也」(〈非相第五〉:24～25)。荀子視人既有情欲,即會有所求,「人生而有欲;欲而不得,則不能無求」(〈禮論第十九〉:1)。

荀子雖是將人的心、性二分,但也不否定心、性之間的互動關係,因為欲是情,而求則是心之抉擇功能的顯現。荀子既主張人應以其理智認知來主導人的意志抉擇,所以他也強調人應以其心知來主導其情性的欲求,「生之所以然者,謂之性;性之和所生,精合感應不事而自然,謂之性。性之好惡喜怒哀樂,謂之情;情然而心為之擇,謂之慮;心慮而能為之動,謂之偽」(〈正名第二十二〉:2～4)。這不僅顯現出荀子視人應以其理智認知來主導其情性的欲求,且視人只要依從於其理智的指導,則欲求的多寡都無礙於人世之治,「心之所可中理,則欲雖多,奚傷於治。……心之所可失理,則欲雖寡,奚止於亂。故治亂在於心之所可,亡於情之所欲」(仝上;60～62)。

荀子既是以人心為人自身的主宰,所以他也即是以人心來為人自身規劃出人生應然的導向,「心也者,道之工宰也;道也者,治之經理也」(仝上;40～41)。

荀子也就是以人心的理智認知來為人規劃出人所應行之道,「治之要,在於知道。人何以知道?曰:心;心何以知?曰:虛壹而靜。……不以所藏害所將受,謂之虛;……不以夫一害此一,謂之壹;……不以夢劇亂知,謂之靜。……虛壹而靜,謂之大清明。萬物莫形而不見,莫見而不論,莫論而失位,坐於室而見四海,處於今而論久遠,疏觀萬物而知其情,參稽治亂而通其度,經緯天地而材官萬物,制割大理而宇宙裡矣」(〈解蔽第二十一〉:32～43)。這也就是認為,人若能以虛壹而靜的方式來修養其心,使心不受成見影響、不為情緒所干擾而能專心一志的從事於對天地、人文的觀察與思索,則人即能因此大清明之心,而去把握到自然與人文的客觀規律,並依此而規劃出合理、合宜的規範來管理人與天地萬物,從而使人成為宇宙中的主宰者,「天地者,生之始也;禮義者,治之始也;君子者,禮義之始也。……故天地生君子,君子理天地」(〈王制第九〉:64～65)。所以,荀子認為人依從其心知而為人所規劃出來的應然之道,即是指向人之所以為人之道,也就是君子之道,「先王之道,仁之隆也,比中而行之。曷謂中?曰:禮義是也。道者,非天之道,非地之道,人之所以道也,君子之所道也」(〈儒效第八〉:23～24)。荀子既是肯定人為天地之間的主宰者,所以他所強調的應然之道,也就是指

向使人成爲足以勝任天地間之主宰者的禮義之道。所以，禮義之道也就是人之所以爲人之道，也就是君子之道，「禮義者，治之始也；君子者，禮義之始也。爲之、貫之、積重之、致好之者，君子之始也」（〈王制第九〉；64～65）。

三、積學禮義

荀子首先將天、人二分，又將人之心、性二分，這即是要說明人必須要以其自身的力量，來創造人自身的尊嚴與幸福。因爲荀子視人所與生俱來的僅是發展其自身的潛能，這是自然所賦與人使其生存的基本條件。但自然只是客觀的規律，而不是有智、情、意的至上神。所以自然也只是依其內在規律的必然趨勢而生出了人類，並賦予人類實現其自身潛能的必然趨勢，而沒有賦與人道德的本性或是主宰的地位。因此，人基本上是與自然動物無異，也並非天生就被命定來管理天地萬物。而人之所以能擁有道德的自我規範，能夠躍居於天地之間的最貴者，是因爲人用其基本生存條件中的有利因素去改變其中的不利因素，也就是人以人的心知去導化人的情性，使人不受困於其情性的牽制。荀子認爲，當人能掌控其自身的行爲時，人也就能因此而進一步的去掌控天地萬物，使天地萬物爲人所用，所以人才能在自然規律之上建立起人文規範，並依此而經緯天地、材官萬物，使人自身成爲宇宙中的主宰。因此，就荀子而言，凡是屬於自然的產物，都是人可以其心知所掌控的對象；而人也就是因爲充分的發揮了其心知的功能，才成爲宇宙中的主宰者。

若就人的情性之爲人與生俱來的自然本性而言，此情性本無善惡價值可議；但若縱容人此情性在人世中毫無節制的發展，就會使人際產生相互的衝突，而引發人世的危亂。所以荀子認爲人需要爲其自身設定人文規範，以建立每一個人藉以約束其情性發展的普遍而客觀的依據，「今人之性生而有好利焉，順是，故爭奪生而辭讓亡焉；生而有疾惡焉，順是，故殘賊生而忠信亡焉；生而有耳目之欲、有好聲色焉，順是，故淫亂生而禮義文理亡焉。然則從人之性，順人之情，必出於犯分亂理而歸於暴。故必將有師法之化，禮義之道，然後出於辭讓，合於文理而歸於治」（〈性惡第二十三〉；1～4）。

禮義即是文理，也即是人爲人自身所制訂的人文規範，也就是人類對其自身所作的自我規範，「古者聖人以人之性惡，以爲偏險而不正，悖亂而不治，故爲之立君上之勢以臨之，明禮義以化之，起法正以治之，重刑罰以禁之，使天下皆皆出於治，合於善也。是聖王之治而禮義之化也」（仝上；39～41）。

荀子雖視禮、法皆爲人對其自身所制訂的人文規範，但荀子實以禮爲主而以法爲輔，也就是強調以禮義導化在先，再以法度制裁在後，所以荀子論治是以禮義爲主導。

荀子即是要藉由禮對於人的規範性制約，以導人向善，並同時導世歸治，「凡用血氣、志意、知慮，由禮則治通，不由禮則勃亂提慢；食飲、衣服、居處、動靜，由禮則和節，不由禮則觸陷生疾；容貌、態度、進退、趨行，由禮則雅，不由禮則夷固僻違庸眾而野。故人無禮不生，事無禮不成，國家無禮則不寧」（〈修身第二〉；7～10）。

若依荀子所謂「出於治，合於善」而觀，則見荀子對於善、惡的評議不是直就人之情性的本然狀態而言，而是就人之情性的發展在人世中所導致的治亂效應而言，「凡古今天下之所謂善者，正理平治也；所謂惡者，偏險悖亂也。是善惡之分也已」（〈性惡第二十三〉；37～38）。因此，荀子視順人之性所導生出的即是人世偏險悖亂的惡，而從人之僞所導生出的則是人世正理平治的善，「人之性惡，其善者僞也」（仝上；1）。

若按荀子之言人性「生而有疾惡焉」（〈性惡第二十三〉；1～2）來看，我們就不能視荀子主張人性本惡，因爲荀子亦言：「仁者愛人，愛人故惡人之害之也；義者循理，循理故惡人之亂之也」（〈議兵第十五〉；68）。若非因人生而有疾惡之性，人也就不會有惡人之害，惡人之亂的意念產生。所以，人性雖有其導致人世危亂的潛在因素，但人性同樣也是人之向善的潛在動力，「人之所惡何也？曰：汙漫、爭奪、貪利是也；人之所好者何也？曰：禮義，辭讓、忠信是也」（〈彊國第十六〉；38～39）。人也就是有其疾惡之性，所以才會促發人以其理智思慮爲其自身制定道德規範，以導化情性，自趨向善，「人主仁心設焉，知其役也，禮其盡也。故王者先仁而後禮，天施然也」（〈大略第二十七〉；7～8）。

仁即是愛，也就是人與生俱來的自然情感，「有知之屬，莫不愛其類」（〈禮論第十九〉；97～98）。此自然情感即是人之向善的內在動力，而荀子視人之制禮義以導人向善，也正是體現此自然情感，「禮義文理之所以養情也」（〈禮論第十九〉；10～11）。但荀子所強調的不是順任此自然情感的自我實現，而是要使其是在禮義的規範之下達到它的完善，「君子處仁以義，然後仁也」（〈大略第二十七〉；23）。所以，荀子視仁的完成還是在積僞化性之後。

荀子既認爲人生而就有實現其自然本性的必然趨勢，所以荀子視人爲其

自身所設定的人文規範也就不是要違抗自然規律，以壓抑此自然本性的自我實現；而是要順此自然規律，並給予這必然趨勢一個合理、合宜的導向，以使人能在自我規範的約束下完遂其自然本性的自我實現，「是以（聖人）爲之起禮義、制法度，以矯飾人之情性而正之，以擾化人之情性而導之也。始皆出於治而合於道者也」（〈性惡第二十三〉：7～8）。所以，人文之僞也就是人爲其自身本性實現所規劃出的一條使人得以自趨向善的確定管道，以使人終至於自臻完善，「性者，本始材朴也；僞者，文理隆盛也。無性則僞之無所加，無僞則性不能自美，性僞合而聖人之名」（〈禮論第十八〉：76～78）。

荀子將性、僞二分，視性源於自然，而僞源於人爲，「凡性者，天之就也，不可學、不可事。禮義者，聖人之所生也，人之所學而能、所事而成者。不可學、不可事而在人者，謂之性；可學而能、可事而成之在人者，謂之僞。是性僞之分也」（〈性惡第二十三〉：11～13）。所以，荀子視僞不是出於人的自然本性，而是出於人的有意作爲。

荀子也即是以此而開展出僞之於人的兩條路徑，一是成之於人的自主性，一是成之於人的可塑性。前者即指聖人化性而起僞，「聖人化性而起僞，僞起而生禮義，禮義生而制法度。然則禮義法度者，是聖人之所生也」（仝上：28），故僞即是成於聖人自化其性之所爲；後者則指一般人習僞而化性，「今之人化師法、積文學、道禮義者爲君子」（仝上：9），故僞即是一般人藉以內化其性之所學。換言之，荀子即視能主動爲其自身設定自我規範的人，即是聖人；不能主動爲其自身設定自我規範，而須待積學禮義然後才能形成自我規範的人，即是一般人。但一般人一旦習僞化性之後，他也一樣能化性起僞而爲聖人，所以荀子肯定凡人皆可爲聖人，「聖可積而致矣」（仝上：69）。

荀子以爲，聖人之所以能化性而起僞與一般人之所以能習僞而化性，其關鍵都在凡人所同具的心知，也就是凡人都有的理智思慮，「材性知能，君子、小人一也」（〈榮辱第四〉：32～33）。故就聖人之所以能起僞而言，荀子即強調：「聖人積思慮、習僞故，以生禮義，而起法度」（〈性惡第二十三〉：24～25），聖人也就是運用其理智思慮，參考前人經驗的所得，而爲人制訂出禮義、法度，以建立人的行爲規範；但就一般人之所以能習僞而言，荀子則強調：「今人之性固無禮義，故彊學而求有之也；性不知禮義，故思慮而求知之也」（仝上：34～35），禮義、法度既皆是成於聖人的理性創制，所以一般人也就可以透過其理智認知而習得此行爲規範，「慮積焉，能習焉而後

成」（〈正名第二十二〉：4）。

　　荀子於此也就是強調聖人起偽既是依其理智思慮而為，因此所起之偽也就必然的有其內在之理可循，「凡禹之所以為禹者，以其為仁義法正也。然則仁義法正有可知、可能之理」（全上：61～62）。而一般人既是以其理智思慮去習偽，因此人也就必然的可以把握到偽之理，從而依理而行，「今使塗之人者以其可以知之質、可以能之具，本夫仁義法正之可知之理、可能之具，然則其可以為禹明矣。今使塗之人伏術為學，專心一志，思索孰察，加日縣久，積善而不息，則通於神明參於天地」（全上：67～69）。

　　由是可見，荀子不僅視聖人與眾人的基本條件相同，而且肯定人人皆可透過積學禮義而後為聖人，「學惡乎始？惡乎終？曰：其數則始乎誦經，終乎讀禮；其義則始乎為士，終乎為聖人。真積力久則入，學至乎沒而後止也」（〈勸學第一〉：26～27）。荀子即是以聖人為人之為人的理想形象，並以禮義之道作為人之所以為人的人化之道，「涂之人百姓，積善而全盡，謂之聖人。彼求之而後得，為之而後成，積之而後高，盡之而後聖。故聖人也者，人之所積也」（〈儒效第八〉：112～114）。

　　聖人既是人之積學而成，所以荀子視人求學的目的即是在學做人，「學數有終，若其義則不可須臾舍也。為之，人也；舍之，禽獸也」（全上：27～28）。荀子也就是以禮義作為人禽之辨的判準，「水火有氣而無生，草木有生而無知，禽獸有知而無義，人有氣有生有知亦且有義，故最為天下貴也」（〈王制第九〉：69～71）。

　　但荀子既強調：「凡禮義者，是生於聖人之偽，非故生於人之性也」（〈性惡第二十三〉：22～23），所以，荀子所謂的「禮義」即是指人以其理智思慮所自成的文化，而人也就是因著文化而成其人化。因此，荀子肯定人是因著他自身所創造的文化，而與其他自然產物相區別，並因此而成為天地間之最貴者，宇宙中的主宰者，「天地者，生之始也；禮義者，治之始也；君子者，禮義之始也。為之、貫之、積重之、致好之者，君子之始也。故天地生君子，君子理天地。君子者，天地之參也，萬物之總也，民之父母也」（〈王制第九〉：64～67）。所以，荀子視人不僅是在為其自身立法，也同時是在為萬物立法，「宇中萬物，生人之屬，待聖人然後分也」（〈禮論第十九〉：78～79）。

　　荀子雖是以文化作為其論人的主軸，但文化的形成是由社會的空間軸與歷史的時間軸所合構而成。

　　就社會的空間軸而言，荀子認為人就是以其理智思慮為人自身規劃出合理的規範，才使人得以在自然世界之中，建立起以人為主體的人文世界，「力不若牛，走不若馬，而牛馬為用，何也？曰：人能群，彼不能群也。人何以能群？曰：分。分何以能行？曰：義。故義以分則和，和則一，一則多力，多力則彊，彊則勝物，故宮室可得而居也。故序四時，裁萬物，兼利天下，無它故焉，得之分義也」（全上：69～73）。但人文世界建立之後，若無禮義的規範，則人文世界仍會由人自行瓦解，「人生不能無群，群而無分則爭，爭則亂，亂則離，離則弱，弱則不能勝物，故宮室不可得而居也。不可少頃禮義之謂也」（全上：73～74）。所以，人不僅需要禮義來導正其自然情性，更需要禮義來維護人文世界的存續。因此，荀子也就十分重視透過社會的薰染來加強禮義對人的影響，「注錯習俗，所以化性也。并一而不二，所以成積也。習俗移志，安久移質。……故人知謹注錯，慎習俗，大積靡，則為君子」（〈儒效第八〉：110～116）。

　　但就歷史的時間軸而言，荀子則認為禮義的創制雖是出自聖人「以己度者」（〈非相第五〉：35）之為，但一旦禮義成了客觀而具體的人文規範之後，禮義即會隨著時間的變化而產生相應的變化，「傳者久則論略，近則論詳；略則舉大，詳則舉小。愚者聞其略而不知其詳，聞其詳而不知其大也。是以，文久而滅，節族久而絕」（全上：38～40）。但荀子所要說明的不是禮之義會變，而是要指出禮之文會變。禮既是出於人的理性所為，故有其內在的理路可循；但禮又是成形於外的客觀規範，所以亦有其形式儀節可見。形式儀節雖是會隨時代的改變而改變，但成禮的基本原則與其發展的內在理路卻不會改變。所以，荀子強調法後王，「君子審後王之道，而論於百王之前，若端拜而議。推禮義之統，分是非之分，總天下之要，治海內之眾若使一人。固操彌約而事彌大，五寸之矩盡天下之方也」（〈不苟第三〉：36～38）。由是可知，荀子所謂的「法後王」，即是要人從後王所建立的禮文（禮的形式儀節）中，去把握到先王所立的禮義（禮的基本原則），以求獲得平治天下的統類之理（禮文發展的內在理路），「聖人者，以己度者也。以人度人，以情度情，以類度類，以說度功，以道觀盡，古今一度也。類不悖，雖久同理」（〈非相第五〉：35～36）。

　　綜合此兩軸而觀，即見荀子視文化的形成在人群社會之中，而文化的變遷則是有其規則可循。所以，文化就不僅是人自身所創造的理性產物，而且

一旦成形，即有其不隨人之主觀意志所能左右的客觀規律。因此，荀子雖然強調人是文化的創造者，但也要求人應遵守文化的客觀規範以形成人內在的文化屬性，「禮義者……爲之、貫之、積重之、致好之者，君子之始也」（〈王制第九〉：64～65）。由是即見，荀子不僅肯定人創造了文化，也同時肯定人是被他所創造的文化所塑造，「性僞合，然後聖人之名」（〈禮論第十九〉：76～77）。

若依此而觀，則相對於人與生俱來的自然屬性而言，人是自然的產物，與其他動物無異；但若相對於人化性起僞而生的文化屬性而言，人卻是人文的產物，人也就因此而與其他自然動物相區別。所以，荀子所強調的人之有義，也就是強調有禮義的人才算是眞正的人。因此，荀子對於人的本質定義就不是依其自然屬性而言，而是以人的文化屬性而論。是故，荀子所謂的「人」即是指禮義之人。

但荀子也不僅是視禮義爲人禽之辨的判準，他同時也視禮義爲君子與小人之別的判準，「今人化師法、積文學、道禮義者，爲君子；縱性情、安恣睢而違禮義者，爲小人」（〈性惡第二十三〉：9）。

荀子即是以內化禮義的深度差異來建構其人格理論，「學者以聖王爲師，按以聖王之制爲法。法其法，以求其統類，以務象效其人。嚮是而務，士也；類是而幾，君子也；知之，聖人也」（〈解蔽第二十一〉：83～84）。荀子也就是視聖人爲人之爲人的理想形象，而視君子是人依此理想形象爲典範而自趨向善的過程中較易達成的人格境界，並視士爲人之向善的起步階段。

士即是知識份子，但作爲知識份子並不表示就是有道德的人。所以荀子認爲人縱使有知識，人還需要有道德，才能爲君子，「積禮義而爲君子」（〈儒效第八〉：114）。能爲君子，才能爲聖人，「積善而全盡，謂之聖人」（仝上：112～113）。所以，荀子即視聖人爲人化之道的最終完成。

孟子論人，強調人的仁義本性，主張人之所以爲人者即在於實現此仁義本性，「仁也，人也。合而言之，道也」（《孟子·盡心下》：7B.16）；而荀子論人，則強調禮義之學，主張人之所以爲人者即在於人按其理智思慮所作的自我規範以導正人之自然本性的自我實現，「性者，本始材朴也；僞者，文理隆盛也。無性則僞之無所加，無僞則性不能自美，性僞合而聖人之名」（《荀子·禮論第十九》：76～78）。所以，就人之爲人的修養工夫而言，孟子側重內省，強調啓發人內在的道德本性以形成人的道德自律；而荀子則側重外學，強調

內化外在的道德規範以形成人的道德自律。因此，兩者立論之指向雖同，但路徑卻相反。

四、義利兼顧

荀子就禮義與人的關係而開展出禮義的兩個面向，一個是禮義與人性的關係，另一個則是禮義與人世的關係。前者是後者的基礎，而後者則是前者的落實。

就禮義與人性的關係而言，荀子強調禮義是對人之欲利的自然情性所作的合理規範，「人生而有欲；欲而不得，則不能無求；求而無度量分界，則不能不爭。爭則亂，亂則窮。先王惡其亂也，故制禮義以分之，以養人之欲，給人之求。使欲必不窮乎物，物必不屈於欲。兩者相持而長，是禮之所起也，故禮者，養也」（〈禮論第十九〉：1～3）。故依此面向而言，禮義的功能即是在養欲。但養欲不是縱欲，而是要讓人在合理的範圍之內滿足其本能的欲望，故荀子即強調：「兼足之道在明分」（〈富國第十〉：43）。

由禮義之定分，即帶出禮義與人世的關係。荀子視人既不能離群索居，又不能單靠其力以養其生，所以人需要依靠社會生活來滿足其生養欲望的本能需求。但若人際相處缺乏合理的規範，以劃定每個人所應享的權利與應盡的義務，則人人皆會因追求一己欲望的滿足而產生相互的爭亂，最後甚至導致彼此的相殘與人世的瓦解，「無君以制臣，無上以制下，天下害生縱欲。欲惡同物，欲多而物寡，寡則必爭矣。故百技所成，所以養一人也；而能不能兼技，人不能兼官。離居不相待則窮，群而無分則爭。窮者患也，爭者禍也。救患除禍，則莫若明分使群矣」（仝上：4～6）。故依此面向而言，禮義的功能即在於明分使群。所以，荀子視禮義也就是人世的群居合一之道，「然則從人之欲，則勢不能容，物不能贍也。故先王案為之制禮義以分之，使有貴賤之等、長幼之差、知愚能不能之分，皆使人載其事而各得其宜，然後使慤祿多少厚薄之稱，是夫群居合一之道也」（〈榮辱第四〉：72～74）。此中所謂的「使人載其事而各得其宜」是相對於人的基本條件與身份、地位而言，不是一律平等的給予相同的權利與義務。荀子視人既有其各自先天條件的程度差異，所以人的權利與義務是否與人相稱，就應訴諸合於實然差異的禮義規範以作為合理的分判，「禮者，貴賤有等，長幼有差，貧富輕重皆有稱者也」（〈富國第十〉：16～17）。

　　由是以觀禮義的形成，即見荀子分劃了禮義之建構與禮義之設準這兩條
路徑。就禮義之建構而言，禮義是聖人以其理智思慮爲人所制定的合理、合
宜的人文規範，所以禮（人文規範）的本質在義（合理、合宜的規劃），「貴
貴、尊尊、賢賢、老老、長長，義之倫也；行之得其節，禮之序也。……義，
理也，故行；禮，節也，故成」（〈大略第二十七〉：19～20）；但就禮義之設
準而言，人世有了禮之後，禮之義即成爲社會正義的判準，「夫義者，所以限
禁人之爲惡與姦者也」（〈彊國第十六〉：76）。因此，荀子即視禮出於義，又
是義的實現，所以荀子論禮義而尤重其義，「君子……行義以禮，然後義也」
（〈大略第二十七〉：23）。依此而觀，荀子視聖人爲人制訂的禮義，就不僅是
出於人之理性的人文規範，也是成之於人之理性的道德規範，「故禮之生，爲
賢人以下至庶民也，非爲成聖也，然而亦所以成聖也」（仝上：12）。

　　荀子將義視爲人之心知所好，而將利視爲人之情性所求，「義與利者，人
之所兩有也。雖堯舜不能去民之欲利，然而能使其欲利不克其好義；雖桀紂
亦不能去民之好義，然而能使其好義不勝其欲利也」（仝上：65～66）。荀子
也並非是要去民之欲利，而僅是要使其欲利不克其好義。所以，荀子主張「先
義而後利者榮，先利而後義者辱」（〈榮辱第四〉：22～23），這也就是強調義
利兼顧。因此，就義利之辨而言，荀子還是採取其禮義化性的一貫立場，強
調人無須壓抑人之好利的本性，只須以義導欲，也就是依人的理智思慮來規
範物質需求的滿足即可，「聖人縱其欲，兼其情而制焉者，理也」（〈解蔽第二
十一〉：66）。這即是視人只要能行爲合理，也就是合乎道德。荀子既視「義，
理也」（〈大略第二十七〉，20），故視合理的行爲即是合義的行爲，「凡爲天下
之要，義爲本」（〈彊國第十六〉：79）。

　　若就荀、墨之論義利之辨而言，兩者雖皆重義、利均得，〔註39〕但荀子
是將義、利皆納入到人文之禮的規範下，視合於禮的義才是人所應重的正義，
而合於義的公利才是人所可求的利，故荀子所重的仍是以禮義制利，「義之所
在，不傾於權，不顧其利，舉國而與之不爲改視，重死持義而不撓，是士君
子之勇也」（《荀子‧榮辱第四》：19～20）；而墨子則是將義、利皆納入到天

〔註39〕如荀子之言：「義與利者，人之所兩有也。雖堯舜不能去民之欲利，然而能使
　　　其欲利不克其好義；雖桀紂亦不能去民之好義，然而能使其好義不勝其欲利
　　　也」（《荀子‧大略第二十七》：65～66）；墨子之言：「仁，仁愛也。義，利也。
　　　愛利，此也；所愛所利，彼也。愛利不相爲內外，所愛利亦不相爲內外」（《墨
　　　子‧經說下第四十三》：88～89）。

志的規範下，視合於天志的義才是人所應重的正義，而合於義的公利才是人所可求的利，「今天下之王公大人士君子，中實將欲遵道利民，本察仁義之本，天之意不可不順"也。順天之意者，義之法也」（《墨子‧天志中第二十七》；72～72）。所以，荀、墨二子實際上都是重義，只是荀子強調人應遵守人對其自身所作的道德規範，而墨子則是強調人應遵守至上神所為人制訂的道德規範。

第二章　道家人學——人的自然面向

　　就先秦人學所主要關注的人與道德規範之間的關係而言，先秦諸子所論議的道德規範有一個共同的特徵，即兼具個體性與社會性、自然性與人文性。唯儒、墨、法三家所突顯的是道德規範的社會性與人文性，而道家則突顯道德規範的個體性與自然性。因此，道家所否定的不是道德規範，而是人文規範。

　　道家以人的自然本性作爲人的本質定義，並視人順其自然本性的如實實現即是道德，所以道家將道德規範定位在保障個人的本性得以在人世中如其所是的遂成其自我實現，故反對另立人文規範來限制人的本性實現。

　　但此中，老子著眼於建立自由、平等的政治、社會環境，以保障個人本性得以在人世中如其所是的遂成其自我實現，如《老子》〔註 1〕中所言：「故聖人云：我無爲而民自化，我好靜而民自正，我無事而民自富，我無欲而民自樸」（第五十七章）；莊子著眼於挺立個人的自主、自覺與自尊的自我意識，以爭取個人本性得以在人世中如其所是的遂成其自我實現，如《莊子》〔註 2〕中所言：「且夫乘物以遊心，託不得已以養中，至矣」（〈人間世第四〉；52～53）；而楊朱則是著眼於突顯個人獨一無二的個體性與獨立性，以維護個人本性得以在人世中如其所是的遂成其自我實現，如《淮南子》〔註 3〕中所言：「全

〔註 1〕　《老子》乙書引文，皆引自《哈佛燕京學社引得特刊 —— 老子，莊子引得》（附原文），台北市：成文出版社（翻印），民國 55 年。

〔註 2〕　《莊子》乙書引文，皆引自《哈佛燕京學社引得特刊一老子、莊子引得》（附原文），台北市：成文出版社（翻印），民國 55 年。

〔註 3〕　《淮南子》乙書之引文，引自《淮南子》，四部叢刊，台北市：台灣商務印書館，民國 57 年；並參考《諸子引得一呂氏春秋、白虎通、淮南子、潛夫論、

性保眞，不以物累形，楊子之所立也」（〈卷十三氾論訓〉；7a）。

　　若就三子對人文規範的態度而言，老子主張徹底解消人文規範對人的制約，如《老子》中所言：「絕聖棄智，民利百倍；絕仁棄義，民復孝慈；絕巧棄利，盜賊無有。此三者以爲文不足，故令有所屬——見素抱樸，少利寡欲」（第十九章）；莊子主張因應人文規範對人的要求，但不被人文規範所形塑，如《莊子》中所言：「以刑爲體，以禮爲翼，以知爲時，以德爲循。……其一與天爲徒，其不一與人爲徒。天與人不相勝也，是之謂眞人」（〈大宗師第六〉；17～20）；而楊朱則主張根本拒絕人文規範對人的要求與制約，如《列子》〔註4〕中所言：「損一毫利天下，不與也；悉天下奉一身，不取也。人人不損一毫，人人不利天下，天下治矣」（〈楊朱第七〉）。由是可知，老子是採行無爲而治的路線來維護個人的自由，莊子是採行勝物不傷的路線來維護個人的自由，而楊朱則是採行爲我貴己的路線來維護個人的自由。所以，道家人學雖有爲個人的生存而生存的共同訴求，但各學者亦有其立論上的個別差異。

第一節　老子的人學：復樸之人

　　老子，姓李，名耳，亦稱老聃；楚國苦縣厲鄉曲仁里人。生卒年不詳。據《史記》〔註5〕所載，老子曾爲「周守藏室之史也」（〈卷六十三老莊列傳〉）。著有《道德經》一書，即現今所稱之《老子》。全書五千餘字，爲尋索老子思想的主要依據；而老子的哲學思想以「道」爲其核心概念。

　　老子對於先秦哲人所共同尋思的兩大議題——如何導人歸善與如何導世歸治，提出了他相異於儒、墨、法三家學者的獨特見解，但也同樣非常關心政治與道德。

　　儒、墨、法三家都肯定人需要道德規範，並視唯有透過道德規範對人的形塑與對人之思維、言行的制約，才有可能導人歸善與導世歸治。

　　若就三家爲人所規劃的規範內容而論，儒家訴諸以禮治人，如孔子之言：「君

　　新序、論衡、說苑、申鑒》，漢學集成索引，台北市：宗青圖書公司（翻印），民國75年。

〔註4〕　《列子》乙書之引文，引自《列子集釋》，楊伯峻撰，台北市：華正書局，民國76年。

〔註5〕　《史記》乙書之引文，引自《史記》，國學基本叢書，台北市：臺灣商務印書館，民國57年。

子博學以文，約之以禮，亦可以弗畔矣夫」（《論語·雍也第六》；27）；〔註6〕墨家訴諸以義治人，如墨子之言：「今天下之士君子，中實爲將欲仁義，求爲上士；上欲中聖王之道，下欲中國家百姓之利者，當天之志而不可不察也。天之志者，義之經也」（《墨子·天志下第二十八》；71～73）；〔註7〕法家則訴諸以法治人，如管仲之言：「君臣上下貴賤皆從法，此謂爲大治」（《管子·任法第四五》；5）。〔註8〕但若就各自規範之得以建立的根源處來看，則見儒、法兩家皆訴諸以人治人，而墨家則訴諸以神治人。

老子雖然肯定人需要道德規範，但他反對訴諸以人治人或以神治人的方式，而強調以道治人，也就是依據自然規律的必然趨勢來建立個人的道德規範，如《老子》中所言：「道生之，德畜之，物形之，勢成之。是以萬物莫不尊道而貴德。道之尊，德之貴，夫莫之命而常自然」（第五十一章）。

相異於儒、墨、法三家之重視人的可塑性，老子重視的則是人的自主性；相異於儒、墨、法三家著重於人之文化屬性的形塑，老子則著重的是人之自然屬性的維護。是故，《老子》中即言：「聖人欲不欲，不貴難得之貨；學不學，復眾人之所過。以輔萬物之自然而不敢爲」（第六十四章）。

由是即知，老子論人，是將人的自然屬性視爲人與生俱來的自然本性，故重人本性的實現；論人世，則重政治環境的改造，以提供個人實現其自然本性的自由空間。

一、天人合一

老子雖是將人視同與其他萬物一樣是由自然生發而成，但老子立論的主旨在改善人世既有的亂象，以圖爲人尋索出一條安身立命於世的處世之道，所以他所關切的主要議題即是在處理人的問題，而不是在闡明自然的問題。因此，他把人的地位提昇到與天、地、道同尊的地位，「道大，天大，地大，王亦大。域中有四大，而人居其一焉」（第二十五章）。這即已明白地顯現出

〔註6〕　《論語》乙書之引文，皆引自《哈佛燕京學社引得特刊——論語、孟子》（附原文），台北市：成文出版社（翻印），民國55年。

〔註7〕　《墨子》乙書之引文，皆引自《哈佛燕京學社引得特刊——墨子引得》（附原文），台北市：成文出版社（翻印），民國55年。

〔註8〕　《管子》乙書之引文，皆引自《管子》，國學基本叢書，台北市：臺灣商務印書館，民國57年；並參考《哈佛燕京學社引得特刊——管子引得》，台北市：成文出版社（翻印），民國55年。

他立論的焦點是從人與自然的關係處,來探究人的問題。

老子否定在宇宙的存有層級之中有至上神的存在,他認為宇宙中的一切都是自然的產物,〔註9〕都是依循著自然規律而有生成、變化,所以天地萬物也就都是自然的體現。〔註10〕

自然無知、無情、無意,它對人並無任何特殊偏愛,它只是如其所是的產生了人,然後就任隨人依其與生俱來的自然本性去完成人自身的存在。〔註11〕由於人與其他自然產物都是自然由無而有的變化所成,〔註12〕所以人與其他自然產物一樣都是偶然的存在,而非必然的存在。

人既是由自然所造,人的自然本性(德)也就是源自於自然規律(道)所成,所以人的自然本性也就是自然規律在人身的體現。自然是客觀的規律;〔註13〕而人既是自然的體現,所以人也就是此客觀規律之對象化、具體化的結果。

但人一經獨立成形,即異化而為自然的對立面,甚至反制自然,從而建構出以人為主體的人文世界。老子認為人文世界之得以建構的基礎即在人濫用了他的智慧,從而創造出作為人文世界之基礎結構的人文知識、人世制度、人際規範與人工器物等,「大道廢,有仁義;慧智出,有大偽」(《老子》第十八章)。人也就是因著浸處在這樣人文產物的影響之下,遂日漸地與其自然本性相疏離,人世也隨之而亂,「天下多忌諱,而民彌貧;民多利器,國家滋昏;人多伎巧,奇物滋起;法令滋彰,盜賊多有」(《老子》五十七章)。老子視此中影響最大的即是人以其理智思慮為人制訂的人際規範,也就是人文規範,「失道而後德,失德而後仁,失仁而後義,失義而後禮。夫禮者,忠信之薄而亂之首」(《老子》第三十八章)。人為人設定人文規範,反制人之自然本性的自我實現,而使人成為其自身的主宰。但人也由於成為其自身的主宰,遂依其主觀理智所制訂的法則而為,卻也因此而破壞了原本自趨平衡的自然規律,「天之道,損有餘而

〔註9〕 《老子》:「道生一,一生二,二生三,三生萬物。萬物負陰而抱陽,沖氣以為和。」(第四十二章)。

〔註10〕 《老子》:「道生之,德畜之,物形之,勢成之。是以萬物莫不尊道而貴德。道之尊,德之貴,夫莫之命而常自然。」(第五十一章)。

〔註11〕 《老子》:「道生之,德畜之,長之育之,亭之毒之,養之覆之:生而不有,為而不恃,長而不宰,是謂元德。」(第五十一章)。

〔註12〕 《老子》:「天下萬物生於有,有生於無。」(第四十章)。

〔註13〕 《老子》:「有物混成,先天地生。寂兮寥兮,獨立不改,周行而不殆,可以為天下母。吾不知其名,字之曰道。」(第二十五章)。

補不足；人之道則不然，損不足以奉有餘」（《老子》第七十七章）。因此，老子乃欲導引人們重新省思人與自然的關係，期以扭轉人道判準的依據，使之復歸爲自然規律的自控，故有「致虛極，守靜篤。萬物並作，吾以觀復。夫物芸芸，各歸其根。歸根曰靜，靜曰復命，復命曰常，知常曰明。不知常，妄作，凶」（第十六章）的論議提出，這也是老子要求人與自然復歸合一的呼聲。是故，在老子的哲學中即呈顯出天人合一的思想風貌，「知常容，容乃公，公乃王，王乃天，天乃道，道乃久，終身不殆」（仝上）。

自然之道，「不爭而善勝，不言而善應，不召而自來，繟然而善謀」（第七十三章）；自然之德，「長之育之，亭之毒之，養之覆之；生而不有，爲而不恃，長而不宰」（第五十一章）。因此，人之法道，也就是同時體現自然之德，「聖人處無爲之事，行不言之教，萬物作焉而不辭。生而不有，爲而不恃，功成而弗居」（第二章）。

自然成就一切，人又助成一切復歸自然，所以人就是介於自然與天地萬物之間，而爲有意識、有自覺的自然體現者，「孰能有餘以奉天下，唯有道者」（第七十七章）。

老子認爲，自然萬物皆有其自趨成全的自然本性與必然趨勢，所以人之有爲處即應是順承此自然規律的必然趨勢，以輔助萬物自趨其自然本性的自我實現與自趨成全，而不應在此自然本性之上再另加任何人爲的有意規劃，「聖人欲不欲，不貴難得之貨；學不學，復衆人之所過。以輔萬物之自然而不敢爲」（第六十四章）。

於此即可看出，老子是欲藉「以輔萬物之自然而不敢爲」的方式，將已然人文化的世界，重新導入與自然復歸合一的自然化世界，使人與其他萬物皆能在「夫唯道，善貸且成」（第四十一章）的前提之下，各自完遂其自然本性的自我實現與自趨成全，「道常無爲而無不爲。侯王若能守之，萬物將自化。化而欲作，吾將鎮之以無名之樸。無名之樸，夫亦將無欲。無欲以靜，天下將自定」（第三十七章）。

但因老子所著重的是人，故其論域仍是以人世爲主。是以，老子所強調的也就是自然化的人世，「聖人無常心，以百姓心爲心。善者吾善之，不善者吾亦善之，德善」（第四十九章）。老子以爲，順諸人自然本性的自我實現才是眞正的善，眞正的道德。因此，眞正的道德就是自然本性的完全實現，也就是「上德」（第三十八章）。所以，任何遮蔽或誤導人之自然本性得以實現

的人文規範也就都是應被解消的惡，「絕聖棄智，民利百倍；絕仁棄義，民復孝慈；絕巧棄利，盜賊無有·此三者以爲文不足，故令有所屬——見素抱樸，少私寡欲」（第十九章）。

老子與孟子雖同樣是肯定人類的道德是根源於人的自然本性，但老子所謂的「善」是指合乎自然，而孟子所謂的「善」則指人倫道德的擴充。所以，老子的自然道德論是突顯人的自然性，而孟子的先驗道德論則是同時突顯人的自我實現與規範性及社會性。因此，由孟子的先驗道德才能轉化爲人文規範，而老子的自然道德則不能。

由是亦可看出，老子的道德觀與儒、墨、法三家相異。三家皆以人文規範論述道德，而老子則以自然規律闡釋道德。是以，儒、墨、法三家皆重人的文化屬性與自我規範，而老子則祇重人的自然本性與自我實現。

二、無爲治世

一如儒、墨、法三家之著書立說是爲勸服君王改革其施政，以導世歸治，老子之成文立言也是針對君王而發。是故，老子所謂的「聖人」，也就是老子爲人間君王所設計的理想形象；而所謂的「聖人之治」，則是老子爲人世政治所做的理想規劃。

老子以法自然之常道爲基點，〔註14〕強調「道常無爲而無不爲」（第三十七章），故聖人之治也即應是無爲而治，「不尚賢，使民不爭。不貴難得之貨，使民不爲盜。不見可欲，使民心不亂。是以聖人之治，虛其心，實其腹，弱其志，強其骨。常使民無知無欲，使夫智者不敢爲也。爲無爲，則無不治」（第三章）。

老子以爲無爲作手段，以圖達到無不治的目的。因此，無爲是方法，而爲無爲則是方法的運作。道之無爲，是無意識之爲；而聖人之爲無爲，則是有意識之爲。故聖人之爲無爲仍是有爲，「化而欲作，吾將鎮之以無名之樸」（第三十七章）。所以，聖人之爲，不是爲人另立人文規範之爲，而是爲輔助眾人復歸其自然本性的自我實現之爲。

〔註14〕「自然常道正是道德經的根本義。基於自然常道的基本信念，道德經雖然也很關心政治，但它給政治家的最大教訓是清靜無爲：換言之，「以輔萬物之自然而不敢爲。」（第六十四章）這當然和儒墨二家的心態完全不同」——《人之哲學》，項退結著，台北市：中央文物供應社，民國 71 年，147 頁。

老子視聖人之有爲即是欲輔助眾人重返其自然本性的自我實現，使人依循自然規律的必然趨勢以遂成其自身的自趨成全，「聖人欲不欲，不貴難得之貨；學不學，復眾人之所過，以輔萬物之自然而不敢爲」（第六十四章）。老子也即是欲藉聖人之治以導人復歸爲感性動物，「是以聖人之治，虛其心，實其腹，弱其志，強其骨。常使民無知無欲，使夫智者不敢爲也」（第三章）。由是即見，聖人之治實有兩個步驟，一是助成眾人向其無知無欲的自然本性復歸，二是防止眾人再用其智去破壞已復歸自然化的人文世界，使人世又墜入人心競智的亂象之中。

老子以爲，智者用智是訴諸人的主觀理性，故有「天下多忌諱，而民彌貧；民多利器，國家滋昏；人多伎巧，奇物滋起；法令滋彰，盜賊多有」（第五十七章）的亂象產生。因此，老子認爲「以智治國者，國之賊；不以智治國者，國之福」（第六十五章）。以智治國，是訴諸人文規範的建制以治國，如是即導致人心競智，遂有爭亂；不以智治國，則是訴諸自然規律的自控，使人、事、物皆依循自然規律的必然趨勢而自爲，民心亦將因之而復歸於樸。

所以，老子所反對的是人運用其主觀理智來治人，而不是反對人依循自然常道的客觀規律來治人。老子視自然涵具超越人類名言概念所能形容的最高智慧與最大效能，故能生成萬物，並主導萬物的一切變化，「道可道，非常道；名可名，非常名。無，名天地之始；有，名萬物之母。故常無，欲以觀其妙；常有，欲以觀其徼。此兩者同出而異名，同謂之玄。玄之又玄，眾妙之門」（第一章）。人既是自然所生、所成，故人之有智也就是源自於自然所賦予的自然本性。但人此一智性的自然本性既是根源於自然常道，老子即要人返溯此自然常道，並依此自然常道爲人生行事的準則，「天下有始，以爲天下母，以知其子。既知其子，復守其母，沒身不殆」（第五十二章）。換言之，老子即是要人摒棄其主觀用智，而謹守自然常道的客觀規律以爲人生行事之常則，「大成若缺，其用不弊。大盈若沖，其用不窮。大直若屈，大巧若拙，大辯若訥。躁勝寒，靜勝熱。清靜爲天下正」（第四十五章）。清靜也就是回到人未用其主觀理性之初的原始狀態，也就是復歸於樸；復歸於樸，也就是回歸到沒有人文作爲的原始自然狀態，任由自然規律的自由發展而自趨均衡。所以復歸以樸，解消人類心智的有意作爲，從而依天道而治，也就是「爲之於未有，治之於未亂」（第六十四章），回歸於道的本然狀態，使人生與人世都能復歸自然規律的必然趨勢而遂成其自爲自治。

　　由於老子是身處在既有的人文規範已遭破壞而人們又急於建構新的人文規範之際，所以他雖主訴於聖人的無爲而治，但仍強調必須先有「絕聖棄智，……絕仁棄義，……絕巧棄利」（第十九章）的有爲之制，也就是先徹底壓制人以其心智所生發出的創造性活動，使人民「見素抱樸，少私寡欲」（仝上）後，才能成就導世歸治的無爲之治。這是因爲老子掌握到政治運作對社會變遷的主導力量與宰制地位，遂欲藉損之又損的有爲之制以成就復歸於樸的無爲之治。換言之，老子即是欲藉對現實人世的政治改革，以改善既有的人文環境，使人復歸於自然規律的自發性導向，也就是使人能得以按其自然本性之所是來遂成其自身的完善，「聖人在天下，歙歙爲天下渾其心」（第四十九章），「以輔萬物之自然而不敢爲」（第六十四章）。是故，「太上，下知有之。……悠兮，其貴言，功成事遂，百姓皆謂：我自然」（第十七章）。

　　由是可知，老子所謂的「聖人」即是他對人間君王所作的理想規劃；而他所謂的「聖人之治」也就是透過爲無爲的政治作爲，來提供世人一個得以自由實現其各自自然本性的社會環境，使人能依循自然規律的必然趨勢以自治，「故聖人云：我無爲而民自化，我好靜而民自正，我無事而民自富，我無欲而民自樸」（第五十七章）。因此，老子所謂的「聖人之治」，即非訴諸以人治人的禮法之治，而是訴諸以道治人的無爲而治，也就是依據自然常道來治理人世，故老子即言：「聖人抱一以爲天下式」（第二十二章）。〔註15〕

　　老子以道、一、樸來指謂自然。自然是人與萬物生發的共同根源，也是主導人與萬物之生成、變化的客觀規律。〔註16〕老子視「天之道，損有餘而補不足」（第七十七章），也就是視自然之道本具自趨均衡的必然趨勢，「有無相生，難易相成，長短相形，高下相傾，音聲相和，前後相隨」（《老子》第二章）。所以，老子認爲，人若順承自然規律在人自身的體現，則不但能遂成人自身的完善，也能同時遂成人世的均衡與和諧，「樸雖小，天下若能臣也。侯王若能守之，……民莫之令而自均」（第三十二章）。

〔註15〕此句「聖人抱一以爲天下式」（第二十二章），按《老子新譯》，任繼愈譯著，新店市：谷風出版社，1987年，107頁中記載，長沙馬王堆漢墓出土之帛書《老子》所載則爲：「聖人執一以爲天下牧」。若依此文句以觀，以更能明確的顯現老子之欲以道治人的本義。

〔註16〕「老子的道由陰與陽及無與有相互生成，是宇宙萬物的根源，同時又是宇宙萬有（包括人在內）所遵循的必然規律」──《人之哲學》，項退結著，台北市：中央文物供應社，民國71年，147頁。

老子既強調聖人之治在法天道以治，「天之道，利而不害；聖人之道，爲而不爭」（第八十一章）。所以老子肯定聖人應爲。但此爲非自爲，而是用人之力；非居於人上，而是自處於人下，「善用人者爲之下。是謂不爭之德，是謂用人之力，是謂配天」（第六十八章）。人君以處下、不爭爲手段，但實則用人之力而人不自知；人不自知，「是以聖人處上而民不重，處前而民不害，是以天下樂而不厭。以其不爭，故天下莫能與之爭」（第六十六章）。

人君以不爭爲手段，來對應人世相爭的現實景況，卻能因此而獲得天下莫能與之爭的實質效益；人君以無爲、無執爲手段，來對應人世有爲、有執的現實景況，卻也能因此而獲致無敗、無失的實質效益，「聖人無爲故無敗，無執故無失」（第六十四章）。由是即知，老子是由「反者，道之動；弱者，道之用」（第四十章）的自然規律，而推衍出人君貴柔、守靜、不爭、無爲的治世常則，「聖人終不爲大，故能成其大」（第六十三章）。

人君無爲而治以使民自治，雖看似人君也因此而無存在的必要。但若換自功利的角度來看，正因爲人君放任人民的自治，使人民得以自由發展，所以人民若欲保有此有利於自然本性之自由發展的政治氛圍，就必然的會擁戴如是的人君繼續爲王，以確保個人得以自由、平等的安處在人世之中，「無狎其所居，無厭其所生。夫唯不厭，是以不厭」（第七十二章）；行無爲而治的人君既可得民心的擁戴而安保其位，又可無事於政而安享其利，「非以其無私邪，故能成其私」（第七章）。這不僅是在強化人君行無爲而治的意念，也同時是在保障人民因人君的無爲而治而得自由自治。因此，老子設論的對象雖是人間的君王，但實則是爲人民請命，「其政悶悶，其民淳淳；其政察察，其民缺缺」（第五十八章）。是以，當人君行無爲而治時，則不僅人君不必勞神費心於治，人民亦可安保其生養於世。

老子的政治理論雖是強調解消人文規範對人的限制，也就是反對人類爲其自身自行立法，而與法家之強調人類應爲其自身立法並強化人文規範對人之限制效力的觀點相互衝突。但老子之訴諸聖人以道治人，仍涵攝了人民與人君皆能因此而各得其利。是故，就君與民的互動關係而言，老子的無爲而治之論實是暗合了人的功利傾向，故法家學者乃可由其思想而轉化出以功利思想爲導向的政治理論，如見韓非之言：「物眾而智寡，寡不勝眾，故因物以治物；下眾而上寡，寡不勝眾，故因人以治人。是以形體不勞而事治，智慮不用而姦得」（《韓非子・難三第三十八》；1～6）。

三、復歸於樸

老子訴諸人君的無爲而治，其目的即是爲保障人民能得以自由發展其各自的自然本性，以遂成個人的獨立人格與維護個人的存在尊嚴。

因此老子反對藉由人文規範來建立道德判準，使人產生善惡評議的認知困惑，「唯之與阿，相去幾何？善之與惡，相去若何？人之所畏，不可不畏。荒兮，其未央哉！」（第二十章）。老子遂排斥人文規範對人的制限，而要人依從自然生成的道德本性而活，「絕學無憂。……眾人皆有餘，而我獨若遺。……俗人昭昭，我獨昏昏；俗人察察，我獨悶悶。……眾人皆有以，而我獨頑似鄙。我獨異於人，而貴食母」（仝上）。老子也即是視唯有不隨外在環境之變化而仍保有其意識統一性的個人，才是眞正全其自性的人。由是亦可見得，老子重視人的個體價值甚於重視人的群體價值；重視人的獨立性甚於重視人的依附性。

因此對於已爲人文世界所制約的人們而言，老子即肯定人有人化的必要。老子認爲要遂成人化，就必要返歸其根，也就是從人之爲人的根源處去解消人文化的人化之道，而復歸自然化的人化之道，「化而欲作，吾將鎮之以無名之樸。無名之樸，夫亦將無欲。無欲以靜，天下將自定」（第三十七章）。

老子之言：「反者，道之動；弱者，道之用。天下萬物生於有，有生於無」（第四十章），也就是視每一事物都是源自於無而爲有，事物一旦存在即有其對立兩面的並存，但正因著這對立兩面是相反相成的並存，所以老子認爲要保存其有就要守其無，要保存其強就要守其弱，要保存其全就要守其曲，「曲則全，枉則直，洼則盈，敝則新，少則得，多則惑。……古之所謂曲則全者，豈虛言哉，誠全而歸之」（第二十二章），這就是自然規律的必然趨勢。老子也就是要以此以使人復歸其自然本性，從而依循由自然本性所自來的自然規律之必然趨勢，以退爲進，以虛得實，「知足不辱，知止不殆，可以長久」（第四十四章）。

老子認爲人生之所以有種種的痛苦，歸根究底就是因爲「禍莫大於不知足，咎莫大於欲得」（第四十六章）。換言之，老子認爲人生的苦難不在外在環境所加之於人的磨難，而在人自己對其存在環境的要求。但人若能明白自然規律，並能掌握其必然趨勢，則不僅能因應人事而自處適然，並且也能對應人事而自得其成，「治人、事天莫若嗇。夫惟嗇，是謂早服。早服，謂之重積德。重積德，則無不克。無不克，則莫知其極。莫知其極，可以有國。有

國之母，可以長久。是謂深根、固柢、長生，久視之道」（第五十九章）。嗇即是無欲、清靜、守柔、無為，也就是復歸於樸。

老子認為人就是因為強要以人的主觀心智去為人設定行為的規範與行事的準則，才使人離樸而自迷，「正復為奇，善復為妖。人之迷，其日固久！」（第五十八章）。所以，要復歸於樸，就應「知其雄，守其雌，為天下谿。為天下谿，常德不離，復歸於嬰兒。知其白，守其黑，為天下式。為天下式，常德不忒，復歸於無極。知其榮，守其辱，為天下谷。為天下谷，常德乃足，復歸於樸」（第二十八章）。

樸就是自然之道（常道），也就是人與生俱來的自然本性（常德）。所以復歸於樸也就是復歸於人類最純真的自然本性，故老子謂此常德乃足。常德乃足，也就是完遂了人向其自然本性復歸，以遂成人之成其為人的自然化的人化之道。

復歸於樸，也就是復歸如未受人文產物所薰染與形塑，而仍保有其純真、敦厚本質的嬰兒。所以，老子即以無知無欲的嬰兒（赤子）為人的理想人格。但老子也承認人是生在已然為人文產物所籠罩的人文社會之中，所以針對此事實，老子乃提出聖人作為人的理想形象。聖人不僅「含德之厚，比於赤子」（第五十五章），而且是有意識的幫助自己也幫助眾人復歸其最原初之自然本性，「聖人在天下，歙歙為天下渾其心。聖人皆孩之」（第四十九章），也就是使眾人皆能「見素抱樸，少私寡欲」（第十九章），而「復歸於嬰兒」（第二十八章）般的素樸本性。所以，聖人不僅自身是復樸之人，且是助成眾人回歸於復樸之人的主導者。

四、絕仁棄義

孟子與老子同樣重視人的自然本性，也同樣強調人應恢復其自然本性的自我實現。但孟子是藉助於人文規範的導向（教以人倫），以助成人之復歸其自然本性的自我實現（由仁義行）；而老子則是欲解消人文規範的導向（絕聖棄智、絕仁棄義），以助成人之復歸其自然本性的自我實現（復歸於樸）。

這是因為老子與孟子雖同論人的自然本性，但孟子將人的本性區分成大體之性與小體之性，並肯定人體中所涵的仁、義、禮、智才是人之為人的自然本性，所以孟子所強調的即是恢復此仁、義、禮、智四端的自我實現，「無惻隱之心，非人也；無羞惡之心，非人也；無辭讓之心，非人也；無是非之心，非人

也。惻隱之心，仁之端也；羞惡之心，義之端也；辭讓之心，禮之端也；是非之心，智之端也。人之有是四端也，猶其有四體也。有是四端而自謂不能者，自賊者也」（《孟子‧公孫丑上》；2A.6）；〔註17〕然而老子將仁、義、禮視爲人以其主觀理智所作的人文規範，正是使人之自然本性無法得以自我實現的人爲障礙，所以老子所強調的即是解消此仁、義、禮、智的人文規範，才能使人恢復其自然本性的自我實現，「故失道而後德，失德而後仁，失仁而後義，失義而後禮。夫禮者，忠信之薄而亂之首。前識者，道之華而愚之始。是以大丈夫處其厚不居其薄，處其實不居其華。故去彼取此」（《老子》第三十八章）。

孟子論道德，側重的是人依其自然本性而形構的人文規範，「動容周旋中禮者，盛德之至也」（孟子‧盡心下》；7B.33）。因此，孟子是訴諸人的有爲立範，也就是訴諸人文規範對人的啓發，「設爲庠序學校以教之，⋯⋯皆所以明人倫也。人倫明於上，小民親於下」（《孟子‧滕文公上》；3A.3）。孟子亦言：「學問之道無他，求其放心而已矣」（《孟子‧告子上》；6A.11），是見孟子是欲藉人文規範以確定人實現其自然本性的正確方向。

而老子論道德，側重的則是依其自然本性所從出的自然規律，「道生之，德畜之，物形之，勢成之。是以萬物莫不尊道而貴德。道之尊，德之貴，夫莫之命而常自然」（《老子》第五十一章）。因此，老子是訴諸人的無爲從道，也就是訴諸自然規律在人自身的體現，「聖人⋯⋯學不學，復眾人之所過，以輔萬物之自然而不敢爲」（《老子》第六十四章）。是以，老子反對求知求學，「爲學日益，爲道日損」（《老子》第四十八章）。老子也就是反對依據人文規範來限制人自然本性的自由發展，「絕聖棄智，民利百倍；絕仁棄義，民復孝慈；絕巧棄利，盜賊無有，此三者以爲文不足，故令有所屬──見素抱樸，少私寡欲」（《老子》第十九章）。

因此，兩者雖同論人的自然本性，但各自立論的觀點不同，以致所推衍而得的結論也就互有衝突。

第二節　莊子的人學：返眞之人

莊子，姓莊，名周。約生於周安王二十二年（公元前 380 年）前後，約

〔註17〕《孟子》乙書之引文，皆引自《哈佛燕京學社引得特刊──論語、孟子》（附原文），台北市：成文出版社（翻印），民國 55 年。

卒於周赧王二十年（公元前 295 年）前後。戰國中期宋國蒙人。莊子為先秦
道家學派的重要代表人物。莊子的思想主要見之於《莊子》〔註18〕乙書，以
「眞」爲其哲學思想的核心概念。

　　莊子雖與老子一樣的關懷在人文規範束縛下的個人，但老子企圖以政治
改革的方式來解消人文規範的設定，以還諸每一獨立個體的身心自由，「絕聖
棄智，民利百倍；絕仁棄義，民復孝慈；絕巧棄利，盜賊無有，此三者以爲
文不足，故令有所屬——見素抱樸，少私寡欲」（《老子》第十九章）；而莊子
則是放棄政治改革的路線，僅就個人在社會中的適應性與自主性，來論析每
一獨立個體應如何與既定的人文規範保持適度的距離，以維繫個人的身心自
由，「唯至人乃能遊於世而不僻，順人而不失己」（《莊子‧外物第二十六》；
36～37）。所以，老、莊雖都是對人文規範採取了否定性與批判性的態度，也
都要求復歸人之自然本性的自我實現，但老子強調的是政治層面的無為而
治，而莊子強調的則是社會層面的勝物不傷。

　　因此，莊子立論的主要議題即在於人應如何自處於世；而其主要論域也
就是在人與其生活世界的互動關係之中。故莊子論人，仍重人與生俱來的自
然本性；論人世，則重視個人的逍遙自處。

一、物化成人

　　莊子視人的生成，純粹只是自然現象的一種偶然變化所成。〔註19〕所以，
人也不過是一種具有人形的自然動物而已，「特犯人之形而猶喜之，若人之形
者，萬化而未始有極也，其爲樂可勝計邪？」（〈大宗師第六〉；26～28）。

　　人既源於自然，成於自然，並回歸於自然，所以人就是自然的一種體現，
「天在內，人在外，德在乎天」（〈秋水第十七〉；50）。因此，人的自然本性
（德）也就是自然（道）在人身的體現，「非彼無我，非我無所取」（〈齊物論

〔註18〕 對《莊子》一書的考證，莫衷一是（請參考《新譯莊子讀本》，古籍今註新譯
　　　　 叢書，黃錦鋐註譯，台北市：三民書局，民國80年，9～32頁。）大致而言，
　　　　 內七篇爲莊子自著是無可置疑，但外、雜篇則疑爲非出於一人之手，而可視
　　　　 爲莊學思想的論文集。本文兼採《莊子》一書中的內、外、雜三篇之言，以
　　　　 表述莊子的思想。所以就嚴格意義而言，本文所指的「莊子的人學」應視爲
　　　　 《莊子》中的人學思想。
〔註19〕 《莊子》：「察其始而本無生，非徒無生也而本無形，非徒無形也而本無氣。
　　　　 雜乎芒芴之間，變而有氣，氣變而有形，形變而有生。今又變而之死，是相
　　　　 與爲春秋冬夏四時行也。」（〈至樂第十八〉；17～18）。

第二〉：14）。

　　自然體現爲抽象規律者，謂之道；體現爲具體之物者，則謂之氣。人與天地萬物都是氣之物化所成，是以，「通天下一氣耳」（〈知北遊第二十二〉：13）。既然人與天地萬物都是自然所成，故也就都是自然之得以體現的不同管竅，「子游曰：地籟則衆竅是已，人籟則比竹是已。敢問天籟。子綦曰：夫吹萬不同，而使其自己也。咸其自取，怒者其誰邪！」（〈齊物論第二〉：8～9）。換言之，人也就是自然的體現者之一。

　　莊子言：「天地與我並生，而萬物與我爲一」（仝上：52～53），即視人在宇宙中的地位不是優於天地萬物，而是與天地萬物爲一，同爲自然自化所成的自然產物，「物之生也，若驟若馳，無動而不變，無時而不移。何爲乎？何不爲乎？夫固將自化」（〈秋水第十七〉：46～47）。

　　自然雖賦予人與萬物同樣的自然本性，但人卻因著他自身的創造性與規範性活動，而爲其他自然產物創造出非其所是的人文面貌，也就是在其他自然產物的身上烙下了人類的印記，「牛馬四足，是謂天；落馬首，穿牛鼻，是謂人」（〈秋水第十七〉：51～52），遂使得原本與人平等無別的自然產物，轉變成爲爲人所有、受人宰制、爲人服務的人文產物，人類也即因此而自視爲宇宙中的主宰。

　　但莊子以爲，縱使人之所爲是出於人的善意，卻也會對自然產物造成最致命的戕害。〔註20〕所以，莊子即欲藉人物的平等觀照來解消人以其自身爲天地中心的宇宙觀，以使人重新省思人與自然產物乃至人與自然之間的關係，〔註21〕進而得以還原出自然世界的原始面貌，使所有自然產物都能得以如其所是的實現其自身的自然本性，「聖人處物不傷物。不傷物者，物亦不能傷也」（〈知北遊第二十二〉：80）。莊子視人不傷物，即能保全物之自然本性；物亦不能傷人，則能保全人的自然本性。是故就人與自然產物之關係而言，唯其兩不相傷，故能兩得其全。

〔註20〕如《莊子》中的寓言：「南海之帝爲儵，北海之帝爲忽，中央之帝爲渾沌。儵與忽時相與遇於渾沌之地，渾沌待之甚善。儵與忽謀報渾沌之德，曰：人皆有七竅以食聽視息，此獨無有，嘗試鑿之。日鑿一竅，七日而渾沌死。」（〈應帝王第七〉：33～35）。

〔註21〕《莊子》：「故聖人有所遊，而知爲孽，約爲膠，德爲接，工爲商。聖人不謀，惡用知？不斲，惡用膠？無喪，惡用接？不貨，惡用商？四者，天鬻也。天鬻者，天食也。既受食於天，又惡用人！」（〈德充符第五〉：52～54）。

　　莊子既視人與天地萬物皆爲自然之氣化所成，所以人也就與天地萬物一般同爲自然產物。但人不僅是爲一具人形的自然產物，而且也因具人形而同具人情。莊子相當重視人之情意活動對人的影響，尤其強調不要讓情意活動干擾了形體生命的自然發展，「道與之貌，天與之形，……不以好惡內傷其身，常因自然而不益生」（〈德充符第五〉：56～58）。

　　但人有形軀，即有生死，「人之生，氣之聚也；聚則爲生，散則爲死」（〈知北遊第二十二〉：11）。人之生死即是人力所不可爲的自然常態，〔註22〕也是人與生俱來的命定歷程，〔註23〕故人的生死也就不過是自然規律在人身的體現，「死生，命也。其有夜旦之常，天也。人之有所不得與，皆物之情也」（〈大宗師第六〉：20～21）。若能「知其不可奈何而安之若命」（〈人間世第四〉：43），也就是不作無謂的抗拒，反倒能解消喜生畏死的好惡之情對人心靈的限制與傷害，從而獲得心靈的自由，「得者，時也；失者，順也。安時而處順，哀樂不能入也。此古之所謂縣解也」（〈大宗師第六〉：52～53）。

　　莊子所謂的「懸解」之道，不是在壓抑此哀樂、好惡之情的生發，因爲「哀樂之來，吾不能禦，其去弗能止」（〈知北遊第二十二〉：81～82），而是「不將不迎，應而不藏」（〈應帝王第七〉：32～33）的順任此自然情感的來去，不使之沉積於心而妨礙到心靈的自由自適，「有駭形而無損心，有旦宅而無情死」（〈大宗師第六〉：79）。既生爲人，即有人之情感，這也是人與生俱來的自然本性。人生之時，情感隨之生發；人死之後，情感也隨之消失。莊子認爲，情感的生發不僅會影響到形軀的生理活動，也會影響到人對其生命價值的評議，因此若能使人坦然的接受情感的生發，一如坦然的接受生死的變化，並視之爲表現於人的自然現象，就能超脫情感所加於人的束縛與生死所加於人的制限，「自事其心者，哀樂不易施乎前」（〈人間世第四〉：42）。

　　莊子視人爲自然產物，所以由人身所生發的各種現象都是自然現象。既是自然現象，就不隨人的主觀意志所能左右。所以，人也就無須抗拒，而徒增心靈的負荷，「知其不可奈何而安之若命，德之至也」（〈人間世第四〉：43）。莊子也就是視人唯有藉助於心靈的自由，才能超脫形軀生命的束縛，而與自然冥合，「聖人之生也天行，其死也物化。靜而與陰同德，動而與陽同波。不爲福先，不爲禍始。感而後應，迫而後動，不得已而後起。去知與故，循天

〔註22〕　《莊子》：「生之來不能卻，其去不能止。」（〈達生第十九〉：2～3）。
〔註23〕　《莊子》：「不知吾所以然而然，命也。」（〈達生第十九〉：54）。

之理，故無天災，無物累，無人非，無鬼責。其生若浮，其死若休。不思慮，不豫謀。光矣而不耀，信矣而不期。其寢不夢，其覺無憂，其神純粹，其魂不罷，虛無恬淡，乃合天德」（〈刻意第十五〉；10～14）。

人既源自於自然，本與自然為一。莊子即欲勸人超脫人之形軀生命與隨之而生發的情感波動，從而復歸與自然合一，也就是使人的自然本性如其所是的全然實現，「聖也者，達於情而遂於命也」（〈天運第十四〉；26）。莊子視人生的本務即在如其所是的全然實現人的自然本性，能全然實現其自然本性的人才能真正的與自然合一，「致命盡情，天地樂而萬事銷亡，萬物復情，此之謂混冥」（〈天地第十二〉；77）。混冥就是與自然合一，也就是天人合一，「有治在人，忘乎物，忘乎天，其名為忘己。忘己之人，是之謂入於天」（全上；45）。

莊子於此即視自然為主體，而人則不過是自然偶然生發的一種現象，遂有攝人入天之嫌。〔註24〕荀子也即以此而批評莊子是「蔽於天而不知人」（《荀子・解蔽第二十一》；22）。但究其實旨，則見莊子是從人已然為人的角度，來論析人之為人的本質所是與人生在世的因應之道。人因其自然本性而與自然相連，「天在內，人在外，德在乎天」（《莊子・秋水第十七》；50）；人又因其具形居世而與人世相關，「有人之形，故群於人」（《莊子・德充符第五》；54）。故莊子立論之焦點即在已具人形之我，並分就我與自然及我與人世這兩個向度，來論析人之為人的本質所是與人生在世的因應之道。

由是即知，莊子並非真是如荀子所評之「蔽於天而不知人」，正相反的是，莊子強調：「知天之所為，知人之所為者，至矣」（〈大宗師第六〉；1）。莊子即視唯有知天之所為，才能「內直與天為徒」（〈人間世第四〉；18），而「任其性命之情」（〈駢拇第八〉；30）；也唯有知人之所為，才能「外曲者與人之為徒」（〈人世間第四〉；20），而「以刑為體，以禮為翼，以知為時，以德為循」（〈大宗師第六〉；17）。若能兩者皆知，就能成就「天與人不相勝」（全上；20）的逍遙與自由。是故，莊子哲學雖外顯為以自然為宗，但其實旨則仍是以人為本。

二、逍遙處世

莊子就我與人世這一向度而論人生在世的因應之道，側重的是解消人為

〔註24〕《莊子》：「聖人藏於天，故莫之能傷也。」（〈達生第十九〉；14～15）。

其自身立法所帶給人的限制與戕害，使人既能如其所是的全現其自然本性，又能自由、安適的居處於已為人文規範所籠罩的人間世。

莊子如老子一般的反對人類以其主觀理智為人類自身立法，也就是為人類制訂限制甚至是壓抑人自然本性之自我實現的人文規範，「及唐虞始為天下，興治化之流，澆純散朴，離道以善，險德以行，然後去性而從於心。心與心識知而不足以定天下，然後附之以文，益之以博。文滅質，博溺心，然後民始惑亂，無以反其性情而復其初」（〈繕性第十六〉：8～11）。莊子視人即因人文規範的制訂，而與其自身之自然本性相疏離。世人雖以人文規範之內化而成的文化屬性來定義人之所是，但莊子則視此文化屬性不僅不是人的本質所是，且是人生之種種困頓與迫害的根源，「自三代以下者，天下莫不以物易其性矣。小人則以身殉利，士則以身殉名，大夫則以身殉家，聖人則以身殉天下。故此數子者，事業不同，名聲異號，其於傷性以身為殉，一也」（〈駢拇第八〉：19～21）。莊子稱此「喪己於物，失性於俗者」（〈繕性第十六〉：20）為「倒置之民」（仝上）。

因此，莊子認為人有其不為物役而返諸人化的必要，「無以人滅天，無以故滅命，無以得徇名。謹守而勿失，是謂反其真」（〈秋水第十七〉：52～53）。但相異於儒、墨、法三家訴諸人文規範之制訂，以遂成人文化的人化之道；莊子則訴諸自然規律的自治，而強調自然化的人化之道，「不以心捐道，不以人助天，是之謂真人」（〈大宗師第六〉：7～9）。真人就是真實的人，也就是莊子心目中人的理想形象。

但莊子也承認「有人之形，故群於人」（〈德充符第五〉：54），人的群居生活既是由人自然本性所衍生而出的必然現象，所以莊子認為人之居處於人群社會之中也即是一件很自然的事，而人也無須離群索居就可以獲得心靈的自由，其關鍵即在「無人之情，故是非不得於身」（仝上）。

但人之有情，是生命的實然，也是人的自然本性所必然而有的固有特徵。因此，莊子所謂的「無人之情」即非要人壓抑或滅絕人之情感的自然生發，而是順任此自然情感的生發但不使之宰制人心靈的取向，進而使人能超然於對世俗之是非的好惡，而保有心靈不受牽制的自由，「知忘是非，心之適也；不內變，不外從，事會之適也。始乎適而未嘗不適者，忘適之適也」（〈達生第十九〉：63～64）。

莊子雖不主張人須離群索居以求其心靈的自由，但也否認人生在世勢必

會受已然存在的人文規範所牽制，所以人們也常常是依從於世俗價值來評定自我，依從於世俗的觀點來形構自我對其生活世界的認知，「以道觀之，物無貴賤；以物觀之，自貴而相賤；以俗觀之，貴賤不在己。……帝王殊禪，三代殊繼。差其時，逆其俗者，謂之篡夫；當其時，順其俗者，謂之義之徒」（〈秋水第十七〉；29～40）。如是遂使個人消融入人群社會之中，而呈顯出社會化的人格，以致迷失了他原有的自然本性，「禮樂偏行，則天下亂矣。彼正而蒙己德，德則不冒」（〈繕性第十六〉；4～5）。

所以，莊子為此即提出了自由出入於此人文規範的因應之道，「以刑為體，以禮為翼，以知為時，以德為循。以刑為體者，綽乎其殺也；以禮為翼者，所以行於世也；以知為時者，不得已於事也；以德為循者，言其與有足者至於丘也，而人真以為勤行者也」（〈大宗師第六〉；17～19）。莊子將人文規範視如人間遊戲的遊戲規則，人既參與此人間遊戲，就應嫻熟於其遊戲規則，進而運用此遊戲規則以參與人間遊戲，「外曲者，與人之為徒也。……為人之所為者，人亦無疵焉」（〈人間世第四〉；20～21）。能周旋於人間遊戲之人，不僅不會被人間遊戲所困，也不致為遊戲規則所宰制，「知道者必達於理，達於理者必明於權，明於權者不以物害己。……言察乎安危，寧於禍福，謹於去就，莫之能害也」（〈秋水第十七〉；48～50）。由是可知，莊子視照著遊戲規則玩人間遊戲，不僅可讓他人對自己的行為無所非議之處，也可讓自己不會為此人間遊戲所傷，如此即可保有自己不受干擾也不會為外物所傷的心靈自由，「唯至人乃能遊於世而不僻，順人而不失己」（〈外物第二十六〉；36～37）。

若就莊子的形上觀點而言，人與萬物同為一氣之化，本無價值、尊嚴可言；但人已然為人，且已然生處於人世之中，與他人同居共處，如此即產生價值問題。莊子認為人間對價值的評議即決定在人間的遊戲規則上，「爭讓之禮，堯桀之行，貴賤有時，未可以為常也」（〈秋水第十七〉；35）。既然遊戲規則會隨時俗之移而變，所以一個具有自主意識的人就應先掌握所處之時俗的遊戲規則，以便安處於其世；但也要能自由的跳出遊戲規則的拘限，以任性命之情。換言之，莊子也就是認為需要照遊戲規則以參與人間遊戲時，就照遊戲規則玩；若無意參與人間遊戲時，就立刻可以跳開此遊戲規則的限制，而回歸真實本性的自我實現，「其一與天為徒，其不一與人為徒。天與人不相勝，是之謂真人」（〈大宗師第六〉；20）。

　　莊子是反對設置人文規範，也就是反對為人世間設定任何遊戲規則，「毀道德以為仁義，聖人之過也。……屈折禮樂以匡天下之形，縣跂仁義以慰天下之心，而民乃始踶跂好知，爭歸於利，不可止也，此亦聖人之過也」（〈馬蹄第九〉：14～19）。但人文規範之制訂與通行已是既存的事實，所以莊子認為人要超脫人文規範的限制，就不僅是要能掌握此人文規範的要求，更重要的是能回溯到為此人文規範之形塑前的人之自然本性，進而依此自然本性的自我實現來超脫此人文規範對人的形塑，「形莫若緣，情莫若率。緣則不離，率則不勞。不離不勞，則不求文以待形；不求文以待形，固不待物」（〈山木第二十〉：44～45）。人若能一切順諸自然，率真而為，那麼人就不需要在人之自然本性的自我實現上再加諸任何人文的規範或虛飾，「內直者，與天為徒。……若然者，人謂之童子」（〈人間世第四〉：18～19）。

　　莊子雖強調所有人都同具與生俱來的的自然本性，但更強調每一個人都是獨一無二的個體，都有其獨立人格與存在尊嚴。所以能識得其自我之獨立人格，並肯定自我之存在尊嚴，從而不隨世俗遷化，也能超然於人情牽絆的人，就是莊子所推崇的至貴之人，「物而不物，故能物物。……出入六合，遊乎九州，獨往獨來，是謂獨有。獨有之人，是之謂至貴」（〈在宥第十一〉：62～63）。由此也即可看出，莊子所重視的是人之獨立性、自主性的個體價值。

　　莊子也即因著重視每一個個體的獨立人格與存在尊嚴，所以強調人與人之間即應相互尊重對方的獨立與自由，放任彼此都能依循其各自之自然本性的自我實現而遂成各人自身的完善，「魚相造乎水，人相造乎道。相造乎水者，穿池而養給；相造乎道者，無事而生定。故曰：魚相忘乎江湖，人相忘乎道術」（〈大宗師第六〉：72～73）。莊子即視若人人都能在人群社會之中自由的實現其自然本性，也就能因自然本性的全然實現而與自然合一。當人人都與自然合一之時，又哪有人我的區別，是故人人也就因此而渾然合一，「忘人，因以為天人矣」（〈桑庚楚二十三〉：77）。由此也可看出，莊子所強調的不是人與人在人間的相遇，而是彼此在與自然合一的境界中的融合為一。

　　莊子雖強調人應同時向自然世界與人文世界開放，並藉此開放而顯現出人的獨立性；但這並不意謂著人即能因此而獲得真自由，因為人還有形、有知、有情。人有形體，故受制於天；人有知欲，故受制於物；人有情意，故

受制於己。莊子認爲人雖不能層層解脫，但仍能藉由心齋〔註25〕、坐忘〔註26〕的自我修養，層層超越而至心靈無束無縛的絕待自由，「有治在人，忘乎物，忘乎天，其名爲忘己。忘己之人，是之謂入於天」（〈天地第十二〉）：44～45）。人有形軀，即有自我意識；人有自我意識，遂有是非、貴賤、愛惡等種種的牽累。是故，莊子認爲要獲絕待之眞自由的根本之道，即在忘己。「德有所長而形有所忘」（〈德充符第五〉：51），人能忘形守德，就能循德入天，也就是「遊乎萬物之所終始」（〈達生第十九〉：11），「與天爲一」（仝上；6），而得「忘適之適」（〈達生第十九〉：64），故能遂成人之絕待的眞自由，「乘天地之正，而御六氣之辯，以遊無窮者，彼且惡乎待哉！故曰：至人無己，神人無功，聖人無名」（〈逍遙遊第一〉：21～22）。

但一如老子「正言若反」（《老子》第七十八章）的方法運作，莊子的「吾喪我」（《莊子·齊物論第二》：3）之論的終極目的不在喪己，而正是在成己，「人能虛己以遊世，其孰能害之！」（《莊子·山木第二十》：24）。

由是可見，莊子的處世之道即在虛己以遊世，從而得以自由的出入人間社會而自得逍遙，「聖人不從事於務，不就利，不違害，不喜求，不緣道；無謂有謂，有謂無謂，而遊乎塵垢之外」（〈齊物論第二〉：73～74）。

若與老子的理論相較，老子所強調的是無爲治世，而莊子所強調的則是逍遙處世。由是可見，老子設論的對象是掌握政治權力的君王，故重爲而不爭，以退爲進，「聖人處上而民不重，處前而民不害，是以天下樂推而不厭。以其不爭，故天下莫能與之爭」（《老子》第六十六章）；而莊子設論的對象則是作爲社會中堅階層的知識份子，故重勝物不傷，全生盡年，「無爲名尸，無爲謀府，無爲事任，無爲知主。體盡無窮，而遊無朕；盡其所受乎天，而無見得，亦虛而已。至人之用心若鏡，不將不迎，應而不藏，故能勝物而不傷」（《莊子·應帝王第七》：31～33）。

三、返眞復性

人雖有其自然本性，有其獨立價値，但莊子也體認到人已然建構山人文

〔註25〕 《莊子》：「若一志，無聽之以耳，而聽之以心；無聽之以心，而聽之以氣。聽止於耳，心止於符。氣也者，虛而待物者也。唯道集虛。虛者，心齋也。」（〈人間世第四〉：26～28）。

〔註26〕 《莊子》：「墮肢體，黜聰明，離形去知，同於大通，此謂坐忘。」（〈大宗師第六〉：92～93）。

知識，並由之發展出人文規範。人又以此人文知識來建構人的自我認知，並以此人文規範來評議人的存在價值，「自三代以下者，天下何其囂囂也？且夫待鉤繩規距而正者，是削其性也；待繩約膠漆而固者，是侵其德也；屈折禮樂，昀俞仁義，以慰天下之心者，此失其常然也」（〈駢拇第八〉；13～15）。莊子認為，即是因著人文規範的制限，遂使人自隔於自然本性的自我彰顯。

但人既已因人所創制的人文產物對人的形塑，而使人與其自然本性疏離，人又如何能在已為人文產物所遮蔽的視野中去觀得人的真實本性，獲得正確的自我認知呢？所以莊子認為若仍想從人文產物之中再去尋索人對其自身的正確認知，則無疑是種蠢人的行徑，「繕性於俗，學以求復其初；滑欲於俗，思以求致其明，謂之蔽蒙之民」（〈繕性第十六〉；1）。

莊子認為要建立起正確的自我認知，只有先「任其性命之情」（〈駢拇第八〉；30），也就是先順任自身之自然本性的如實實現，如此才有可能成為全然實現其真實本性的真人。當人實現了他最真實的自然本性時，人也才能對他自身與他的生活世界有正確的認知，「且有真人而後有真知」（〈大宗師第六〉；4）。

所以莊子論人即要求人必先得返其真，「無以人滅天，無以故滅命，無以得徇名。謹守而勿失，是謂反其真」（〈秋水第十七〉；52～53）。返真之道也即是莊子所強調的人化之道。莊子即是認為唯有人先解消加之於人原始本性上的人文束縛，人才有可能順諸自然規律在人身的體現，而實現其得自於自然天道的真實本性，成為無人文偽飾於身的真實之人，「能體純素，謂之真人」（〈刻意第十五〉；21～23）。

莊子所謂的「反其真」，實涵兩個層次，先是回返於人的真實本性，「形體保神，各有儀則，謂之性。性修反德，德至同於初」（〈天地第十二〉；39）；終至回返於人之真實本性所源出的天道，「壹其性，養其氣，合其德，以通乎物之所造」（〈達生第十九〉；11～12）。

莊子也即欲由人自然本性之如其所是的真實實現之中，去把握對道的真實認知，因為人的自然本性即是道在人身的自我體現，「非彼無我，非我無所取」（〈齊物論第二〉；14～15）。道既是不隨人之主觀意志所能左右的客觀存有者，所以縱使人不能以其主觀認知識得其真實本性，也無損於道的真實性，「如求得其情與不得，無益損乎其真」（全上；17～18）。

莊子不僅視道超越於天地萬物之上，為天地萬物之得以生發的根源；

〔註27〕道又內在於天地萬物之中，而爲天地萬物之所以成的本質要素；〔註28〕莊子並視道是最高的智慧、絕對的眞理。〔註29〕道即是自然，德即是人得自於道的自然本性，「執道者德全，德全者形全，形全者神全。神全者，聖人之道也」（〈天地第十二〉：63～64）。

莊子論自然之道，係以規律義爲主，而以物質義爲從；故論自然本性之德，也就是同以精神（心理）層面爲主，而以物質（生理）層面爲從。因此，莊子的人化之道，也就是返眞之道，即以解消人文規範與人情好惡對人心靈的形塑與戕傷，以確保人心靈的自由爲主訴，從而導引人向其自然本性的眞實實現復歸，使人能依其眞實本性而活，並因此而成爲與自然合一的眞人。眞人即是成全其自身之所是的至人，至人也就是最成全、最完滿的人。

四、勝物不傷

若就老、莊的人學而論，老子是以嬰孩（赤子）爲人的理想形象，而莊子則是以眞人爲人的理想形象。由是即見，老、莊皆同以實現自然本性以求其自我成全的自然人爲人的本質定義。但不同的是，老子是藉由聖人的導向，以助成眾人向其各自的素樸本性復歸，「聖人欲不欲，不貴難得之貨；學不學，復眾人之所過，以輔萬物之自然而不敢爲」（《老子》第六十四章）；而莊子則是欲藉眞人作爲人之爲人的理想，導引眾人實現其各自的眞實本性，「不以心捐道，不以人助天，是之謂眞人」（《莊子·大宗師第六》：7～9）。

若就老、莊對人的自我認知而論，則見老子側重的是對人我的雙向認知，「知人者智，自知者明」（《老子》第三十三章）；而莊子則側重對天人的整體認知，「知天之所爲，知人之所爲者，至矣。知天之所爲者，天而生也；知人之所爲者，以其知之所知，以養其知之所不知，終其天年而不中道夭者，是知之盛也」（《莊子·大宗師第六》：1～2）。

若就老、莊對人文規範的態度而言，即見兩者都不欲以人文所謂之「善」

〔註27〕《莊子》：「夫道，有情有信，無爲無形；可傳而不可受，可而不可見；自本自根，未有天地，自古以固存；神鬼神帝，生天生地；在太極之先而不爲高，在六極之下而不爲深；先天地生而不爲久，長於上古而不爲老。」（〈大宗師第六〉：29～31）。

〔註28〕《莊子》：「形非道不生，生非德不明。」（〈天地第十二〉：14～15）。

〔註29〕《莊子》：「性不可易，命不可變，時不可止，道不可壅。苟得於道，無自而不可；失焉者，無自而可」（〈天運第十四〉：79～80）。

來定義人的自然本性，如《老子》中所言：「善者吾善之，不善者吾亦善之，德善」（第四十九章），與《莊子》中所言：「天之小人，人之君子」（〈大宗師第六〉：74）。但實則兩者都隱含的肯定人之自然本性的自我實現，即是人所據以制訂人倫道德的先驗基礎，如《老子》中所言：「絕仁棄義，民復孝慈」（第十九章），與《莊子》中所言：「至德之世，不尚賢，不使能；上如標枝，民如野鹿；端正而不知以爲義，相愛而不知以爲仁，實而不知以爲忠，當而不知以爲信，蠢動而相使不以爲賜。是故行而無跡，事而無傳」（〈天地第十二〉：80～83）。若依此推論，則見兩者仍是肯定了人性本善，也就是視人與生俱來即有其先驗的道德在其自然本性之中。

　　但雖如此，兩者認爲人還是需要爲其自身設定自我的規範。因爲就老子而言，人性雖自善，但若不自制，則仍會「善復爲妖」（《老子》第五十八章），故強調「知足不辱，知止不殆，可以長久」（《老子》第四十四章）；而莊子則認爲人性雖自善，但人已然生活在爲人文規範所制約的人文世界之中，所以人就需要同時順應自然規律與人文規範，才能全生盡年，故強調「爲善無近名，爲惡無近刑。緣督以爲經，可以保身，可以全身，可以養親，可以盡年」（《莊子・養生主第三》：1～2）。

　　此中，老子是以「反者，道之動；弱者，道之用」（《老子》第四十章）的辯證法則來建構人類的自我規範，而莊子則是以「不將不迎，應而不藏，故能勝物而不傷」（《莊子・應帝王第七》：32～33）來作爲個人之自我規範的基本原則。

　　故就老、莊對人的自我規範而論，即見老子側重的是知常立範，「知常曰明，不知常，妄作凶」（《老子》第十六章）；而莊子側重的則是守道立範，「知道者必達於理，達於理智必明於權，明於權者不以物害己」（《莊子・秋水第十七》：53）。

　　若就老、莊對人文產物的態度而言，則見老子徹底排斥人文產物對人的形塑，「絕聖棄智，民利百倍；絕仁棄義，民復孝慈；絕巧棄利，盜賊無有，此三者以爲文不足，故令有所屬──見素抱樸，少私寡欲」（《老子》（第十九章）；而莊子則要人運用既存的人文產物來因應已爲人文產物所制約的人世，好使個人能不爲自然與人文兩者所傷而自得逍遙，「以刑爲體，以禮爲翼，以知爲時，以德爲循。以刑爲體者，綽乎其殺也；以禮爲翼者，所以行於世也；以知爲時者，不得已於事也；以德爲循者，言其與有足者至於丘也，而人眞

以爲勤行者也。……其一與天爲徒，其不一與人爲徒。天與人不相勝也，是之謂眞人」(《莊子‧大宗師第六》：17～20)。

若就老、莊的形神論而言，則見老子雖言：「吾所以有大患者，爲吾有身。及吾無身，吾有何患」(《老子》第十三章)，實則重形而輕神，「是以聖人之治，虛其心，實其腹，弱其志，強其骨。常使民無知無欲，使夫智者不敢爲也」(《老子》第三章)；而莊子則雖言：「執道者德全，德全者形全，形全者神全。神全者，聖人之道也」(《莊子‧天地第十二》：63～64)，實則重神而輕形，「墮肢體，黜聰明，離形去知，同於大通」(《莊子‧大宗師第六》：92～93)。

若就老、莊的生死觀而論，則見老子雖言：「夫唯無以生爲者，是賢於貴生」(《老子》第七十五章)，實則重生而輕死，「人之生也柔弱，其死也堅強。……故堅強者死之徒，柔弱者生之徒。……堅強處下，柔弱處上」(《老子》第七十六章)；而莊子則雖言：「夫大塊載我以形，勞我以生，佚我以老，息我以死」(《莊子‧大宗師第六》：24)，卻實爲生死齊觀，「善吾生者，乃所以善吾死也」(全上：24～25)。

若就老、莊在人我關係的立場而論，則見老子重在成人同時成己，「既以爲人己愈有，既以與人己愈多」(《老子》第八十一章)；而莊子則重在成己而不成人，「魚相造乎水，人相造乎道。相造乎水者，穿池而養給；相造乎道者，無事而生定。故曰：魚相忘乎江湖，人相忘乎道術」(《莊子‧大宗師第六》：72～73)。由是即知，老子所強調的是以我(聖人)輔人，而莊子所強調的則是以我(眞人)應人。

綜觀老、莊人學，即見兩者所提供的生活模式不是要人逃離其自身所居處的人文世界，而是強調人應如何的自處在此人文世界之中又能保全其個人的自由與自尊。如《老子》中所言：「眾人皆有以，而我獨頑似鄙。我獨異於人，而貴食母」(第二十章)，與《莊子》中所言：「唯至人乃能遊於世而不僻，順人而不失己」(〈外物第二十六〉：36～37)。

此中，老子提供的生活模式所突顯的正是以退爲進的處世態度，「善爲士者不武，善戰者不怒，善勝敵者不與，善用人者爲之下」(《老子》第六十八章)；而莊子提供的生活模式則突顯的是勝物不傷的處世態度，「至人之用心若鏡，不將不迎，應而不藏，故能勝物而不傷(《莊子‧應帝王第七》：32～33)。

是故，兩者雖同是承認人必有其社會生活，但老子重在投入，「古之善爲道者，非以明民，將以愚之」(《老子》第六十五章)；而莊子則重在超越，「聖

人不從事於務，不就利，不違害，不喜求，不緣道；無謂有謂，有謂無謂，而遊乎塵垢之外」（《莊子‧齊物論第二》：73〜73）。因此，以老子人學爲生活之指導原則的人，即會成爲社會的參與者；〔註30〕而以莊子人學爲生活之指導原則的人，則會成爲社會的游離者。〔註31〕

　　若將老、莊之論與儒、墨、法三家之論相較，則見道家老、莊所強調的是人的獨立性與自主性，也就是尊重個人的自我實現與自由抉擇，使個人能自行決定他要成爲何種人。

　　前後兩端之論雖是突顯了人的不同側面，但也同時顯現出決定人之本質所是的因素即是內在於人的固有屬性之內。

　　事實上，四家之論皆可歸爲決定論的理論型態，其中儒家呈顯的是文化決定論，墨家呈顯的是宗教決定論，而法家則呈顯的是政治決定論。換言之，此三家都視人對其自身的認知與評議都會受某種特定的人爲因素所決定。而道家人學所顯現的則是自然決定論的理論型態，也就是強調人與生俱來即已稟賦了由自然所決定的確定本性，而人也就是應該如其所是的實現此已確定的自然本性而成其爲人。

　　因此，道家的人學雖有利於使人超越人文規範對人的後天制約，但仍要人依循自然規律對人的先天限制。所以，道家人學雖能使人獲得人世中的自由，但相對於自然規律在人身的體現上而言，人之爲人還是由自然所決定。

第三節　楊朱的人學：貴己之人

　　楊朱，約生於周考王元年（公元前 440 年）前後，約卒於周安王二十二年（公元前 380 年）前後；戰國初期趙國人。楊朱的思想散見於《孟子》、《淮

〔註30〕法家之集大成者韓非即是反向的應用老子的人學理論，從而轉化成其權謀治世的政治理論。但韓非之所以能做此轉化，實因老子立論的本意即在參與社會的運作以改變社會的發展。只是老子所欲建構的導向是要徹底的解消人文規範對人之自然本性的限制，而韓非所欲建構的導向則是在強化人文規範對人之自然本性的制約。是以，韓非雖學本老子的無爲之論，卻反向的發展出與之矛盾衝突的有爲之治。

〔註31〕筆者所謂之「社會的游離者」，意指依莊子人學爲人生指導原則的人，即會自覺的不爲世俗的人文產物所同化與制約，而能意識清明的週遊在人世之中卻仍保有他個人最眞實的自我，如《莊子》中所言：「唯至人乃能遊於世而不僻，順人而不失己。」（〈外物第二十六〉：36〜37）。

南子》、《韓非子》〔註32〕與《呂氏春秋》、〔註33〕《列子》等書中，以「貴己」
爲其學說的核心概念。

　　由於楊朱本身之言論無多，又無法確證，故本節僅就其他學者對楊朱言
行的描述與評議，來論析楊朱的人學。但基本上，筆者以爲，楊朱論人重人
的自然本性，論人世則重視人與其社會相疏離以維續個體的安養與存續。

一、輕物重生

　　若推究人文規範之設定的宗旨，本是爲導人向善，導世歸治，使人人皆
得以安身立命於世。因此，人文規範即本應是以人爲目的、爲人服務的工具，
而人才是制訂與落實人文規範的主體。但楊朱認爲人文規範一經確立之後，
即會異化而爲人的主宰，使人不惜爲之損身喪命，從而失去了人之設定自我
規範的初旨，所以楊朱遂反對人文規範的制訂。而孟子也即以此而批評楊朱
的爲我之論爲無君之議，「楊氏爲我，是無君也」（《孟子・滕文公下》；3B.9）。

　　但就楊朱的觀點而言，爲人設定人文規範以利人之自趨完善，乃創制者
勞神損身之爲，因此縱使有利天下卻也無益於己，「夫善治外者，物未必治，
而身交苦；善治內者，物未必亂，而性交逸」（《列子・楊朱第七》）；而人之
遵守人文規範以致於損性傷神，就更不爲楊朱所取，「全性保眞，不以物累形」
（《淮南子・卷十三氾論訓》；1）。因此，《孟子》中即言：「楊子取爲我，拔
一毛而利天下，不爲也」（〈盡心上〉；7A.26）。由是即見，楊朱之論實爲儒家
之論的對立面，如《淮南子》中所言：「全性保眞，不以物累形，楊子之所立
也，而孟子非之」（〈卷十三氾論訓〉；7a）。

　　楊朱全性保眞之論雖是可以跳開人文的制約，不爲人文規範所限，又不
爲名位利祿所動，但卻猶未能使他超脫形軀的制限，如《韓非子》中所言：「義
不入危城，不處軍旅，不以天下大利，易其脛之一毛」（〈顯學第五十〉；1）。
楊朱所重視的既是人的自我保存，所以韓非即因此而評之曰：「今上尊貴輕物

〔註32〕　《韓非子》乙書之引文，引自《韓非子集釋》，陳奇猷撰，台北市：世界書局，
　　　　　民國52年；並參考《哈佛燕京學社引得特刊——韓非子引得》，台北市：成
　　　　　文出版社（翻印），民國55年。
〔註33〕　《呂氏春秋》乙書之引文，引自《呂氏春秋》，四部叢刊，台北市：臺灣商務
　　　　　印書館，民國57年；並參考《諸子引得——呂氏春秋、白虎通、淮南子、
　　　　　潛夫論、新序、論衡、說苑、申鑒》，漢學集成索引，台北市：宗青圖書公司
　　　　　（翻印），民國75年。

重生之士，而索民之出死而重殉上事，不可得也」（仝上；3～4）。由是即見，楊朱之論也同爲法家之論的對立面。

由於楊朱強調人生的最高價值即在其個體生命的維續，而個體生命的維續又是呈顯於個人身體的保全與運作，所以要重生就必須要全身；而要全身，就不得使身體絲毫受損，因此「損一毫利天下，不與也」（《列子・楊朱第七》）。但「悉天下奉一身」（仝上），也同樣不爲楊朱所取。因爲縱使得到天下而致勞神傷身，仍無益於保眞，是故「悉天下奉一身，不取也」（仝上）。由是可知，楊朱認爲天下之大利不在人間的道德、功名與爵祿，而在個人的身體與生命之得安養與存續。

在楊朱看來，自我保存即是自然賦予人之不容侵犯的天賦權利，所以人就應當盡己所能的去維護此天賦權利，以獲得個人的存在幸福。換言之，楊朱即是將人的自利本性視爲人類道德的唯一基礎。設若人人都能維護個人的天賦權利，並尊重他人，不去侵犯他人的天賦權利，則人世自然就會歸於和諧、平治。因此，眞正的道德就是尊重每一個個人都有實現其自我保存其自然本性的天賦權利。因此，楊朱既不認同儒家兼善天下的聖王之道，也不認同法家齊民以刑的君主專制，更不認同墨家興利除害的遊俠行徑，而主張「人人不損一毫，人人不利天下，天下治矣」（仝上）。

楊朱雖反對爲人設定人文規範，但也反對縱欲而不知節。人生欲望之得滿足固然需要物質資源的供給，但不僅追求物欲、名利之得滿足以致爲人趁機利用而致損身喪性，不爲楊朱所取；即連過度縱欲有損於身，也同樣的不爲楊朱所取。因爲楊朱所追求的是人之精神的自由與形體的保全，設若人不能使其肉體所需得到滿足，即無以成全其形體的安養與眞性的發展；但若過度追求肉體欲求之得滿足，則又會使人受制物欲的趨迫而勞神疲命的去追逐於外物，如是亦非楊朱所謂「全性保眞」之道，反倒是以物累形。是以，筆者認爲楊朱雖重貴己、爲我，但仍強調輕物、重生，是見楊朱並非縱欲主義者。

由於楊朱是將人的本質定位於人的自然本性，因此爲論側重在拒絕社會的影響，以挺立個人自利之自然本性的自我實現，使個人能得以遂成其個體的自趨成全，以達成其個人的自我完善。所以，楊朱所強調的即是人的個體價值、獨立人格與自主意志，而其基礎則在恢復個人的自我意識，所以《呂氏春秋》即載：「陽生貴己」（〈卷十七・不二〉：18b）。

二、爲我貴己

在先秦諸子的人觀之中，荀子、墨子、管仲、韓非與楊朱都突顯出人的自利傾向，但前四者都欲以人文規範來限制個人自利傾向之實現可能對人世產生的不利影響。由於人的自利傾向是顯現在人對私欲之得滿足的追求，因此，荀子訴諸以禮節欲，〔註34〕墨子訴諸以義導欲，〔註35〕管、韓則訴諸以法制欲。〔註36〕但楊朱卻反對設定任何人文規範來限制人的自利傾向，而主張「人人不損一毫，人人不利天下，天下治矣」（《列子‧楊朱第七》）。

楊朱思想雖列屬道家者流，但實與老、莊思想有其異同之處。

楊朱與老、莊雖都同樣的重視個人的身心存養與生命維續，但老子側重以退爲進、以虛掩實的方式來存身保命，「聖人後其身而身先，外其身而身存」（《老子》第七章）；而莊子側重以乘物遊心、勝物不傷的方式來保身致命，「且夫乘物以遊心，託不得已以養中，至矣。何作爲報也？莫若爲致命（《莊子‧人間世第四》；52～53）；但楊朱則側重以輕物守己的方式來全身守命，「全性保眞，不以物累形」（《淮南子‧卷十三氾論訓》；7a）。

由是可知，楊朱與老、莊雖都同樣的重視個體的存在價值，也就是都肯定人之爲我。但老、莊都採取以虛得實的方式來遂成人的爲我，如《老子》中所言：「聖人後其身而身先，外其身而身存，非以其無私邪，故能成其私」（第七章），而《莊子》中亦言：「人能虛己以遊世，其孰能害之」（〈山木第二十〉；24）。而《孟子》中之言：「楊子取爲我，拔一毛而利天下，不爲也」（〈盡心上〉；7A.26），則顯現出楊朱是明明白白的主張人應爲我。

楊朱與老、莊雖然也都同樣的重視個人的獨立人格，但老子側重在以政治改革來確保個人的獨立人格與自由發展，「故聖人云：我無爲而民自化，我好靜而民自正，我無事而民自富，我無欲而民自樸」（《老子》第五十七章）；而莊子側重在個人的自我調適與自主抉擇以維護個人的獨立人格，「唯至人乃能遊於世

〔註34〕 《荀子》：「夫貴爲天子，富有天下，是人情之所同欲也；然則從人之欲，則勢不能容，物不能贍也。故先王案爲之制禮義以分之，使有貴賤才等、長幼之差，知愚能不能之分，皆使人載其事而各得其宜，然後使祿多少厚薄之稱，是夫群居合一之道。」（〈榮辱第四〉；72～74）。

〔註35〕 《墨子》：「天欲義而惡不義。然則率天下之百姓以從事於義，則我乃爲天之所欲也。我爲天之所欲，天亦爲我所欲。」（〈天志上第二十六〉；9～10）。

〔註36〕 《管子》：「聖君任法而不任智，……任公而不任私」（〈任法第四十五〉；6）；《韓非子》：「故明主之治國也，眾其守而重其罪。使民以法禁，而不以廉止」（〈六反第四十六〉；8～9）。

而不僻，順人而不失己」（《莊子‧外物第二十六》；36～37）；但楊朱則側重在專務個人身心的自我保存與自我肯定來挺立個人的獨立人格，「義不入危城，不處軍旅，不以天下大利，易其脛之一毛」（《韓非子‧顯學第五十》；1）。

　　楊朱與老、莊由於都同樣重視人的自然本性之得自我實現，因此也都反對以人文規範來形塑人的文化屬性，而致妨礙人之自然本性的如實實現。如老子即言：「絕聖棄智，民利百倍；絕仁棄義，民復孝慈；絕巧棄利，盜賊無有，此三者以為文不足，故令有所屬——見素抱樸，少私寡欲」（《老子‧第十九章》）；莊子亦言：「形莫若緣，情莫若率。緣則不離，率則不勞。不離不勞，則不求文以待形；不求文以待形，固不待物」（《莊子‧山木第二十》；44～45）；而楊朱也有「全性保真，不以物累形」（《淮南子‧卷十三氾論訓》；7a）之議。

　　但由於楊朱是欲從抵制人文規範對人的制約處來顯現人獨立、自主的精神自由，如《孟子》中所評：「楊氏為我，是無君也。……無君，是禽獸也」（〈滕文公下〉；3B.9）；老子也是欲從解消人文規範對人的形塑處來顯現人獨立、自主的精神自由，「絕學無憂。……眾人皆有以，而我獨頑似鄙。我獨異於人，而貴食母」（《老子》第二十章）。所以，無論是如楊朱之採取消極的抵制態度或是如老子之採取積極的解消手段，兩者所追求的精神自由都還是相對於人文規範的有待的自由。而莊子則是無視於人文規範的失效與否，僅強調由人之「乘物遊心」（《莊子‧人間世第四》；52～53）、「體盡無窮」（《莊子‧應帝王第七》；32）的心靈超越方式即能體現人之獨立、自主的精神自由，故莊子所追求的即是無待的絕對自由。

　　因此，就人生處世的生活之道而言，老子所提供的處世之道即重在教人以「為而不爭」（《老子》第八十一章）的方式來參與人間社會；莊子所提供的處世之道即重在教人「遊於世而不僻，順人而不失己」（《莊子‧外物第二十六》；37）的自由出入於人間社會；而楊朱所提供的處世之道則重在教人以「損一毫利天下，不與也；悉天下奉一身，不取也」（《列子‧楊朱第七》）的原則與人間社會相疏離。由是即見，楊朱實較老、莊更傾向於與人世的疏離。所以，楊朱之論可說是極端貴己、為我之議。

　　老、莊以無我為論，而以有我為旨；楊朱則直述為我、貴己之論。老、莊以外身忘生為虛，而以存身保生為實；楊朱則逕陳全身重生之議。故楊朱雖與老、莊同為道家者流，同重人之自然本性的自我實現，但楊朱之言論與

立場較諸後兩者尤爲顯明，也尤重利己的踐行。是故，楊朱利己之論與墨子利他之議，遂爲居處於亂世之中的人們提供了兩種截然不同的處世之道與人格模式，而同爲禮文規範失效下的人們所喜，是有《孟子》中所言的景象：「楊朱、墨翟之言盈天下，天下之言不歸楊則歸墨」（〈滕文公下〉；3B.9）。

三、人我之辨

由《淮南子》中所言：「兼愛、尙賢、右鬼、非命，墨子之所立也，而楊子非之」（〈卷十三氾論訓〉；7a），與《孟子》中所言：「楊子取爲我，拔一毛而利天下，不爲也。墨子兼愛，摩頂放踵利天下，爲之」（〈盡心上〉；7A,26），皆可見楊、墨之論是爲對立之兩極。但按《孟子》中所言的景象：「楊朱、墨翟之言盈天下，天下之言不歸楊則歸墨」（〈滕文公下〉；3B.9），則又見此兩極之論卻同盛於一時，這的確是個頗値得玩味的情況。因爲，楊朱重利己，而墨子重利他，何以卻同受身處禮壞樂崩時期之人民所喜？

楊朱雖屬道家者流，卻是道家諸子中極端主張爲我貴己、輕物重生者。因此在比較楊、墨人學之異同前，不妨將老、莊之論先與墨子之論試作比較，試觀其間之異同，而後再行分辨楊、墨人學之異同。如是，或可有助於分辨道、墨兩家人學的區別。

老、莊、墨三者思想皆是以無我爲論。如老子強調執政者的無我，以成全眾人的自由自治，「太上，下知有之……悠兮，其貴言，功成事遂，百姓皆謂：我自然」（《老子》第十七章）；莊子則強調每一個體的無我，以使個人能得以逍遙於人間世，「假於異物，託於同體；忘其肝膽，遺其耳目；反覆終始，不知端倪。芒然徬徨乎塵垢之外，逍遙乎無爲之業」（《莊子·大宗師第六》；69～70）；墨子雖同樣是強調每一個體的無我，但其宗旨卻是爲成全人間的大我大利，「殺己以存天下，是殺己以利天下」（《墨子·大取第四十四》；8）。

老、莊、墨三者思想雖都外顯爲無我之論，但實則卻都是爲我之議。如《老子》中所言：「聖人……非以其無私邪？故能成其私」（第七章）；《莊子》中亦言：「人能虛己以遊世，其孰能害之」（〈山木第二十〉·24）；如《墨子》中所言：「夫愛人者，人亦從而愛之；利人者，人亦從而利之」（〈兼愛中第十五〉；27）。是見，老、莊實以無我之論來遂成個體小我之得保全，而墨子則以無我之議來遂成整體大我之得維繫。

依此而觀，則見楊朱「損一毫利天下；不與也；悉天下奉一身，不取也」

（《列子‧楊朱第七》）的爲我之論，較諸上述三者之論，更是徹底要求個人的自我保存。

因此就楊、墨對人群社會中的人我關係而言，楊朱突顯的是其中我之端，強調貴己、爲我，故楊朱所著重的是即人的個體性；而墨子則突顯的是人之端，強調愛人、利人，故墨子所著重的則是人的社會性。

但也不可否認的是，墨子並非不重視個體之我，也就是說他並非不重視人的個體性，「爲彼猶爲己也」（《墨子‧兼愛下第十六》：11），「愛人不外己，己在所愛中；己在所愛中，愛加於己。倫列之愛己，愛人也」（《墨子‧大取第四十四》：17）。由是可知，墨子認爲利他即是利己，且視人先利他就更有助於利己。因此對墨子而言，利己的基礎就在利他，兩者雖會有衝突，但不矛盾。而楊朱則將利己與利他視爲矛盾的兩極，即視人若求利他就有害於利己。因此對楊朱而言，利己的基礎就在貴己，且不利天下。所以就內涵而言，楊、墨之論都是利己之論；但就外延而言，楊朱倡言爲我、貴己，而墨子則倡導愛人、利人。故兩者遂外顯爲對立、衝突之論。

由楊、墨之論可以同時爲世人所接納的景象來看，這就正足以反映出在人與生俱來的自然本性之中，既有利己的潛在可能性，也有利他的潛在可能性。是故藉由個人自主的抉擇或智者外在的導引，即能從而體現出人的利己或利他之潛在本性的實現。

楊、墨之論雖只是各自突顯了人之潛在可能性中的某一部份，但卻正好是爲已對遠紹西周宗法禮文之制的儒、法兩家之論喪失信心的人們，提供了相異於此兩者的安身立命之道，故能並盛於一時。

楊、墨之論雖前者重人之個體價值，後者重人之群體價值，但兩者實則都是以人爲主體，而楊朱尤其突顯人的個體自由，而墨子則是突顯人的地位平等，故兩者之論皆易於使人重新省思個人存在的價值取向，從而作出個人自主性的存在抉擇。

第三章　墨家人學──人的宗教面向

　　在儒、墨、道、法四家中，唯獨墨家只有墨子一人足爲代表人物，故本章即以墨子的人學作爲論述墨家人學的主體結構。

　　在先秦諸子中，儒、墨兩家都承襲傳統的宗教信仰，而肯定至上神的存在。但墨子較諸儒家則更重視鬼神對人的影響，並且更側重於宗教信仰的宣揚，「今天下之王公大人士君子，中實將欲求興天下之利，除天下之害，當若鬼神之有也，將不可不尊明也，聖王之道也」（《墨子・明鬼下第三十一》：107～108）。〔註1〕由是可知，墨子側重的是就人與位格神祇間的關係來論人。

　　墨子重視人生存的問題，並視人一切的努力都應是爲人類的存養而服務，所以爲論即強調「仁之事者，必務求興天下之利，除天下之害，將以爲法乎天下。利人乎，即爲；不利人乎，即止」（《墨子・非樂上第三十二》：1～2）。這不僅顯現出他所關切的是人類的群體價值與社會公利，並也顯現出他重視人力有爲之實質效益的思想特色。

　　墨子不重禮文而重實利，並視眞正的道德是在爲天下人興利除害，也就是在人間行義。這雖是墨子爲人世所立的道德規範，但他強調這是依據天志而定，也就是視義是出自於神律。因此，他主張人人都應當尙同天志，行義於天下，這才是人之爲人的本務。

〔註1〕《墨子》乙書之引文，皆引自《哈佛燕京學社引得特刊 —— 墨子引得》（附
　　　　原文），台北市：成文出版社（翻印），民國55年。對《墨子》一書的考證，
　　　　可參考《中國哲學史史料學概要（上）》，劉建國著，吉林省：吉林人民出版
　　　　社，1983年，147～149頁。由於《墨子》一書參雜墨子與其弟子及其後學等
　　　　合著，所以就嚴格意義而言，本文所指的「墨子人學」應視爲《墨子》中的
　　　　人學思想。

　　本章雖以墨家人學爲紹述的論域，並以墨子人學爲探究的主題，但也依循墨子欲重整傳統宗教信仰對人之約束力的心態，一併反思先秦人學的宗教面向。

　　由於本文的主旨在探究先秦時期對人之本質的詮釋，因此在論析傳統思想中的宗教信仰及其人學之前，將先行論議先秦時期的天人關係與先秦諸子的人性論，然後再探討六部影響先秦諸子思想之建立的重要經典，藉以一探傳統宗教信仰的變遷與人對其自身之自我詮釋的轉變。

第一節　墨子的人學：敬神之人

　　墨子，名翟，約生於周敬王三十年（公元前 490 年），卒於周威烈王二十三年（公元前 403 年）；戰國初期魯國人。墨子原爲工匠，善於製造器械；後來從學於儒，但因不滿儒家思想乃另立新說，而爲墨家學派的創始人。著有《墨子》一書，墨子哲學的核心概念爲「義」。

　　墨子之學先後與孔、楊之學並盛於一時，如戰國中期的《孟子》〔註2〕中即載：「楊朱、墨翟之言盈天下，天下之言不歸楊則歸墨」（〈滕文公下〉：9）；又如戰國後期的《韓非子》〔註3〕中所載：「世之顯學儒、墨也」（〈顯學第五十〉：2）。墨子之學在先秦時期對時人的影響較諸孔、楊之學猶爲深遠。但自西漢崇儒抑墨後，墨學遂行衰退，幾成絕學。〔註4〕

　　《淮南子》〔註5〕中曾析論三家學說之對立關係，「夫弦歌鼓舞以爲樂，盤旋揖讓以脩禮，厚葬久喪以送死，孔子之所立也，而墨子非之。兼愛、尚

〔註2〕《孟子》乙書之引文，皆引自《哈佛燕京學社引得特刊──論語、孟子》（附原文），台北市：成文出版社（翻印），民國55年。

〔註3〕《韓非子》乙書之引文，引自《韓非子集釋》，陳奇猷撰，台北市：世界書局，民國52年；並參考《哈佛燕京學社引得特刊──韓非子引得》，台北市：成文出版社（翻印），民國55年。

〔註4〕項師退結於《人之哲學》中指出墨子學說之所以趨於沒落的原因在於，墨子未能說明自然現象的原因與宇宙萬物的源起，以致於不能使知識份子心服，而導致墨學的衰落。《人之哲學》，項退結著，台北市：中央文物供應社，民國71年，145頁。

〔註5〕《淮南子》乙書之引文，引自《淮南子》，四部叢刊，台北市：台灣商務印書館，民國57年；並參考《諸子引得──呂氏春秋、白虎通、淮南子、潛夫論、新序、論衡、說苑、申鑒》，漢學集成索引，台北市：宗青圖書公司，民國75年。

賢、右鬼、非命，墨子所立也，而楊子非之。全性保眞，不以物累形，楊子之所立也，而孟子非之」（〈卷十三氾論訓〉：7a）。可見，孔學重禮文教化，墨學重兼愛明鬼，而楊學則重獨善己身。

但大體而論，孔、墨及楊三子之學實是分呈三種不同的價值取向。孔、墨之別是在道德價值與物質利益的涵攝關係上，孔子重義而輕利，墨子則義利兼重；墨、楊之別則是在物質利益與人我價值的涵攝關係上，墨子重愛人利人，楊朱則重爲我貴己。

就人學的角度以觀，則見孔、墨、楊三子實是就三種不同的面向來定義人之所是。孔學所呈顯的是文化面向，墨學所呈顯的是宗教面向，而楊學所呈顯的則是自然面向。這三種對人之定義的不同面向，即連帶的影響了三子對人在人世中的安身立命之道作出不同的規劃。孔子著重的是確立人世的道德規範，是以強調博文約禮；墨子著重的是確保人世的存養利益，是以強調兼愛交利；楊朱則著重的是維護個人的存在價值，是以強調爲我貴己。前兩者皆以人文規範的建立爲首要任務，而後者則以擺脫人文規範的束縛爲必要條件。

孔子視人文規範的建立是基於天命內在於人的道德要求，「不知命，無以爲君子也；不知禮，無以立也」（《論語・堯曰第二十》：3）；〔註6〕而墨子則視人文規範的建立是基於天志對人世的道德命令，「今天下之士君子，中實爲將欲仁義，求爲上士；上欲中聖王之道，下欲中國家百姓之利者，當天之志而不可不察也。天之志者，義之經也」（《墨子・天志下第二十八》：71～73）。是故，孔子側重個人的道德修養，而墨子則重人世的相愛互利。

一、以力維生

墨子將人在宇宙中的地位放在人與自然的關係中來作探究，視人爲自然萬物中的一員。墨子與荀子、韓非一樣的視人非生而即俱優於其他自然動物的生理條件，〔註7〕「今人固與禽獸麋鹿蜚鳥貞蟲異者也。今之禽獸麋鹿蜚鳥貞蟲，因其羽毛以爲衣裘，因其蹄蚤以爲跨履，因其水草以爲飲食。故唯使雄不耕稼樹藝，雌亦不紡績織紝，衣食之財固已具矣。今人與此異者也，賴

〔註6〕《論語》乙書之引文，皆引自《哈佛燕京學社引得特刊──論語、孟子》（附原文），台北市：成文出版社（翻印），民國55年。

〔註7〕荀子之言：「力不若牛，走不若馬，而牛馬爲用，何也？曰：人能群，彼不能群也」（《荀子・王制第九》：70～71），韓非之言：「人無羽毛，不衣則不犯寒」（《韓非子・解老第二十》：15～16）。

其力者生，不賴其力者不生」（〈非樂上第三十二〉：30～33）。

墨子認爲其他自然動物靠其自身的自然條件，即能安保其生養；但人卻無此有利於其生養的自然條件。所以，天之生人與萬物，並未獨厚於人；相反的，人若安於其自然條件而不思有爲，即無法維續其生存。因此，墨子認爲人之所以能生存，即在於人能主動的發揮其本有的勞動性與創造力，進而超越了自然所賦予人的不利條件，並因此而製造出彌補人類生理缺憾的人工器物，也因此而開創出有利於人類生養的生活空間。

由是我們即可看出，墨子視人禽之辨即在人之力，也就是在於人之主動性、創造性的生產勞動。但人之能有其力，則在於人是理智與形體的結合體，「生，刑與知處也」（〈經上第四十〉：8）。人有形體，故可運用其體力以從事於生產勞動；人有理智，故可運用其智力以從事於創造發明。墨子即視形體與知能是人與生俱來即有的自然條件；而力則是人之爲人的固有特徵，也就是人與生俱來的自然屬性。所以，人之得以生存即在於實現這爲人所本有的自然屬性。

墨子既肯定人之得以維生即在於賴其力，所以他反對人執有命之論，「使饑者得食，寒者得衣，勞者得息，亂者得治，……夫豈可以爲其命哉？故以爲其力也」（〈非命下第三十七〉：11～12）。因此，墨子強調：「將欲辨是非利害之故，當天有命者不可不疾非也。執有命者，此天下之厚害也」（〈非命中第三十六〉：30～31），是有非命之論。但墨子所反對的是人因相信人力不可爲的命運而不思有爲，因爲他相信依從至上神的意志而知，至上神是要人致力於人世的平治，所以人就應當聽命於至上神的意志而積極有爲，「古者聖王明知天鬼之所福，而辟天鬼之所憎，以求興天下之利，而除天下之害」（〈天志中第二十七〉：29）。因此，墨子雖有非命之論，但卻強調尙同天志。

墨子既重視人力有爲，所以他也強調：「君子不強聽治，即刑政亂；賤人不強從事，即財用不足」（〈非樂上第三十二〉：33）。由是即見，墨子不僅重視人的勞動性與創造性，更重視人的積極性。

墨子既視人之得以生存與安養於世即在乎人的積極、有爲，所以他爲論的焦點即鎖定在如何滿足人類安養的需要，又能確保人類生存的維續，「仁之事者，必務求興天下之利，除天下之害，將以爲法乎天下。利人乎，即爲；不利人乎，即止」（〈非樂上第三十二〉：1～2）。墨子也就是認爲，人世平治之法即在乎爲人「興利除害」（〈尙同中第十二〉：51），有利則爲，無利則止。

　　由是可見，墨子為論重在人世經濟生活的改善，以提供世人一個足以安保其生養的生活環境，所以他強調人應有為之處即在「利人乎，即為；不利人乎，即止。且夫仁者之為天下度也，非為其目之所美，耳之所樂，口之所甘，身體之所安，以此虧奪民衣食之財，仁者弗為也」（〈非樂上第三十二〉；1～3）。他即視凡無利於人民之生養，無益於民生之存續者，都不是一個有德者所當為之事，因此他遂提出非攻、節用、節葬、非樂等議論，冀從政治、經濟與文化等方面使人復歸於儉樸、自足的生活，並藉道德規範的導向而欲以使人超脫一己私欲的自限，進而兼善天下，為天下之人興利除害。

　　由是也可看出，墨子將人的道德行為定位在，有利於人者即是道德行為，無利於人者即是不道德的行為。所以，「仁人之所以為事者，必興天下之利，除去天下之害，以此為事者」（〈兼愛中第十五〉；1）。換言之，墨子也就是認為一個有道德的人，就應是致力於為天下之人興利除害。

　　墨子既視人的道德行為是為天下之人興利除害，所以他所強調的即是道德的社會性與功利性，「乃若兼則善矣」（仝上；16）。所謂「兼」即是「愛人利人」（仝上；14），也就是兼愛天下之人、兼利天下之人；其具體表現即為「以聰耳明目，相與視聽……以股肱畢強，相為動宰……有道肆，相教誨。是以，老而無妻子者，有所侍養以終其壽；幼弱孤童之無父母者，有所放依以長其身」（仝上；18～20），故墨子視「兼，即仁矣，義矣」（仝上；46）。

　　由是可知，墨子視道德不在獨善其身，而在兼善天下，「故兼者，聖王之道也，王公大人之所以安也，萬民衣食之所以足也。故君子莫若審兼而務行之，……此聖王之道，而萬民之大利也」（仝上；83～84）。

　　墨子之所以重兼而不重別，是因為他看出人世之亂即在於人求獨善其身而不相愛，「今人獨知愛其身，不愛人之身，是以不憚舉其身以賊人之身。是故……人與人不相愛，則必相賊。……天下之人皆不相愛，強必勢弱，富必侮貧，貴必敖賤，詐必欺愚。凡天下禍篡怨恨其所以起者，以不相愛生也」（仝上；6～10）。是以，墨子即主張「以兼相愛、交相利之法易之」（仝上；11），也就是使人「愛人若愛其身」（〈兼愛上第十四〉；13），也就是兼善天下之人。

　　推想墨子之意，他可能是視人不能獨存於世，必須依靠由眾人所組成的社會才能生活。因此，人與人之間即形成利害與共的密切關係。倘若獨知愛其身，不愛人之身，即會導致「虧人自利」（〈非攻上第十七〉；1～2）的衝突。設若人人都如此，則人人都無法獨善其身，因為「惡人者，人亦從而惡之；

害人者，人亦從而害之」（〈兼愛中第十五〉：28）。人與人之間既本具互動的關係，所以任何一個人的行為都會對其他人產生或利或害的影響。因此，墨子認為唯有致力於兼善天下，才是真正有益於維續個人的生養與安危，「為彼猶為己也」（〈兼愛下第十六〉：11）。由是亦可看出，墨子是將人的個體價值置於人世的群體價值之下；視人唯有在群體價值的確保下，人才能實現他的個體價值。

墨子認為，當人人都能兼相愛、交相利時，人人即會「有力者，疾以助人；有財者，勉以分人；有道者，勸以教人」（〈尚賢下第十〉：34），則天下之人即會因此而富，天下也因此而治，「今天下之士君子，忠實欲天下之富而惡其貧，欲天下之治而惡其亂，當兼相愛、交相利，此聖王之法，天下之治道也，不可不務為也」（〈兼愛中第十五〉：41～42）。

二、兼愛為義

墨子認為，人之為善或為惡是由其生活環境所決定。當生活環境有利於其生養時，人就會表現出善的行為；當環境不利於其生養時，人則會表現出惡的行為。所以，人之為善或為惡是要視其環境而定，「時年歲善，則民仁且良；時年歲凶，則民吝且惡。夫民無常之有」（〈七患第五〉：15）。這也就是顯現出，墨子視人的為善或為惡，不是在乎人的本性，而是在乎其生活環境。但反過來說，墨子也就是視在人的本性之中，有為善或為惡的潛在可能性，所以當生活環境給予不同的刺激時，人就會有不同的行為回應。

於此，反觀儒家孟子。他雖視人有常性，也就是視仁、義、禮、智是人之為人的本性。但他也曾說過：「富歲子弟多賴，凶歲子弟多暴」（《孟子·告子上》：6A.7），這雖然也是承認人的行為會受其生活環境的刺激而改變，可是他不同於墨子之依此而否定人有常性。相反的，孟子即以此而強調人之為惡，不是在於人的本性，而是在於個人的自主決定，「非天之降才爾殊也，其所以陷溺其心者然也」（仝上）。由是可見，孟子所重視的是人的主體自覺，突顯的是人的自主性，「待文王而後興者，凡民也；若夫豪傑之士，雖無文王猶興」（《孟子·盡心上》：7A.10）；而墨子所重視的是人的環境刺激，突顯的則是人的可塑性，「天子之所是，必亦是之；天子之所非，必亦非之。去而不善言，學天子之善言；去而不善行，學天子之善行」（《墨子·尚同中第十二》：28～29）。

　　墨子既重視人世生活環境對人性實現的影響效力，因此他也很重視對人類生活環境的實質改善，「凡入國必擇務而從事焉。國家昏亂，則語之尚賢、尚同；國家貧，則語之節用、節葬；國家熹音湛湎，則語之非樂、非命；國家淫僻無禮，則語之尊天、事鬼；國家務奪侵凌，則語之兼愛、非攻（〈魯問第四十九〉；62～64）。墨子即視生活環境的改善不僅有助於人類生養的維續，更有助於導人向善。

　　但人既是生活在人群社會之中，人際關係對人的形塑就更是一股不容忽視的力量，「染於蒼則蒼，染於黃則黃。所入者變，其色亦變。……故染不可不慎也。……士亦有染，其友皆好仁義，淳謹畏令，則家日益，身日安，名日榮，處官得其理矣。……其友皆好矜奮，創作比周，則家日損，身日危，名日辱，處官失其理」（〈所染第三〉；1～17）。墨子認為，人既是如此容易受環境的形塑，所以人就應當慎選其師友，慎擇其所居，以免因不當的環境或師友的影響而自趨敗壞。

　　儒家荀子亦有同樣之論，「夫人雖有性質之美而心辨知，必將求賢師而事之，擇良友而友之。得賢師而事之，則所聞者堯舜禹湯之道也；得良友而友之，則所見者忠信敬讓之行也。身日進於仁義而不自知也者，靡使然也。今與不善人處，則所聞者欺誣詐偽也，所見者汙漫淫邪貪利之行也。身且加於刑戮而不自知者，靡使然也」（《荀子‧性惡第二十三》；90～94）。〔註8〕由是即見，墨、荀二人都肯定人必然會與他人發生互動關係，而受到他人的影響。因此，如何使人受到好的影響而不是壞的影響，就是墨、荀二人所同樣關切的問題。但荀子所強調的是建立一個禮法導向的社會，「禮者，所以正身也；師者，所以正禮也。……禮然而然，則是情安禮也；師云而云，則是知若師也。情安禮，知若師，則是聖人也。……故學也者，禮法也」（《荀子‧修身第二》；37～40）；但墨子則是欲建立一個兼愛導向的社會，「若使天下兼相愛，愛人若愛其身，猶有不孝者乎？……視人身若其身，誰賊？……若使天下兼相愛，國與國不相攻，家與家不相亂，盜賊無有；君臣父子，皆能孝慈，若此則天下治。故聖人以治天下為事者，惡得不禁惡而勸愛，故天下兼相愛則治，交相惡則亂」（《墨子‧兼愛上第十四》；11～19）。

　　墨子與道家老子及儒家荀子皆是以聖人來指謂人君，並以聖人作為人的

〔註8〕　《荀子》乙書之引文，皆引自《哈佛燕京學社引得特刊──荀子引得》（附原文），台北市：成文出版社（翻印），民國55年。

理想形象。唯其不同的是，道家老子是欲藉聖人之治來恢復眾人的自然本性，「聖人欲不欲，不貴難得之貨；學不學，復眾人之所過，以輔萬物之自然而不敢爲」（《老子》第六十四章）；儒家荀子是欲藉聖人之治以建立爲禮義所規範的人世，「故古者聖人以人之性惡，以爲偏險而不正，悖亂而不治，故爲之立君上之勢以臨之，明禮義以化之，起法正以治之，重刑罰以禁之，使天下皆皆出於治，合於善也。是聖王之治而禮義之化也」（《荀子‧性惡第二十三》；39〜41）；墨子則是欲藉聖人之治以恢復傳統的宗教信仰，「故古者聖王，明天鬼之所欲，而避天鬼之所憎，以求興天下之利，除天下之害。是以率天下之萬民，齋戒沐浴，潔爲酒醴粢盛，以祭祀天鬼」（《墨子‧尚同中第十二》；33〜39）。由是即見，三子雖都強調聖人之治，但三子的取向又各有不同，老子側重的是就自然取向以論聖人之治，荀子側重的是就文化取向以論聖人之治，而墨子側重的則是就宗教取向以論聖人之治。

墨子論聖人之治：「聖人以治天下爲事者也，不可不察亂之所自起。當察亂何自起，起不相愛」（〈兼愛上第十四〉；3〜4）。墨子即視人之爲亂，在於人際的不相愛。人因不相愛，故「賊人以利其身」（仝上；10），也就是「虧人自利」（〈非攻上第十七〉；1〜2）。墨子視虧人自利也就是不仁不義的行爲，「苟虧人愈多，其不仁慈甚矣。罪益厚。當此天下之君子，皆知而非之，謂之不義」（仝上；5〜6）。不仁不義的行爲，也就是不道德的行爲。

若反推墨子之意，墨子雖未明言人性好利，但墨子解釋人際之不相愛是因於人「獨知愛其身，不愛人之身，是以不憚舉其身以賊人之身」（〈兼愛中第十五〉；6〜7），則見墨子已隱含的肯定了人性好利且獨求自利，因此墨子乃有「虧人自利」的命題提出。這不僅反映出墨子對人之現實形象的觀察所得，也同時反映出墨子對人之本性的詮釋。

墨子以爲若人人都虧人自利，則人人都將蒙受其害，因爲「惡人者，人亦從而惡之；害人者，人亦從而害之」（仝上；28）。人際既因社會生活而存在著密切的互動關係，因此每一個人的行爲就都會與其他人產生相互的影響。所以，虧人雖是爲自利，但實則並未眞受其利，反而因著爲害他人，也同樣受他人所害。因此，墨子認爲，若每一個人都能愛人利人，則人人都會因此而同蒙其利，「夫愛人者，人亦從而愛之；利人者，人亦從而利之」（仝上；27〜28）。

墨子將愛人利人的行爲納入到個人的道德實踐，突顯人的主動性與積極

性，「欲人之愛利其親也，……即必吾先先從事乎愛利人之親，然後人報我以愛利吾親也」（〈兼愛下第十六〉；66～68）。所以墨子所重視的不是行爲的對象，而是行爲的主體，「仁，仁愛也；義，利也。愛利，此也；所愛所利，彼也。愛利不相爲內外，所愛利亦不相爲內外」（〈經說下第四十三〉；88～89）。墨子也就是取消行爲之中的主客之別，故視愛人即是愛己，愛己即是愛人，「愛人不外己，己在所愛中；己在所愛中，愛加於己。倫列之愛己，愛人也」（〈大取第四十四〉；17）。是以，墨子遂有兼愛之論。兼愛，也就是泯除人、我之別，而將人、我均置入愛、利的行爲之中。

墨子論兼、別之異，視別即是涵具主客之別，且以行爲主體之利害得失爲行爲的考量依據，由是遂生「惡人賊人」（〈兼愛下第十六〉；6）的情事，而引發人世之亂，「交別者，果生天下之大害者與。是故，別，非也」（仝上；7）；而兼則是泯除主客之別，由是而得「愛人利人」（仝上；14）的人世大利，「交兼者，果生天下之大利者與」（仝上；15）。因此，墨子即強調：「兼以易別」（仝上；9），這也即是要人以「兼相愛，交相利」（〈天志上第二十六〉；22）取代人之「交相惡，別相賊」（仝上；23）。

但就人世的實際現狀而言，墨子見人間已是落入於不相愛的亂象之中，因此需要爲人世制訂道德規範以導人向善。而墨子所爲人制訂的道德規範即是義，義即是個人的愛人利人，也即是人際的兼相愛、交相利，「今天下之士君子，忠實欲天下之富而惡其貧，欲天下之治而惡其亂，當兼相愛、交相利，此聖王之法，天下之治道也，不可不務爲也」（〈兼愛中第十五〉；41～42）。所以，人之爲義也就是體現道德的行爲。

義雖是聖人爲人所制訂的人文規範，但墨子視此人文規範的終極根源不在人智，而是在於天志，也就是聖人依從至上神的崇高智慧與神聖意志而爲人所制訂，「然則義何從出？子墨子曰：義不從愚且賤者出，必自貴且知者出。……天爲貴，天爲知而已矣。然則義果自天出矣」（〈天志中第二十七〉；2～6）。因此，聖人所爲人世制訂的正義規範也就是源出於神律。所以，墨子視人之尚義，也就是以義爲道德準則以順從天意，「今天下之王公大人士君子，中實將欲遵道利民，本察仁義之本，天之意不可不順也。順天之意者，義之法也」（〈天志中第二十七〉；72～72）。

聖人既是法天爲務，則「動作有爲必度於天」（〈法儀第四〉；10），也就是以天爲儀法，以天意爲人意，以天德爲人德。

天之意,「欲義而惡不義」(〈天志中第二十六〉;9),「欲人之相愛相利,而不欲人之相惡相賊」(〈法儀第四〉;11~12)。相愛互利即是義,相惡互賊即是不義。所以,聖人為人所立之人文規範也就是要人為義,而不為不義。「義,利;不義,害」(〈大取第四十四〉;22),所以人之為義就是興利,人之不為不義就是除害,「仁人之所以為事者,必興天下之利,除去天下之害,以此為事者」(〈兼愛中第十五〉;1)。所以為人興利除害就是義的行為,也就是道德的行為,「義者,正也。……天下有利則治,無義則亂」(〈天志下第二十八〉;9)。因此,墨子強調:「萬事莫貴於義也」(〈貴義第四十七〉;3)。

墨子認為若要分辨人的行為是否符合道德的要求,即應以「志功為辨」(〈大取第四十四〉;22),也就是視人行為的動機(志)與效果(功)而定。就行為的動機而言,墨子強調有德者的行為即應是「貧則見廉,富則見義,生則見愛,死則見哀。四行者不可虛假,反之身者也,藏於心者」(〈修身第二〉;6~7);就行為的效果而言,墨子則強調有德者的行為即應是「務求興天下之利,除天下之害,將以為法乎天下。利人乎,即為;不利人乎,即止」(〈非樂上第三十二〉;1~2)。

墨子雖是以利釋義,但求的是有益於他人的利,而不是「不與其勞,獲其實;非其所有而取之」(〈天志下第二十八〉;57)的利。為人興利除害、與人兼相愛、交相利都是義的行為,也都是墨子所推崇的道德行為;但侵奪別人權益而致虧人自利,則是不義的行為,也就是墨子所排斥的不道德行為。前者為利,後者為害。墨子雖主張除害,並有「天下害不除,是為群殘父母而深賤世也,不義莫大焉」(〈非儒下第三十九〉;24)之議,但墨子也強調非攻,也就是反對以義之名去為不義的事。所以,墨子所著重的是自行正義,而不是打擊不義。依此,墨子也就認為一個有德者的行為表現即應是「不義不處,非理不行,務興天下之利。曲直周旋,利則止。此君子之道也」(〈非儒下第三十九〉;33~34)。

墨子視「天必欲人之相愛相利,而不欲人之相惡相賊」(〈法儀第四〉;11~12),是因天之德「行廣而無私。……兼而愛之,兼而利之」(仝上;12~13)。人法天立德,故人之所為就應是「上利天,中利鬼,下利人,三利而無所不利,是謂天德。故凡從事此者,聖知也,仁義也,忠惠也,慈孝也,是故聚斂天下之善名而加之。是其故何也?則順天之意也」(〈天志中第二十八〉;37~39)。由是可見,墨子視人順天意才能成就人道德的完善。換言之,

墨子即視人的最高道德即體現在上利天，中利鬼，下利人。因此，墨子即以古代聖王爲例而言：「昔也三代之聖王，堯舜禹湯文武之兼愛之天下也，從而利之。移其百姓之意焉，率以敬上帝山川鬼神。天以爲從其所愛而愛之，從其所利而利之，於是加其賞焉，使之處上位，立爲天子以法也，名之曰聖人」（全上：27～30）。聖人之爲，是爲公而非爲私，是求有利於天下之人而非求有利於己。是以，墨子即以愛利天下之人的的聖人爲人的理想形象，而以力行兼相愛、交相利之義的兼士爲人的理想人格。

　　若以老子與墨子所同尊的聖人而試作比較，則見兩者之理論雖有其各自不同的形上基礎，如老子的形上基礎是立基在自然之天，而墨子的形上基礎則是立基在位格之天；但兩者卻都同樣的以無私爲聖人的品德，如老子之言：「聖人處無爲之事，行不言之教，萬物作焉而不辭。生而不有，爲而不恃，功成而弗居」（《老子》第二章），〔註9〕墨子之言：「禹之征有苗也，非以求以重富貴、干福祿、樂耳目也，以求興天下之利，除天下之害」（《墨子‧兼愛下第十六》：54～55）。此中墨子所重的是聖人爲天下人興利除害，而老子所重的則是聖人爲天下人解消人文規範的束縛。兩者所謂的「聖人」都不是爲求得天下而爲，但卻都因無私而得天下，如墨子所言：「天以爲從其所愛而愛之，從其所利而利之，於是加其賞焉，使之處上位，立爲天子以法也」（《墨子‧天志下第二十八》：28～30），而老子亦言：「聖人處上而民不重，處前而民不害，是以天下樂推而不厭。以其不爭，故天下莫能與之爭」（《老子》第六十六章）。然而，墨子視聖人之因無私而得天下是在於天之所賞，而老子視聖人之因無私而得天下則是在於人民的推崇。但無論是何者，老、墨之言都隱含著肯定人唯有無私才能成其私。所以，墨子所追求的雖是人的群體價值，而老子所追求的雖是人的個體價值，但兩者之論還是有其相通之處。

　　就墨子對人世的實際觀察中，墨子也看出人之會有「虧人自利」（〈非攻上第十七〉：1～2）的行爲表現，即反映出人心好利的本性，所以人才會有「賊人以利其身」（〈兼愛上第十四〉：10）的情事發生。因此墨子爲使人遵守聖王之法而爲義，即針對人此好利的本性而提出兩條對應之道。

　　這兩條對治人好利本性的對應之道，一是就人際的互動關係而強調「爲彼猶爲己也」（〈兼愛下第十六〉：11），也就是強調利他即是利己，而且利他可

〔註9〕　《老子》乙書之引文，皆引自《哈佛燕京學社引得特刊——老子、莊子引得》（附原文），台北市：成文出版社（翻印），民國55年。

使自己獲利更多，〔註10〕墨子即藉此以勸服人之行義於天下；另一則是就天對人的賞罰而強調「愛人利人者，天必福之；惡人賊人者，天必禍之」（〈法儀第四〉；16），也就是強調利他即能獲賞於天，而使自己得利，反之則會受天之罰，墨子也即是藉此以警惕世人為求利己就應行義於天下。由此，遂呈顯出墨子的功利思想，並也看出他重利他的取向。

但就另一方面來講，墨子既視人之兼相愛、交相利，為天下之人興利除害是至上神所賦予人的神聖使命，並言：「殺己以存天下，是殺己以利天下」（〈大取第四十四〉；8），是見墨子對人之為義的終極期許不僅是超越功利，更是超越自己。因此墨子的功利之論也可以說是他教化人世以使世人尚義的權宜之論。

墨子雖視人之本性好利，但也視人具有可塑性，可藉由外在環境的制約與導向而從善為義，「今若夫兼相利，此其有利且易為也，不可勝計也，我以為則無有上說之者而已矣。苟有上說之者，勸之以賞譽，威之以刑罰，我以為人之於就兼相愛交相利也，譬之猶火之就上，水之就下也，不可防止於天下」（〈兼愛下第十六〉；81～83）。因此，墨子遂有尚同之論。

三、尚同天志

墨子認為若依從人類理智而自定人文規範，即會形成「一人則一義，二人則二義，十人則十義。其人茲眾，其所謂義者亦茲眾。是以，人是其義，以非人之義，故交相非也。是以，內者父子兄弟作怨惡，離散不能相合；天下之百姓，皆以水火毒藥相虧害。至有餘力，不能以相勞；腐朽餘財，不以相分；隱匿良道，不以相教。天下之亂，若禽獸然」（〈尚同上第十一〉；1～5）。

所以，要使人從善為義，就必須先統一對義的詮釋，也就是要確立正確的人文規範。因此墨子即認為至上神「明乎民之無正長以一同天下之義，而天下亂也。是故選擇天下賢良聖知辯慧之人，立以為天子，使從事乎一同天下之義」（〈尚同中第十二〉；5～7）。

由是可知，墨子主張君權神授。但墨子也強調至上神授權於天子，不是為圖利於天下，而是為使天子能導世歸治，「古者上帝鬼神之建社國都，立正長也，非高其爵，厚其祿，富貴佚而錯之也，將以為萬民興利除害，富貴貧

〔註10〕 《墨子》：「愛人不外己，己在所愛中；己在所愛中，愛加於己。」（〈大取第四十四〉；17）。

寡，安危治亂也」（〈尚同中第十二〉：50～52）。所以，天子的職責就不僅是在「壹同天下之義」（〈尚同上第十一〉：22），更當行義於天下。

　　就天子壹同天下之義而言，墨子即欲藉由人世制度的賞罰而使人層層上同於政長之義，並以此來形塑人之從善為義的行為意念與習慣，「古者聖王之為刑政賞譽也，甚明察以審信。是以，舉天下之人皆欲得上之賞譽，而畏上之毀罰。是故，……凡國之萬民，上同乎天子，而不敢下比。天子之所是，必亦是之；天子之所非，必亦非之。去而不善言，學天子之善言；去而不善行，學天子之善行。天子者固天下之仁人也。舉天下之萬民，以法天子，夫天下何說而不治哉？……天子之所以治天下者……唯以其能一同天下之義，是以天下治也」（〈尚同中第十二〉：17～31）。由此看出，墨子論義實有二義，一指道理，一指規範。若統貫而言，則見墨子不僅視愛人利人之義是合理性的道德規範，而且透過政治的制度化後，義也就成為合法化的政治規範。

　　墨子既是主張藉由人世制度的層層上同於各等級之政長而從善，所以墨子即有尚賢之論，「故古者聖王甚尊尚賢而任使能，不黨父兄，不偏富貴，不嬖顏色。賢者舉而上之，富而貴之，以為官長；不肖者抑而廢之，貧而賤之，以為徒役。是以民皆勸其賞，畏其罰，相率而為賢者」（〈尚賢中第九〉：4～5）。由是可見，墨子雖是肯定人世制度應有明確的形式規劃，但反對傳統世襲世祿〔註11〕之制，而主張「列德而尚賢，雖在農與工肆之人，有能則舉之，高予之爵，重予之祿，任之以事，斷予之令……以德就列，以勞殿賞，量功而分祿，故官無常貴，而民無終賤。有能則舉之，無能則下之。舉公義，辟私怨」（〈尚賢上第八〉：16～20）。這即是強調人世雖應有貴賤之分，但人之為貴或為賤不是由其出身所決定，而是依其德能的表現來決定其地位的升降。如此，一者是保障了人人都有就列為官的機會，再者也是鼓勵人民以求為貴而習德崇義。

　　墨子肯定人世制度存在的必要性，因此他所謂的「貴賤」是就人世制度的地位高低而言，但不是就人之為人的存在價值而言。因為他認為相對於人世制度中地位的升降，人人都有均等的機會，所以就人之為人的存在價值而言，人人都是平等而尊貴的，「人無分幼長貴賤，皆天之臣也」（〈法儀第四〉：14）。是以，他雖在〈尚同〉、〈尚賢〉等篇章中強調人世制度的等級差異，但

─────────────

〔註11〕請參閱《古代文化知識要覽》，郭維森主編，台北市：藍燈文化事業公司，民國 77 年，22～25 頁。

他的目的則是欲藉此人世制度之以上制下、以君導民的功效來宣揚並落實人人平等、彼此尊重的兼愛互利理念,「苟有上說之者,勸之以賞譽,威之以刑罰,我以爲人之於就兼相愛交相利也,譬之猶火之就上,水之就下也,不可防止於天下」(〈兼愛下第十六〉;81～83)。

　　天子爲人世制度的最高領導者,因此墨子強調若天子爲義,則眾人爲取賞於天子亦必爲義,「古者聖王之爲政也言曰:不義不富,不義不貴,不義不親,不義不近。……逮至遠鄙郊外之臣、門庭庶子、國中之眾、四鄙之萌人聞之,皆競爲義」(〈尚賢上第八〉;8～14)。所以,墨子不僅視天子應爲人民的表率,更視天子應當針對人好利的本性,以賞罰爲輔,導正人民上同天子而爲義,「凡使民尚同者,愛民不疾,民無可使。曰:必疾愛而使之,致信而持之,富貴以道其前,明罰以率其後」(〈尚同下第十三〉;56～57)。

　　墨子視人民雖是上同於天子之意而爲義,但天子則是上同天之意而爲義,「天子者,天下之窮貴也,天下之窮富也。故於富且貴者,當天意不可不順。順天意者,兼相愛,交相利,必得賞;反天意者,別相惡,交相賊,必得罰」(〈天志上第二十六〉;21～23)。

　　墨子雖有非命之論,但他所反對的是宿命,而非天命,「仲虺之誥曰:我聞有夏,人矯天命,布命于下,帝式是惡,用闕師。此語夏王桀之執有命也,湯與仲虺共非之」(〈非命中第三十六〉;24～26)。墨子並非是以此作爲他反對天命的論據,正相反的,墨子是藉此以顯示確有天命的存在,但人不可假造天命而視之爲人力所不可爲的命運。換言之,墨子視天命不是使人不思有爲的命運,而是要人積極、有爲的使命。所以,天命是有其確定的內容要其受命者遵行,但受命者之所爲若未能符合天命於人的要求,則天亦會改授天命於能符合其要求的人。由是可知,墨子視天命不僅不是由人所決定,而且也不是不會改授他人。就此而觀,墨子雖有非命之論,但他還是傳統的天命論者。

　　故就天子之天命是得自於天之所授而言,天子的作爲也就同樣得受天的監管。天子既是人,也就具有與眾人同樣的好利本性,所以天也就以賞罰來監督天子的作爲,「天子爲善,天能賞之;天子爲惡,天能罰之」(〈天志中第二十七〉;12～13)。因此,天立天子即是要天子尚同天志,代天行賞罰於人世,以壹同天下之義,「唯天子能壹同天下之義,是以天下治也」(〈尚同第十一〉;22)。

　　墨子雖以天子爲人世制度的最高領導者，但他也提醒世人天地之間尚有鬼神的存在。因此人雖可以違抗人世制度對人的制裁，卻仍逃不過鬼神代天而行的懲罰，「鬼神之明，不可爲幽閒廣澤，山林深谷，鬼神之明必知之。鬼神之罰，不可爲富貴眾強，勇力強武，堅甲利兵，鬼神之罰必勝之」（〈明鬼下第三十一〉：82～83）。因此，他強調「今若使天下之人，偕若信鬼神之能賞賢而罰暴也，則乎天下豈亂哉」（仝上：5～6），遂主張「今天下之王公大人士君子，中實將欲求興天下之利，除天下之害，當若鬼神之有也，將不可不尊明也，聖王之道也」（仝上：107～108）。

　　天子雖是至上神所立，以代天治理萬民，但墨子視天子亦受鬼神所監管，「古者聖王，明天鬼之所欲，而避天鬼之所憎，以求興天下之利，除天下之害」（〈尚同中第十二〉：33～34）。因此，天子之所爲就應是「凡言凡動利於天鬼百姓者爲之，凡言凡動害於天鬼百姓者舍之」（〈貴義第四十七〉：16～17）。

　　由是可知，墨子雖視天子以義治人，使人人皆能爲天下興利除害，使人際皆能兼相愛、交相利。但天子所據之義乃是順從天志而定，天子所爲也須向天鬼負責，所以墨子實際上是以神治人，而非以人治人。

四、天人之間

　　在先秦諸家的人學中，儒、道、墨三家之論人分呈三種不同的取向。儒家人學側重人的文化面向，如孔子之言：「不知命，無以爲君子也；不知禮，無以立也；不知言，無以知人也」（《論語・堯曰第二十》：3）；道家人學側重人的自然面向，如莊子之言：「無以人滅天，無以故滅命，無以得徇名。謹守而勿失，是謂反其眞」（《莊子・秋水第十七》：52）；〔註12〕而墨子的人學則側重人的宗教面向，如墨子之言：「人無幼長貴賤，皆天之臣也」（《墨子・法儀第四》：14）。

　　若就對位格神祇之存在與否的觀點而言，儒、墨兩家不僅都肯定位格神祇的存在，而且都肯定人與位格神祇之間存在著位格際的關係，如孔子之言：「不怨天，不尤人，下學而上達，知我者其天乎」（《論語・憲問第十四》：35），墨子之言：「愛人利人者，天必福之；惡人賊人者，天必禍之」（《墨子・法儀第四》：16）；但道家則是否定位格神祇的存在，如老子之言：「道生之，德畜

〔註12〕　《莊子》乙書之引文，皆引自《哈佛燕京學社引得特刊──老子、莊子引得》（附原文），台北市：成文出版社（翻印），民國55年。

之，物形之，勢成之。是以萬物莫不尊道而貴德。道之尊，德之貴，夫莫之命而常自然」（《老子》五十一章）。由是看來，儒、墨之論本應是統屬一源，但實則相去甚遠。

《淮南子》中曾言：「墨子學儒者之業，受孔子之術，以爲其禮煩擾而不悅，厚葬靡財而貧民，久服傷生而害事，故背周道而夏政」（〈要略〉），是見墨子雖從學於儒，但不認同儒家所強調的禮樂教化，並視之爲浪費社會資源且無益於人類生養之維續的無用之爲，「儒浩居而自順者也，不可以教下；好樂而淫人，不可使親治；立命而殆事，不可使守職；宗喪循哀，不可使慈民；機服勉容，不可使導眾。孔某盛容脩飾以蠱世，弦歌鼓舞以聚徒，繁登降之禮以示儀，務趨翔之節以觀眾。博學不可使議世，勞思不可以補民。累壽不能盡其學，當年不能行其禮，積財不能贍其樂。繁飾邪術，以營世君，盛爲聲樂，以淫遇民。其道不可以期世，其學不可以導眾」（《墨子·非儒下第三十九》：45～49）。

孔子視禮是使人自趨完善的人化之道，「不知禮，無以立也」（《論語·堯曰第二十》：3）。因此，孔子重視對人的博文約禮之教。但墨子重質而不重文，也就是視人文規範之制立的宗旨在確保人世安養的平治，所以強調「仁之事者，必務求興天下之利，除天下之害，將以爲法乎天下。利人乎，即爲；不利人乎，即止」（《墨子·非樂上第三十二》：1～2）。他遂依此而批評儒者：「儒者……繁飾禮樂以淫人，久喪僞哀以謾親，立命緩貧而高浩居，倍本棄事而安怠傲。貪於飲食，惰於作務，陷於飢寒，危於凍餒」（《墨子·非儒下第三十九》：12～14）。墨子即視儒家禮文之教不僅無助於導人向善，且會陷人世於貧困之際，故其有非儒之論；而《淮南子》中亦言：「夫弦歌鼓舞以爲樂，盤旋揖讓以脩禮，厚葬久喪以送死，孔子之所立也，而墨子非之」（〈卷十三氾論訓〉：7a）。

孔子之所以重視禮文之教，是基於他的天命思想，「不知命，無以爲君子也」（《論語·堯曰第二十》：3）。孔子也就是視至上神授命於人，要人藉禮文之教以自趨完善而爲仁，「克己復禮爲仁」（《論語·顏淵第十二》：1）。因此，人即應守禮爲仁，以上體天命。這也可看出，孔子即是欲藉強化禮文對人的形塑，以維繫人與至上神間的關係。

但孔子亦言：「務民之義，敬鬼神而遠之，可謂知矣」（《論語·雍也第六》：22），又言：「未能事人，焉能事鬼」（《論語·先進第十一》：12），則見孔子

強調人既稟承天命，就應致力於個人道德修養的提昇與人世道德教化的普及，而不是時時仰賴鬼神的助佑以致殆忽人所應爲之事。然而就因孔子重視對人的道德教化，而並不突顯鬼神對人世的影響效力，所以墨子即批評儒者而言：「儒以天爲不明，以鬼神爲不神」（《墨子・公孟第四十八》；50）。

事實上，孔、墨不僅都肯定至上神的存在，而且都視至上具有完美的道德性與神聖的權威性。但孔子強調的是至上神的道德權威性，而墨子所強調的則是至上神的宗教權威性。所以，墨子即言：「故古者聖王，明天鬼之所欲，而避天鬼之所憎，以求興天下之利，除天下之害。是以率天下之萬民，齋戒沐浴，潔爲酒醴粢盛，以祭祀天鬼。其事鬼神也，酒醴粢盛不敢不蠲潔，犧牲不敢不腯肥，珪璧幣帛不敢不中度量。春秋祭祀，不敢失時機；聽獄不敢不中；分財不敢不均；居處不敢怠慢……天鬼之所深厚而能彊從事焉，則天鬼之福可得也；萬民之所便利而能彊從事焉，則萬民之親可得也」（《墨子・尚同中第十二》；33～39）。墨子即由此而強調「夫知者必尊天事鬼，愛人節用，合焉爲知矣」（《墨子・公孟第四十八》；27）。

儒家學者論及人與至上神之關係，實際上是存在著兩種不同的取向。如孔、孟視至上神的存在爲人之存在的永恆依靠，而荀子則視人類自身即其存在的唯一依靠。墨子雖然反儒，但他不僅與孔、孟同視至上神的存在爲人之存在的永恆依靠，他並強調人應尊崇天志，力行正義於人間，「今天下之士君子，中實爲將欲仁義，求爲上士；上欲中聖王之道，下欲中國家百姓之利者，當天之志而不可不察也。天之志者，義之經也」（《墨子・天志下第二十八》；71～73）。

儒、墨兩家都喜引《詩》〔註13〕、《書》〔註14〕兩經之文以爲其思想之論據。若就至上神之存在論證而言，《論語》之中雖未見此種引述，但孔子之孫子思則在《中庸》中多所引述《詩》經之語，「詩云：維天之命，於穆不已（註：《詩・周頌・維天之命》；267）」（第二十六章）；而孟子篤信天命，亦曾引述《詩》、《書》兩經之文而言：「詩云：永言配命，自求多福（註：《詩・大雅・文王》；235）。太甲曰：天作孽，猶可違；自作孽，不可活（註：《書・太甲

〔註13〕 《詩經》乙書之引文，皆引自《哈佛燕京學社引得特刊——毛詩、周易、孝經、爾雅》（附原文），台北市：成文出版社（翻印），民國55年。

〔註14〕 《尚書》乙書之引文，皆引自《哈佛燕京學社引得特刊——周禮、儀禮、尚書》（附原文），台北市：成文出版社（翻印），民國55年。

第十四》)」(《孟子・公孫丑上》:2A.4);縱使如強調「制天命而用之」(《荀子・天論第十七》:44)的荀子,亦曾引述《詩》經之語而言:「詩云:匪上帝不時,殷不用舊。雖無老成人,尚有典刑。曾是莫聽,大命以傾(註:《詩・大雅・蕩》:255)」(《荀子・非十二子第六》:32~33)。而《墨子》也同樣引述《詩》經之語以論證至上神的存在,如《墨子》中即言:「故子墨子置天之以為儀法。非獨子墨子以天之志為法也,於先王之書,大夏之道之然:帝謂文王,予懷明德,毋大聲以色,毋長夏以革。不識不知,順帝之則(註:《詩・大雅・皇矣》:241)」(〈天志下第二十八〉:69~70)。

項師退結認為墨子「引用的尚書二十九則,幾乎都是為維護他「敬天事鬼」的見解」,[註15] 並認為這是因為墨子有感於「儒者對鬼神與天帝的信仰欠誠」,[註16] 所以「引用詩書來反對儒家,其情形有些類似馬丁・路德引用聖經來反抗當時的羅馬教庭,表示他得詩書的真傳」。[註17] 這是很符合《墨子》中墨子批評儒者:「儒以天為不明,以鬼神為不神」(〈公孟第四十八〉:50)的看法。

上述之論,大體是就人與至上神的關係來區別儒、墨兩家人學之異。但若就人與人世的關係而論,則見儒、墨兩家又有兼別之異與義利之辨的不同取向。

(一)就兼別之異而言

究實而論,儒、墨兩家同重以愛論仁,如《論語》中所言:「樊遲問仁,子曰:愛人」(〈顏淵第十二〉:22),而《孟子》與《荀子》中亦言:「仁者,愛人」(《孟子・離婁下》:4B.28/《荀子・議兵第十五》:67~68);《墨子》中則言:「仁,體愛也」(〈經上第四十〉:2~3)。

但儒家所論的仁愛是以親親為本,也就是立基於孝,如孔子之言:「孝弟也者,其為仁之本與」(《論語・學而第一》:2),孟子之言:「親親,仁也;敬長,義也」(《孟子・盡心上》:7A.15),荀子亦言:「親親故故庸庸勞勞,仁之殺也;貴貴尊尊老老長長,義之倫也;行之得其節,禮之序也。仁愛也,故親;義理也,故行;禮節也,故成」(《荀子・大略第二十七》:19~20)。

這是因為儒家重視傳統的宗法人倫,並視此人倫的建構既合於人情的自

〔註15〕 仝註4,143 頁。
〔註16〕 仝註4,142 頁。
〔註17〕 仝註4,143 頁。

然流露，又合於人智的理性要求，所以儒家即強調人際之愛即應是依循此親親、尊尊之別而爲之。因此，儒家所謂的「仁愛」即是指等差之愛。

而墨子所論的仁愛則是以天志爲本，也就是立基於兼，「順天意者，兼相愛、交相利，必得賞；反天意，別相惡、交相賊，必得罰」（《墨子‧天志上第二十六》：22～23）。這是因爲墨子是直就人與至上神的關係來論人際之愛，他既視「人無幼長貴賤，皆天之臣也」（《墨子‧法儀第四》：14），所以墨子雖言：「兼，即仁矣，義矣」（《墨子‧兼愛下第十六》：46），但他所謂的「兼愛」，實則是強調人際的平等之愛。

由是可知，儒、墨兩家雖都同重人際之愛，但實有兼、別之異。儒家重宗法人倫之別，故強調的是等差之愛；墨子重無分親疏、貴賤之兼，故強調的是平等之愛，「愛人，待周愛人，而後爲愛人」（〈小取第四十五〉：23）。

墨子強調兼愛，並視等差之愛即是造成人際不相愛的原因，「今家主獨知愛其家，而不愛人之家，是以不憚舉其家以篡人之家；今人獨知愛其身，不愛人之身，是以不憚舉其身以賊人之身。是故，……家主不相愛，則必相篡；人與人不相愛，則必相賊。……天下之人皆不相愛，強必執弱，富必侮貧，貴必敖賤，詐必欺愚。凡天下禍篡怨恨其所以起者，以不相愛生也」（〈兼愛中第十五〉：5～10）。但若訴諸平等之愛，也就是「視人之家若視其家，視人之身若視其身。是故，……家主相愛，則不相篡；人與人相愛，則不相賊。……天下之人皆相愛，強不執弱，眾不劫寡，富不侮貧，貴不敖賤，詐不欺愚。凡天下禍篡怨恨可使毋起者，以相愛生也」（仝上：12～15）。因此，墨子遂主張「兼以易別」（《墨子‧兼愛下第十六》：9），「乃若兼，則善矣」（仝上：16）。

（二）就義利之辨而言

若綜觀儒、墨兩家之論，則見「義」實爲儒、墨兩家所共同關心的主題。如孔子之言：「君子之於天下也，無適也，無莫也，義之與比」（《論語‧里仁第四》：10），孟子之言：「生，亦我所欲也；義，亦我所欲也；二者不可得兼，舍生而取義者也」（《孟子‧告子上》：6A.10），荀子之言：「義之所在，不傾於權，不顧其利，舉國而與之不爲改視，重死持義而不撓，是士君子之勇也」（《荀子‧榮辱第四》：19～20），而墨子亦言：「萬事莫貴於義也」（《墨子‧貴義第四十七》：3）。

此中之別在於，孔子僅視義爲君子行爲的準則，「君子義以爲質，禮以行

之」（《論語・衛靈公第十五》：18），而未明言義的始源；孟子則視義源出於人性，「無羞惡之心，非人也。……羞惡之心，義之端也」（《孟子・公孫丑上》：2A.6）；而荀子視義源出於聖人之偽，「聖人積思慮、習偽故，以生禮義而起法度。然則禮義法度者，是生於聖人之偽，非故生於人之性也」（《荀子・性惡第二十三》：24～25）；但墨子則明言義源出於天志，「天之志者，義之經也」（《墨子・天志下第二十八》：72～73）。

就義利之辨而觀，則見儒家重義輕利，而墨子則是義利兼重。

儒家即視人的道德品格高於人的物質需求，道德品格的維護才是人之爲人的最高價值所在。所以當兩者相衝突時，儒家主張取義而捨利，如孔子之言：「不義而富且貴，於我如浮雲」（《論語・述而第七》：16），孟子之言：「非其義也，非其道也，祿之以天下弗顧也。……非其義也，非其道也，一介不以與人，一介不以取諸人」（《孟子・萬章上》：5A.7），荀子亦言：「保利棄義，謂之至賊」（《荀子・修身第二》：13）。

墨子則視人的道德品格即表現在人的物質需求上，也就是視興天下之利爲人之道德品格的實際表現，「不義不處，非理不行，務興天下之利。曲直周旋，利則止。此君子之道也」（《墨子・非儒下第三十九》：33～34）。所以，就墨子而言，義不僅是利，而且是公利而非私利。因此，墨子即是以義作爲價值衡量的標準，並以興天下之利爲人生的最高價值。

墨子不僅立論以言義，並且身體力行的行義於天下，如《墨子》即記載：「子墨子自魯即齊，過故人，謂子墨子曰：今天下莫爲義，子獨自苦而爲義，子不若已。子墨子曰：……今天下莫爲義，則子如勸我者也，何故止我？」（〈貴義第四十七〉：4～6）。所以，即連批評墨子兼愛之論而言：「夫兼愛，不亦迂乎。無私焉，乃私也」（《莊子・天道第十三》：50）的莊子，他也稱讚墨子之爲人而言：「墨子氾愛兼利而非鬥，其道不怒；又好學而博不異，不與先王同，毀古之禮樂。……今墨子獨生不歌，死不服，桐棺三寸而無槨，以爲法式。以此教人，孔不愛人；以此自行，固不愛己。……其生也勤，其死也薄，其道大觳；使人憂，使人悲，其行難爲也。恐其不可以爲聖人之道，反天下之心，天下不堪。墨子雖能獨任，奈天下何？離於天下，其去王也遠矣。……雖然，墨子眞天下之好也，將求之不得也，雖枯槁不舍也，才士也夫」（《莊子・天下第三十三》：18～33）。

墨子之論雖於秦漢之際即中衰於士林，但仍深入到民間，而激發民間的

俠義風氣，故《韓非子》中所言的「遊俠私劍之屬」（〈五蠹第四十九〉；14），即指受墨子思想所影響的人們，「俠以武犯禁，……其帶劍者，聚徒屬，立節操，以顯其名而犯五官之禁」（仝上；10～11）。

第二節　先秦人學的宗教面向

墨子之論選擇以傳統宗教信仰作為他立論的基礎，指引了我們去探索在先秦時期的神人關係之中，人之存在地位的變化與人之自我覺知的昇揚。

筆者以為，論述中國傳統宗教，應將此宗教信仰視之為一種文化現象，也就是視之為人類對其生活世界的詮釋與因應的表現活動。此種表現活動也正足以反映人類對其自身的自我認知與心理需求。因此，筆者論述中國傳統的宗教信仰時，即側重在探究由其中所信仰的對象與人對此信仰對象的心態傾向所反映出的文化意涵與哲學反思。

就信仰對象而言，在中國傳統的經典裡，呈顯出兩個主要對象：一是超自然的至上神，而另一則是自然本身。

在殷周之際，時人將人間的最高主宰者天子視為至上神在人間的代表，並將人類生活世界中的自然與人文現象視為至上神之意志在人間的體現。所以，殷周之際對人的存在價值與人格尊嚴的評議，即是訴諸於對至上神的敬畏與否而定。

但在殷周之際以至於春秋戰國時期，另一股以自然為萬物生發之根源的思想也日漸萌興，而與既有的神本思想產生了相互抗衡的衝擊，也連帶的刺激了人對其自身與其生活世界的重新認知。而在此重新認知的激盪之中，人對其自身的自我詮釋也引發了先秦諸子對人之為人的本質定義試圖作更深入的思考與更周延的論析。

一、先秦時期的天人關係論

殷商的文獻資料都是貞卜文字，所載者皆是時人透過巫覡的貞卜所測知的神意。此中所反映出的天人關係是人類與至上神的單向從屬關係，人不能決定神的所是，人只能靠占卜與巫覡的詮釋來揣測神的意志。

在殷商時代，人類雖已然以其自身的創造性活動開創出以人為主體的人文世界，而有了人類知識、人工器物、人世制度與人際規範。但在時人的意

識型態上，人所爲的一切均爲至上神的意志所涵攝，至上神的意志即是人類生活的指導依據。所以，時人是以神爲中心來構建人對其生活世界與人類自身的認知與詮釋。

殷商時人稱至上神爲「帝」或「上帝」，西周初期時人則以「天」作爲至上神的代稱，並與殷商的「帝」或「上帝」交錯使用，而稱人世間的最高主宰者爲「天子」。

若以西周初期的政治文獻《尚書》爲例，則見「帝」一詞出現有 125 次（註：在《詩經》中則出現 431 次），「上帝」一詞出現有 30 次（註：在《詩經》中則出現 24 次），「天」一詞出現有 253 次（註：在《詩經》中則出現 170 次），而「天子」一詞出現則有 7 次（註：在《詩經》中則出現 22 次）。就其使用頻率而言，以「天」指謂至上神已成主導趨勢，而「天子」一詞尚不見重用，反倒是常用「帝」來指謂人間的統治者，如《尚書・皋陶謨第四》中所言：「禹曰：俞哉！帝，光天之下，至于海隅蒼生，萬邦黎獻，共惟帝臣，惟帝時舉」，此中所說的「帝」是指舜，而非指至上神；但不可否認在《尚書・洪範第二十四》中所言之：「帝乃震怒，不畀洪範九疇，彝倫攸斁」，此中所說的「帝」則是指至上神。由是可見，在《尚書》中，「帝」有雙重指向，一指至上神，一指人間的最高統治者。推想這或許是承襲殷商時代的用法而加以轉化所致。

若就名詞的屬性而觀，即見殷商將天人關係置於上帝與下民的政治關係中，突顯的是人的政治屬性；而西周則是將天人關係置於天與天子的親緣關係中，突顯的則是人的倫理屬性。此中所反映出的即是在殷商時代人對其自身在宇宙中的定位，乃是以至上神爲核心；但到了西周時代，人對其自身在宇宙中的定位已然提昇，天人關係也轉而以人爲核心，並以人對其自身的認知與期許來決定神的所是。是故，從西周時期開始，至上神與人的關係就益形密切，不僅與人同具相似的位格屬性，且爲人所嚮往的最完美形象。

此中值得我人去省思的是，從殷商到西周天人關係的轉變，不唯顯現出人對至上神的認知與詮釋的轉變，也顯現出人對人類自身的認知與詮釋的轉變。人對其自身在宇宙中之定位昇降的表述，即決定在人對其自身的認知與詮釋上；而此種認知與詮釋又受人對其生活世界的認知與詮釋所影響。

殷商時代雖呈顯的是以至上神爲宇宙核心的神中心論思想，但這並不與西周以至春秋戰國時代以人類爲宇宙核心的人類中心論思想相矛盾。因爲在

殷商的宗教觀中，人是僅次於至上神的存在物，所以人即天生的為天地之間的最貴者。在當時，人對其自身的自我認知只有人與至上神此一關係作為認知的參考架構。但到了西周以至春秋戰國時代，人對其自身的自我認知就在此既有的參考架構之外，又多了人與自然之關係這一新的參考架構，如《詩經》：「鳶飛戾天，魚躍於淵」（〈大雅‧旱麓〉；239）中所言之「天」，即指自然，而非至上神。因此，在傳統的宗教信仰之中，人是基於天命而為天地之間的主宰者；但在新的認知參考架構形成後，人即視其自身乃是基於人力、自為而從自然環境之中躍昇為天地之間的主宰者。

若就春秋戰國時期的儒、墨、道、法四家對天人關係的詮解而言，則大致可分為四種基本型態。

第一種為顯現在儒家孔、孟思想裡的天人合德型。如孔子之言：「上不怨天，下不尤人；下學而上達，知我者其天乎」（《論語‧憲問第十四》；35）；孟子之言：「盡其心者，知其性也。知其性，則知天。存其心，養其性，所以事天也。殀壽不貳，修身以俟之，所以立命也」（《孟子‧盡心上》；7A.1）。

孔、孟皆視天為至上神，並突顯至上神的道德屬性，且將之定位為人倫道德的形上基礎。因此，孔、孟即視人修養其道德品格，以達到他自身的完善，即是與天合德。

第二種為顯現在道家老、莊、楊朱思想裡的天人合一型。如老子之言：「夫物芸芸，各歸其根。歸根曰靜，靜曰復命，復命曰常，知常曰明。不知常，妄作，凶。知常容，容乃公，公乃王，王乃天，天乃道，道乃久，終身不殆」（《老子》第十六章）；莊子之言：「彼方且與造物者為人，而遊乎天地之一氣」（《莊子‧大宗師第六》；67～68）；楊朱的思想則見於《淮南子》中所言：「全性保真，不以物累形」（〈卷十三氾論訓〉；7a）。

道家三子都將天定位在自然，並視人與萬物皆為自然的產物，皆具有得自於自然的自然本性，也皆是依循主導著自然本性之生發的自然規律而生活。所以，道家三子即反對設立人文規範來限制人之自然本性的自我實現，而強調人應恢復他最原初的自然本性，使人按其最真實的本性而活，則人即能達到他自身的完善，也就是與天合一。

第三種為顯現在儒家荀子思想裡的天生人成型。如荀子之言：「大天而思之，孰與物畜而制之；從天而頌之，孰與制天命而用之；望時而待之，孰與應時而使之；因物而多之，孰與騁能而化之；思物而物之，孰與理物而勿失

之也。願於物之所以生，孰與有物之所以成。故錯人而思天，則失萬物之情」（《荀子・天論第十七》：44～46）。

荀子雖爲儒家學者，但不認同孔、孟之視天爲位格神祇，反倒傾向於道家之將天定位爲兼攝自然現象與自然規律的自然之天。荀子並強調天人之分，而視天的職份在生成萬物，人的職份則在治理萬物。所以，荀子主張人應善用他的理智思慮，治理人世、管理萬物，以使人成爲天地之間的主宰者，「天能生物，不能辨物也；地能載人，不能治人也。宇中萬物，生人之屬，待聖人然後分也」（《荀子・禮論第十九》：78～79）。

管、韓論天人關係與荀子之論相近，但強調人是依循自然之常道以立人世之常法，如管仲之言：「天覆萬物，制寒暑，行日月，次星辰，天之常也。治之以理，終而復始。主牧萬民，治天下，蒞百官，主之常也，治之以法，終而復始……天不失其常，則寒暑得其時，日月星辰得其序。主不失其常，則群臣得其義，百官守其事」（《管子・形勢解第六十四》：4～7）〔註18〕，韓非之言：「萬物必有盛衰，萬事必有弛張；國家必有文武，官治必有賞罰」（《韓非子・解老第二十》：10～11）。

第四種則爲顯現在墨家墨子思想裡的尚同天志型。如墨子之言：「今天下之士君子，中實爲將欲仁義，求爲上士；上欲中聖王之道，下欲中國家百姓之利者，當天之志而不可不察也。天之志者，義之經也」（《墨子・天志下第二十八》：71～73）。

墨子雖是與儒家孔、孟一樣的是將天視爲至上神，但墨子側重的是自天觀人，而孔、孟則側重的是自人觀天，因此墨子更強調至上神的神聖權威性，並認爲至上神會依據人之是否行義而定其賞罰。所以，墨子即要人稟承天志，行義於人間，爲天下人興利除害，以使天下得治。

先秦諸子對人之所是的詮釋，都與其對天之所是的詮釋有關。但就人對其自身的自我認知而言，先秦時人則是先求知天、釋天，而後再求知人、釋人。此種認知僅表示人的理解與詮釋，而不表示所認知的內容即等於天與人的所是。因此，先秦諸子對天之所是的詮釋，即會與對人之所是的詮釋產生交互的影響，而互爲因果。

〔註18〕《管子》乙書之引文，皆引自《管子》，國學基本叢書，台北市：臺灣商務印書館，民國57年；並參考《哈佛燕京學社引得特刊——管子引得》，台北市：成文出版社（翻印），民國55年。

二、先秦諸子的人性論

　　先秦時期人對自身所是的認知，主要是反映在對人性善惡的評議上。但無論是如儒家孔子的性相近之論、孟子的性善之論、荀子的性惡之論，或是如墨家墨子與法家管仲、韓非等的性好利之論，或是如告子的性無善惡之論，[註19] 都同樣的肯定人需要為其自身設定道德規範，也就是都肯定人應為善。縱使如視人徒具自然本性的道家老、莊，雖否定人需要為其自身設定人文規範，但也肯定人有自趨向善的必然趨勢。

　　各家諸子對於人是否需要為其自身設定人文規範的看法雖有不同，對於善的認知與詮解也有所出入，但都反映出人視其自然本性尚處於待成全的不完善階段，因此認為需要給予這不完善本性一個自趨完善的確定管道，使人依循此管道而達到其自身的完善。

　　總結先秦時期對人之向善的定位，大致可做四義解釋：

　　第一義是視人的向善是基於人之自然本性由潛能狀態到現實狀態的必然趨勢所致，這也就是視人若能順諸其自然本性的全面實現即是善。因此，這一類的論者即反對在人的自然本性之上再加諸任何人文的導向，如道家老子之言：「絕聖棄智，民利百倍；絕仁棄義，民復孝慈；絕巧棄利，盜賊無有」（《老子》第十九章）；莊子之言：「夫至德之世，同與禽獸居，族與萬物并，惡乎知君子小人哉！同乎無知，其德不離；同乎無欲，是謂素樸；素樸而民性得矣。及至聖人，蹩躠為仁，踶跂為義，而天下始疑矣；澶漫為樂，摘僻為禮，而天下始分矣。……毀道德以為仁義，聖人之過也。……及至聖人，屈折禮樂以匡天下之形，縣跂仁義以慰天下之心，而民乃始踶跂好知，爭歸於利，不可止也，此亦聖人之過也」（《莊子・馬蹄第九》：9～19）；楊朱之言：「古之人損一毫利天下，不與也；悉天下奉一身，不取也。人人不損一毫，人人不利天下，天下治矣」（《列子・楊朱第七》）。

　　第二義是視人的向善是基於人為其自身設定道德規範後，藉由外在環境的刺激，使人依循此設定的模式來實現其自身所是；這也就是視人若能規範其自然本性的實現即能為善，如告子之言：「性，由湍水也。決諸東方則東流，決諸

[註19] 由於告子本身並無著作，獨有《孟子》一書中有記載他對人性的見解。按《孟子・告子上》中之記載：「告子曰：『性，猶湍水也。決諸東方則東流，決諸西方則西流。人性之無分於善不善也，猶水之無分於東西也。』」（2），「告子曰：『生之謂性。』」（3），「告子曰：『食色，性也。』」（4），筆者即按是此記載而將告子納入到第二義的「向善」論中。

西方則西流」（《孟子‧告子上》：6A.2），儒家荀子之言：「古者聖人以人之性惡，以爲偏險而不正，悖亂而不治，故爲之立君上之勢以臨之，明禮義以化之，起法正以治之，重刑罰以禁之，使天下皆出於治，合於善也。是聖王之治而禮義之化也」（《荀子‧性惡第二十三》：39～41），法家管仲之言：「欲爲其民者，……厚愛利，足以親之；明智禮，足以教之。上身服以先之，審度量以閑之，鄉置師以說道之，然後申之以憲令，勸之以慶賞，振之以刑罰。故百姓皆說爲善，則暴亂之行無由至矣」（《管子‧權修第三》：5～12），韓非之言：「嚴刑者，民之所畏；重罰者，民之所惡也。故聖人陳其所畏以禁其邪，設其所惡以防其姦。是以，國安而暴亂不起」（《韓非子‧姦劫弒臣第十四》：9～11）。

　　第一義與第二義的形上基礎皆在自然，但取向不同。第一義向善論是指人性的發展與其內在的自然本性相符合，而第二義向善論則是指人性的發展與外在的人文規範相符合。

　　第三義雖與第一義同樣視人的向善是基於人之自然本性由潛能狀態到現實狀態的必然趨勢所致，但此義又強調人之自然本性的實現不僅與外在的人文規範相符合，如孟子之言：「無惻隱之心，非人也；無羞惡之心，非人也；無辭讓之心，非人也；無是非之心，非人也。惻隱之心，仁之端也；羞惡之心，義之端也；辭讓之心，禮之端也；是非之心，智之端也。人之有是四端也，猶其有四體也。有是四端而自謂不能者，自賊者也」（《孟子‧公孫丑上》：2A.6）；同時也與至上神所賦予人的道德命令相符合，「仁義忠信，樂善不倦，此天爵也」（《孟子‧告子上》：6A.16）。換言之，人之向善不唯是人性之自趨實現的內在目的，也同時是至上神賦予人以實現其仁義本性的道德命令，如孟子之言：「盡其心者，知其性也。知其性，則知天。存其心，養其性，所以事天也。妖壽不貳，修身以俟之，所以立命也」（《孟子‧盡心上》：7A.1）。

　　第四義雖是與第二義同樣視人的向善是基於人爲其自身設定道德規範後，藉由外在環境的刺激，使人依循此設定的模式來實現其自身所是，但此義又強調人之規範其自然本性的實現是遵循至上神對人的神聖旨意，因此視人之向善不僅是受外在規範之導引使然，且是順承至上神對人的道德命令而爲，如儒家孔子之言：「不知命，無以爲君子也；不知禮，無以立也」（《論語‧堯曰第二十》：3），墨家墨子之言：「今天下之士君子，中實爲將欲仁義，求爲上士；上欲中聖王之道，下欲中國家百姓之利者，當天之志而不可不察也。天之志者，義之經也」（《墨子‧天志下第二十八》：71～73）。

　　第三義與第四義的形上基礎皆在至上神，但取向又有所不同。第三義向善論是指人性的發展不僅與其內在的自然本性相符合，而且同時也與外在的人文規範及超越的至上神之道德命令相符合。第四義向善論則是指人性的發展不僅與外在的人文規範相符合，同時也與超越的至上神之道德命令相符合。

　　我人亦可由前述的分析中看出，先秦時期人性論的建構與諸子對天人關係的詮解有極爲密切的連繫。由天人關係之詮解上的轉變，也即相應的反映出人對其自身之自我認知的轉變。本節雖是以先秦人學的宗教面向爲主訴，但主要則是欲探求人在其信仰的轉變中所反映出人對其自身之自我認知的變化。

三、六部傳統經典中的宗教信仰及其人學

　　尋索先秦時期的宗教信仰當以儒家經典爲據，而此中所謂的儒家經典即是以西周及其以前的文獻爲本，諸如《詩》、《書》、《禮》、《樂》、《易》、《春秋》。

　　依據向世陵與馮禹兩位先生合著的《儒家的天論》中所載：

　　「孔子以前的儒家經典，相傳有六種，即所謂"六經"或"六藝"，其中《樂》早佚。……《詩經》大體上是孔子以前的作品。其中《周頌》基本可以視爲西周初中期作品，《大雅》與《小雅》則既有西周初的作品，也有西周末年以至春秋時期的作品，《國風》的時代則很難具體確定。從重要性方面看，《周頌》與《大雅》、《小雅》論"天"最多。

　　《尚書》有今古文之分，今存《古文尚書》，據考證乃是魏晉時人的僞造，因而有《僞古文尚書》之名。《僞古文尚書》也有不少關於"天"的論議，但絕不可以作爲孔子以前的經典。至於《今文尚書》，諸篇的撰寫年代有很大的出入。一般認爲，其中《周書》的《大誥》至《立政》這十一篇，是比較可靠的西周初期的文獻，而其餘諸篇，則作於西周末期或更晚至少可以說經過後人的改造。

　　《禮》現存三種，《周禮》、《儀禮》與《禮記》，這三種文獻都很難作爲孔子以前的作品，一般認爲是戰國以後的東西，其中以《周禮》與《禮記》論"天"較多。

　　《易》分爲《經》和《傳》兩大部份。《經》雖有少數學者認爲是春秋乃至戰國時代的作品，但多數學者還是肯定其撰寫年代不晚於西周，而《經》中並沒有多少關於"天"的議論。《易傳》曾被認爲是孔子作，但這恐怕是很

難於成立的，一般認爲，《易傳》成書於戰國，個別篇章成於秦漢。

《春秋》是魯國紀年，本身並沒有直接的關於“天”的論述，後來所謂《春秋》“三傳”：《左傳》、《公羊傳》與《穀梁傳》。《左傳》相傳爲孔子同時代人左丘明作，關於“天”的記述與論議不少，但卻只是反映了春秋時人的觀念，並不能代表儒家的思想。

由此看來，“儒家早期經典”中的天論，只能以《詩》、《書》作爲主要的研究對象」。〔註20〕

筆者以爲，殷商時代固爲一以神意爲依歸的神本主義時代，但從殷周之際以至春秋戰國時代則已爲由神本轉入人本的轉型時期。筆者擬以足資反映先秦時期時人對天人關係之詮釋的《詩經》、《尚書》、《左傳》、〔註21〕《國語》、〔註22〕與《易傳》〔註23〕及《禮記》〔註24〕六份文獻，來探析在傳統宗教信仰中的人學。此中，《詩經》與《尚書》反映的是早期以神爲宇宙中心的傳統信仰，《左傳》與《國語》反映的是對此傳統信仰的批判，而《易傳》與《禮記》則反映的是由以神爲宇宙中心轉向以人爲宇宙中心的新興思想。

（一）《詩經》中的人學

「《詩經》是中國最古的一部詩歌總集。它產生的年代，大約是西周初期到春秋末期，約當公元前 1066 年到 541 年前後」。〔註25〕

《詩經》中的主導思想雖是以神爲中心，突顯出人對至上神的敬畏與尊崇，但也同時顯現出因爲自然與人文現象上的災禍與衝突所帶來的宗教信仰危機，「旱既大甚，蘊隆蟲蟲。不殄禋祀，自郊徂宮。上下奠瘞，靡神不宗。

〔註20〕 請參閱《儒家的天論》，向世陵、馮禹合著，濟南市：齊魯書社，1991 年，21頁。

〔註21〕 《左傳》之引文，皆引自《哈佛燕京學社引得特刊——春秋經傳引得》（附標校經傳全文），台北市：成文出版杜（翻印），民國 55 年。

〔註22〕 《國語》之引文，皆引自《國語》（新校注本），台北市：九思文化圖書公司，民國 67 年。

〔註23〕 《易傳》之引文，皆引自《哈佛燕京學社引得特刊—— 毛詩‧周易‧孝經‧爾雅》（附原文），台北市：成文出版社（翻印），民國 55 年。

〔註24〕 《禮記》之引文，皆引自《十三經》，上海市：開明書店，民國 24 年：並參考《哈佛燕京學社引得特刊——禮記引得》，台北市：成文出版社（翻印），民國 55 年。

〔註25〕 請參閱《中國哲學史資料選輯——先秦之部》，馮友蘭等編輯，台北市：九思文化圖書公司，1978 年，41 頁。

后稷不克，上帝不臨。耗斁下土，寧丁我躬」（〈大雅‧雲漢〉；258）。

《詩經》的形上基礎在位格之天，也就是肯定至上神的存在，「天生蒸民，有物有則；民之秉彝，好是懿德」（〈大雅‧蒸民〉；260）。這不僅是意謂著至上神是人之生成的終極根源，而且意謂著至上神所賦予人的最初本性是良善的道德本性。

但人雖有與生俱來的良善本性，人卻又自趨敗壞，「天生蒸民，其命匪諶。靡不有初，鮮克有終」（〈大雅‧蕩〉；255）。

是以，在《詩經》中也即呈顯出人對其自身之自趨敗壞的兩種不同反映：一是將責任歸諸至上神，是有怨天的思想，「浩浩昊天，不駿其德；降喪饑饉，斬伐四國。昊天疾威，弗慮弗圖；舍彼有罪，既伏其辜；若此無辜，淪胥以鋪」（〈小雅‧雨無正〉；194）；一是將責任歸諸人自身之所為，而仍維繫了既有的敬天思想，「下民之孽，匪降自天；噂沓背憎，職競由人」（〈小雅‧十月〉；193）。

怨天思想的出現對傳統宗教信仰產生極具破壞性的衝激，並因此而形成人類兩種不同的心態反應：一是轉而注重人事的自為，「匪上帝不時，殷不用舊。雖無老成人，尚有典刑，曾是莫聽，大命以傾」（〈大雅‧蕩〉；255）；另一則是將天視為無從測知又莫可奈何的命運，「民莫不穀，我獨于罹。何辜于天？我罪伊何？」（〈小雅‧小弁〉；197）。

此怨天思想雖可視為是人類自覺意識初萌的契機，但究實而論，《詩經》中所呈顯的怨天思想並不意謂著對至上神之存在與權威的否定，而僅是質疑與埋怨至上神之作為的不公不義。由此也可反映出，時人不僅視至上神是人世的主宰，更是人間正義的最終審判者。

《詩經》雖肯定至上神為人世的主宰，但當人們埋怨至上神無法有效的保障人間的正義時，人也就在其理性的反思中承擔了人對人世正義的自為責任，「天命靡常……無念爾祖，聿修厥德；永言配命，自求多福」（〈大雅‧文王〉；235）。此中即已反映出周人將殷商之重人對至上神的的單向從屬關係，轉化成人以其德上求天命的雙向互動關係，而這也同時意謂著人對其自身在宇宙中之地位的有意識提昇。

若就《詩經》中對天命的詮解：「有命自天，命此文王。……長子維行，篤生武王。保右命爾，燮伐大商」（〈大雅‧大明〉；236），此中所謂的「命」指的是至上神所給予人以維護人間正義的政治使命；而「昊天有成命，二后

受之。成王不敢康，夙夜基命宥密，於緝熙，單厥心，肆其靖之」（〈周頌·昊天有成命〉；271），此中所謂的「命」則不僅是指至上神所給予人以維護人間正義的政治使命，且涵攝至上神對人世之常保平治的政治要求；「假樂君子，顯顯令德。宜民宜人，受祿于天。保右命之，自天申之」（〈大雅·假樂〉；249），至此即已明白的顯現出唯有有德的君子才能承受天之賦命，以代天行治於人間。因此人之有德與否，即成為神授君權的唯一判準，故《詩經》中即言：「敬之！敬之！天維顯思，命不易哉！無曰高高在上，陟降厥士，日監在茲。維予小子，不聰敬止。日就月將，學有緝熙于光明。佛時仔肩，示我顯德行」（〈周頌·敬之〉；288）。

人君之為人君既是稟承天之賦託，以代天行治於人。因此，「聿修厥德」（〈大雅·文王〉；235）中所謂的「德」，即兼攝個人道德品格的修養與人間政治的平治。個人若能符合這兩項要求，即能得天之授命而為人間之君王。由是不僅顯現出《詩經》視人間政治的平治與否是與人君的道德品格相關，而且也同時顯現出以道德主導政治的思想取向。

由此，我們也即不難看出《詩經》中所言之「天命」實與君德相關，而君德之表現則在乎民心向背的反應。所以，《詩經》實際上也就是反映了人民對人君之品德與施政的期許。而人君若能深體民意，即能得民心之歸向，而常保天命，永續王權。

再反觀《詩經》中怨天與敬天思想的並存，這不僅是顯現出人之思想的矛盾性，也同時顯現出人之思想的統一性。因為當時之人在敬天畏神的傳統宗教信仰之下，雖面對社會正義淪喪的具體事實，但仍為維護至上神的神聖權威性，而將人世的治亂視為人類自身的責任。如此不僅是保留了至上神之為監督者與審判者的神聖威信，也同時開展了人類對其自身所為的重新省思，「無競維人，四方其訓之。有覺德行，四國順之。訏謨定命，遠猶辰告。敬慎威儀，維民之則」（〈大雅·抑〉；256）。所以當人自覺到人的道德行為足以導致人世的平治時，人對其自身的要求也隨之提昇，人君也就成為人間道德的表率，人民師法的對象。因此，《詩經》中所言之「天命」雖與君德直接相關，但也間接的關涉到至上神所給予人以導世歸治的神聖命令與導人向善的道德使命。由是可見，項師退結在《人之哲學》一書中所言：「詩經時代中國人的宗教意識又往往與道德生活有直接關係」，〔註26〕實為確論。

───────────────

〔註26〕仝註4，132頁。

　　若就孔、墨的天命觀而論，則見孔子的天命觀與墨子的天志論實是各自突顯傳統天命觀的部份指義。孔子之言：「不知命，無以為君子；不知禮，無以立」(《論語‧堯曰第二十》；3)，即是突顯天所賦命於人者即在其給予人以導人向善的道德使命；而墨子之言：「今天下之士君子，中實為將欲仁義，求為上士；上欲中聖王之道，下欲中國家百姓之利者，當天之志而不可不察也。天之志者，義之經也」(《墨子‧天志下第二十八》，71～73)，則是在突顯天所賦命於人者即在其給予人君以導世歸治的神聖命令。

　　但荀子的天命觀則是完全逆反於前述二者的天命觀，而強調天命即自然規律的顯現，故有「制天命而用之」(《荀子‧天論第十七》；44)之論。這是因為孔、墨皆視天為有知有意的至上神，而荀子則視天為無識無知的自然，以致於荀子對天命的詮解即與孔、墨不同。不同的詮解即導引出不同的態度與反應，所以荀子主張的是利用天命，而非如孔、墨所主張的順承天命。

(二)《尚書》中的人學

　　「《尚書》一般稱為《書經》，是中國最古的一部史料總集。其中包括周以前所留傳下來的史料，一部份是當時的檔案資料，另一部份是由後人追記的口頭傳說的資料」。〔註27〕

　　按項師退結的推論，「《書經》乃中國最古老之經典之一。……據傳是西元前二千餘年到六百二十四年間各朝各代文獻之彙集。依照學者考證，傳統上收集在《十三經》裡的五十八篇文件當中，有二十五篇為偽經，約成筆於晉朝 (265～420)。其餘三十三篇乃伏生根據記憶所記 (秦始皇帝焚書坑儒以後)，其中十二篇上溯至西周早期 (前 1121～770)；另外一些為期稍晚，而最晚則在戰國時代 (前 402～220)」。〔註28〕項師於《人之哲學》一書中對《尚書‧洪範第二十四》有極精闢的分析，並言「〈洪範〉之劃時代意義即在於採取綜合性的中道，一方面相信天體運行、人的行為及大地的產物之自律規範，同時不抹殺各種規範均源自帝或天」。〔註29〕因此筆者即欲從此篇起論，以一探《尚書》中的人學。

　　若就《尚書‧洪範第二十四》中的天人關係來一探《尚書》對人在宇宙

〔註27〕仝註 25，1 頁。
〔註28〕請參閱《中國哲學之路》，項退結，台北市：東大圖書公司，民國 80 年，99～100 頁。
〔註29〕仝註 4，110 頁。

中的定位，則可見其形上基礎是在位格神，也就是肯定至上神是人世的最高主宰者，如其中武王之言：「惟天陰騭下民，相協厥居」。

若以武王代表周人的想法，則是爲殷商舊臣的箕子即代表殷商時期的傳統觀念。武王認爲上天管理人世有其一定的法則，但箕子則認爲上天不僅制訂了人世平治的常法，也同時制訂了自然變化的常道。箕子並認爲人必須先能掌握住自然變化的常道以治自然，至上神才會授予平治人世的常法以治人世，「鯀堙洪水，汩陳其五行。帝乃震怒，不畀洪範九疇，彝倫攸斁。鯀則殛死，禹乃嗣興。天乃錫禹洪範九疇，彝倫攸敘」。

此中，箕子所稱的「洪範九疇」即是指至上神爲自然與人世所制訂之客觀法則的總稱。換言之，「洪範九疇」即是兼攝自然規律與人世規範的總則。其中「五行（第一疇）、五紀（第四疇）」是屬於自然規律，「五事（第二疇）、八政（第三疇）、皇極（第五疇）、三德（第六疇）」是屬於人世規範，而「庶徵（第八疇）稽疑（第七疇）、五福六極（第九疇）」則是屬於相貫於自然規律與人世規範的通則。〔註30〕由是可知，箕子所代表的殷商時期思想即是肯定至上神乃是自然與人世的最高主宰者，也是自然規律與人世規範的終極根源。

再者，由武王之言所反映出的是人世與至上神間的直接關係；而由箕子之言所反映出的則是在人世與至上神之間還涵攝了一層人與自然及自然與至上神的關係，因爲至上神之是否授予洪範九疇是依其人是否能掌握自然規律而定。這也即反映出箕子肯定人是自然世界的管理者，換言之，人即是高於自然萬物的存在者，所以至上神會授予人洪範九疇以代其管理自然世界與人的世界，而人也就應依此洪範九疇來條理自然、平治人世，以不辜負至上神對人的賦命。

《尚書》與《詩經》基本上有兩點相異之處：一、《尚書》主要反映的是

〔註30〕 項師退結於《中國哲學之路》一書中的第 104 至 107 頁對「洪範九疇」之內容曾做析論，並摘要出「第一疇與第四疇描寫人類賴以生存之五要物即與天時有關之自然秩序。此兩類均屬於人間日常生活之直接經驗。第三、五、六疇則構成政治生活的制度與準則，第七疇涉及占卜。第二疇列舉五項倫理規範，第八疇則敘述倫理與自然秩序如何相屬。最後一疇則描寫人人可能遭遇到的種種幸福與災禍」（106 頁），從而歸結出「第一疇與地有關；第四疇關係乎天；第二、三、五、六及九疇屬於有日會死的人間世；第七疇與神有關；而第八疇則結合自然事物（天與地）與人類之倫理行爲。此九疇之樞紐厥爲規範五事之五種道德修養的第二疇」（107 頁）。筆者所作之區分則與此稍有不同。

當時之統治階級的意識型態，而《詩經》則主要反映的是當時之被治階級的心理感受；二、《尚書》顯現的是人的政治向度，而《詩經》則顯現的是人的社會向度。

但兩者相同之處則在：兩者皆以對至上神的信仰爲主導思想，而《尚書》則是更明確的反映出以宗教信仰爲政治控制手段，並以人文規範爲社會控制機制的爲政理念，「惟命不于常，汝念哉！無我殄享。明乃服命，高乃聽，用康乂民」（〈康誥第二十九〉）。

事實上，在《尚書》之中也存在著如《詩經》中所呈現的認知衝突。「天不可信，我道惟寧王德延」（〈君奭第三十六〉），此中所反映出的是疑天的思想；但「予不敢閉於天降威，用寧王遺我大寶龜，紹天明」（〈大誥第二十七〉），所反映出的卻又是畏天的思想。

在《尚書》與《詩經》中，都肯定至上神對人具有賞善罰暴的權力，至上神也即因著此種權力而顯現其無上的權威性。但相異於殷商宗教觀的是，《尚書》、《詩經》都爲至上神的意志作了界定，也就是視至上神有一判準以作爲施行賞罰的依據，如《詩經》中所言：「世德作求，永言配命」（〈大雅·下武〉；243）；又如《尚書》中所言：「有殷受天命……惟不敬厥德，乃早墜厥命。今王嗣受厥命……肆惟王其疾敬德。王其德之用，祈天永命」（〈召誥第三十二〉）。這即是以德配天，也就是視至上神乃以人君之德作爲天命之授予與否的判準。

再如《詩經》中所言：「皇矣上帝，臨下有赫。監觀四方，求民之莫」（〈大雅·皇矣〉；241），《尚書》中亦言：「其惟王勿以小民淫用非彝，亦敢殄戮；用乂民，若有功。其惟王位在德元，小民乃惟刑用于天下，越王顯。其曰：我受天命，丕若有夏歷年，式勿替有殷歷年。欲王以小民受天命」（〈召誥第三十二〉）。這不僅是顯現出《尚書》與《詩經》一樣的是反映了殷周之際君權神授的原始天命觀，也同時顯現出人藉著至上神對人的神聖命令而反映出人對其自身地位的有意識提昇。

由是可見，時人雖然依舊敬天畏神，但也已覺知人世的平治與否在於人自身的所爲而定。而春秋時期的孔子與墨子也即分別以禮、義配天，以主導人對其自身行爲的期許。孔子以禮配天，「不知命，無以爲君子也；不知禮，無以立也」（《論語·堯曰第二十》；3），這即視人之習禮而爲君子即是上承至上神所賦予人以導人向善的道德使命；墨子則是以義配天，「今天下之士君

子，中實爲將欲仁義，求爲上士；上欲中聖王之道，下欲中國家百姓之利者，當天之志而不可不察也。天之志者，義之經也」（《墨子・天志下第二十八》；71～73），這則是視人之從義以中國家百姓之利者即是上承至上神所賦予人以導世歸治的政治命令。所以，孔、墨二子雖都承襲《尚書》與《詩經》中敬天畏神的傳統宗教信仰，但也同樣都關注人類自身所應自負的政治責任與道德修養。

（三）《左傳》中的人學

「春秋左氏傳，是春秋三傳之一，簡稱左傳，是古代一部邊年史書。劉向、班固都說是魯太史左丘明寫的。……從大體來說，這部書大概是在春秋寫成之後陸續成書，……全書完成，可能在戰國時代」。〔註31〕

《左傳》的主導思想雖仍是以神爲中心，但也顯現出人對其自身之認知與定位的重新反思。

如季梁之言：「所謂道，忠於民而信於神也。……夫民，神之主也。是以聖人先成民，而後致力於神」（桓公六年；1），所反映出的即是人將其自身地位的提昇，視人間政事的重要性猶在天神崇拜之上。這雖不否定至上神的存在，但卻更重視人民的福祉。

此一觀點也同樣的反映在儒家孔子的思想裡，「務民之義，敬鬼神而遠之，可謂知矣」（《論語・雍也第六》；22）。此中所謂的「敬鬼神而遠之」並非否定至上神的存在，而僅是要人以自身的努力來承擔人世的平治與道德的提昇。

史嚚之言：「國將興聽於民，將亡聽於神。神，聰明正直而壹者也，依人而行」（莊公三十二年；3），這是將人在宇宙中的地位提昇至位格神祇之上，而更強調人的優位性，也同時反映出以民爲本的民本思想。

此一觀點也同樣的反映在法家管仲與儒家孟子的思想裡，如管仲之言：「夫霸王之所始也，以人爲本，本理則國固，本亂則國危」（《管子・霸言第二十三》；2～3），而孟子亦言：「民爲貴，社稷次之，君爲輕」（《孟子・盡心下》；7B.14）。但若就兩者的形上基礎而論，管仲的形上基礎在自然之天，而孟子的形上基礎則在位格之天，因此孟子的思想較符合《尚書》的原意，如孟子所言：「天子能薦人於天，不能使天與之天下。……天不言，以行與事示之而已矣。……使之主祭而百神享之，是天受之；使之主事而事治，百姓安

〔註31〕 全註 25，115 頁。

之，是民受之也。天與之，人與之」（《孟子‧萬章上》；5A.5）。

　　叔興之言：「陰陽之事，非吉凶所在也。吉凶由人」（僖公十六年：1）。在《詩經》中曾有「旻天疾威，天篤降喪。瘨我饑饉，民卒流亡」（〈大雅‧召旻〉：265）之視天災源於天怒的話語，而叔興正是要反駁此種視至上神藉由自然現象來行其對人之賞罰的傳統觀念，強調自然現象的變化與人之吉凶禍福無關。叔興視人之所以得吉凶禍福，乃是由於人自身行為所導致的結果。換言之，叔興即視人的命運是由人自己決定，與自然現象的變化無關。

　　此一觀點也同樣的反映在儒家荀子的思想裡，「天行有常，不為堯存，不為桀亡。應之以治則吉，應之以亂則凶」（《荀子‧天論第十七》：1）。

　　郤文公之言：「苟利於民，孤之利也。天生民而樹之君，以利之也。民既利矣，孤必與焉。……命在養民。……君子曰：知命」（文公十三年：3），反映出的即是視君權雖得自於天之所授，但天是為人民謀福興利才為人民立君。因此，人君的本務，天命的實旨，就在於利民養民。這也可以說是對天命的內容作了較具體的規劃，但也同時反映出人君的現實要務即在於使人民得其安養以維生。

　　此一觀點也同樣顯現在墨子的思想裡，「古者上帝鬼神之建社國都，立正長也，非高其爵，厚其祿，富貴佚而錯之也，將以為萬民興利除害，富貴貧寡，安危治亂也」（《墨子‧尚同中第十二》：50～52）。

　　子產之言：「天道遠，人道邇，非所及也，何所知之」（昭公十八年：2），這不僅是視天道與人道不同，並也否定人可以識知天道。所以，子產視對天道所作的臆測乃是無意義的迷信。

　　此一觀點也同樣的反映在道家莊子與儒家荀子的思想裡，如莊子之言：「六合之外，聖人存而不論；六合之內，聖人論而不議」（《莊子‧齊物論第二》：56～57），而荀子則言：「皆知其所以成，莫知其無形，夫是之謂天。唯聖人為不求知天」（《荀子‧天論第十七》：9～10）。

　　在《左傳》之中雖多是就天人關係論人，但也有一處是就人與自然的關係來論述人的本性，即晏子之言：「凡有血氣，皆有爭心」（昭公十年：3），這也就是把爭奪之心看成是人與其他生物的共同本性。

　　不過，直就人之所是以論人者，卻僅見於同為注解《春秋》的《穀梁傳》中所載司馬子之言：「人之所以為人者，言也。人而不能言，何以為人」（僖公二十二年：4），這也就是將說話能力視為人的本質特徵。說話能力本是人

生而即俱的自然屬性，所以司馬子此言即是就人的自然屬性來定義人之所是。

在先秦諸子中，以人的自然屬性來定義人之所是者在儒、道、墨、法四家都有。若以儒家孟、荀二人為例，孟子即是以人與生俱來的道德屬性來定義人，「無惻隱之心，非人也；無羞惡之心，非人也；無辭讓之心，非人也；無是非之心，非人也。惻隱之心，仁之端也；羞惡之心，義之端也；辭讓之心，禮之端也；是非之心，智之端也」（《孟子·公孫丑上》：2A.6）；而荀子則是以人與生俱來的理智屬性來定義人，「人之所以為人者，非特以二足而無毛也，以其有辨也」（《荀子·非相第五》：25～26）。但以人自然屬性中之說話能力作為人之本質定義者，則獨見於司馬子之言。

《尚書》包括對夏、商、周三朝的政事記錄，且止於西周之事跡；《左傳》則是以春秋時期的政事記錄為主，與《國語》同為研究春秋時期的重要史料。〔註32〕《尚書》的形上基礎是位格之天，這是無可置疑的；但《左傳》的形上基礎則兼含位格之天與自然之天。這也就是說，在《左傳》之中，人對其自身的自我認知或是就人與位格神祇間的關係而言，如宮之奇之言：「鬼神非人實親，惟德是依」（僖公五年：9）。由是可知，宮之奇的思想是以位格之天為其形上基礎；但《左傳》之中，人對其自身的自我認知又或是就人與自然規律間的關係而言，如《左傳》之作者記載僖公十六年所發生的「隕石于宋五，……六鷁退飛過宋都」之事時，註解前者為「隕星也」而後者則為「風也」，並載叔興稱此為「陰陽之事，非吉凶所在也。吉凶由人」。由是可見，記載此事者的思想是以自然之天為其形上基礎。

在傳統的宗教信仰中，人之得以瞭解神意的途徑有二：一是藉諸占卜，一是觀察天象。觀察天象，原是為藉以知悉神意的好惡賞罰，而推知人事的吉凶禍福。但隨著對天象觀察心得的累積，也就逐漸導引出依自然規律來解釋自然現象的變化。這種思想也反映在《尚書·洪範第二十四》中。但《尚書·洪範第二十四》是將自然規律納入到神律（洪範九疇）之中，而《左傳》中的部份思想則是傾向於將自然規律獨立於神律之外，視之與神意無關。這也可以說是為人對其自身之認知與定位，提供了一個與傳統宗教信仰不同的參考架構。

〔註32〕請參閱《中國哲學史史料學概要（上）》，劉建國著，吉林省：吉林人民出版社，1983年，75頁。

（四）《國語》中的人學

「國語，又稱春秋外傳，司馬遷班固都說是左丘明寫的」〔註33〕

《國語》的主導思想雖也是以神為中心，但它也與《左傳》同樣的內含有許多關於以自然規律來解釋自然現象的新興思想。

原初人因對自然現象之生發原因的無知，遂將自然現象的變化歸諸神意的使然，如《詩經》中所言：「旱既大甚，蘊隆蟲蟲。不殄禋祀，自郊徂宮。昊天上帝，則不我虞。敬恭明神，宜無悔怒」（〈大雅‧雲漢〉；258）。但《國語》中伯陽父則言：「夫天地之氣，不失其序；若過其序，民亂之也。陽伏不能出，陰迫而不能蒸，於是有地震」（〈周語〉），伯陽父即是以陰陽兩種基本構成因素的交互作用，來解釋地震之所以產生的原因。他在此也就是強調自然現象的變化是依自然規律而行，故有其常道常態；但若失其常態，則是因為人對自然的作為阻礙了自然現象依其原有的常道而行所致。所以，他即視不論是自然現象的常態或異狀，都是可由自然規律中找到合理的解釋。換言之，伯陽父思想的形上基礎是在自然自身，而不在位格神祇。因此，這也可以說是為人認識其生活世界提供了一個相異於傳統宗教信仰的新的認知與詮釋架構。

《國語》中范蠡言：「持盈者與天，定傾者與人，節事者與地」（〈越語〉）。若細加區分，則見范蠡的思想實際包括了兩層含義。第一、他肯定天地之道是自然規律，也就是肯定天地之道是不隨人類主觀意志而改變的客觀規律，所以他即要人依循自然規律的必然趨勢來規劃人事作為的應然規範，「天道皇皇，日月以為常。明者以為法，微者則是行」（仝上）；他並認為唯有如此才能獲致人事的成功，「夫人事必將與天地相參，然後乃可以成功」（仝上）。第二、他雖直接的是將天道、地道都統歸於自然規律，「必有以知天地之恆制，乃可以有天下之成利」（仝上）；但他卻也肯定自然規律的終極根源在上帝，「上帝不考，時反是守，彊索者不祥。得時不成，反受其殃」（仝上）。

由這兩層意涵的分析，一方面是可以看出范蠡的思想所反映出的即是時人已由人世的亂象，反省到人世之亂在乎人類自身之所為，所以重視人類對其自身所作的自我規範；而另一方面也可以看出人類雖已開始為其自身規劃應然的規範，但在作此規劃時多是依人對其生活世界的認知而作相應的規劃。但就范蠡的主張而言，他認為人的生活世界既是受自然規律所直接宰制，

因此對人事的規劃就應是依循自然的規律而為,「因陰陽之恆,順天地之常,柔而不屈,彊而不剛。德虐之行,因以為常,死生因天地之刑。天因人,聖人因天。人自生之,天地形之,聖人因而成之」(仝上)。但他同時又將自然規律視為由至上神所規定,故視人雖是依循自然規律而定人事的應然規範,然而人事的作為卻仍是受上帝所裁制。因此,他認為人還是應當聽從天命,「昔者上天降禍於越,委制於吳,而吳不受。今將反此義以報此禍,吾王敢無聽天之命而聽君王之命乎」(仝上)。

　　若就先秦諸子對人事之應然規範所作的規劃來看,其中也包括了對人之生活世界三種不同型態的認知與定位。

　　第一種是肯定至上神的存在,並直接就人與至上神的關係來規劃人事的應然規範,這即如墨子的天志之論,「今天下之士君子,中實為將欲仁義,求為上士;上欲中聖王之道,下欲中國家百姓之利者,當天之志而不可不察也。天之志者,義之經也」(《墨子·天志下第二十八》:71~73)。

　　第二種是否定至上神的存在,而將人與萬物的根源都歸之於自然,並直接就人與自然規律的關係來規劃人事的應然規範,這即如老子的復樸之論,「道常無為而無不為。侯王若能守之,萬物將自化。化而欲作,吾將鎮之以無名之樸。無名之樸,夫亦將無欲。無欲以靜,天下將自定」(《老子》第三十七章);莊子的返真之論,「無以人滅天,無以故滅命,無以得徇名。謹守而勿失,是謂反其真」(《莊子·秋水第十七》:52~53);楊朱的全生之論,「全性保真,不以物累形,楊子之所立也」(《淮南子·卷十三氾論訓》:7a);荀子的制天之論,「天地合而萬物生,陰陽接而變化起,性偽合而天下治。天能生物,不能辨物也;地能載人,不能治人也。宇中萬物,生人之屬,待聖人然後分也」(《荀子·禮論第十九》:77~79);管仲的用常之論,「天覆萬物,制寒暑,行日月,次星辰,天之常也。治之以理,終而復始。主牧萬民,治天下,蒞百官,主之常也,治之以法,終而復始……天不失其常,則寒暑得其時,日月星辰得其序。主不失其常,則群臣得其義,百官守其事。……故用常者治,失常者亂,天未嘗變其所以治也」(《管子·形勢解第六十四》:4~9);與韓非的定法之論,「守成理,因自然;禍福生乎道法,而不出乎愛惡」(《韓非子·大體第二十九》:12~13)。

　　第三種則是肯定至上神的存在,也肯定至上神是自然規律的最初根源;並視人與萬物雖都因著自然規律而有自然本性,但此自然本性的終極根源還

是在於至上神的賦予。所以人雖是直接就人與自然規律的關係來規劃人事的應然規範，但此應然規範的制訂還是歸本於至上神的永恆神律，這即如孔子的天命之論，「不知命，無以爲君子；不知禮，無以立也」（《論語・堯曰第二十》：3）；與孟子的盡性之論，「盡其心者，知其性也。知其性，則知天。存其心，養其性，所以事天也。殀壽不貳，修身以俟之，所以立命也」（《孟子・盡心上》：7A.1）。

在《國語》中，以人之本性而論人的記載則僅見於單襄公之言：「夫人性，陵上者也，不可蓋也。求蓋人，其抑下滋甚，故聖人貴讓。且諺曰：獸惡其網，民惡其上（〈周語〉），這即是將自由、爭強視爲人的本性，故強調人君爲政就應尊重人民的自由意志，以免因壓制人民，而造成人民的反抗。

此一觀點也同樣的反映在道家老子的思想裡，「聖人處上而民不重，處前而民不害，是以天下樂推而不厭。以其不爭，故天下莫能與之爭」（《老子》第六十六章）。老子即是認爲給予人民自由的政治環境，使人民得以自由的實現其本性，就能維持政治與社會的安定，而使天下太平。所以，老子反對人君爲制訂人文規範來抑制人民的自由，也要求人君貴柔、守靜以無爲治天下。老子以爲若能如此則不僅可使天下之人確保其自由，也可使人君常保其久治。

（五）《易傳》中的人學

「周易的卦辭和爻辭叫做經。彖、象、文言、繫辭、說卦、序卦、雜卦七種都是解說經的文字，叫做傳。……繫辭是周易的通論，序卦說明天地萬物化生以及六十四卦的次序爲什麼那麼安排的道理。易傳大概不是一時一人所作。大體說來，繫辭和序卦是戰國時人的作品」。〔註34〕

《易傳》的主導思想雖也與前四部經典一樣的涵具宗教信仰在其中，但它卻是以自然爲其立論的主軸，並以人爲其立論的核心，「夫易，聖人所以崇德而廣業也。知崇禮卑；崇效天，卑法地。天地設位，而易行乎其中矣」（〈繫辭上〉：V）。

《易傳》以「天地」指謂自然，並視自然爲萬物的生發根源，「有天地，然後萬物生焉」（〈序卦〉：I），「有萬物，然後有男女」（〈序卦〉：II）。由是可知，《易傳》也就是依據人與自然的關係來定位人在宇宙中的地位，而視人是介乎天地之間的自然產物，「易與天地準，故能彌綸天地之道。仰以觀于天文，

〔註34〕仝註 25，408 頁。

俯以察于地理,是故知幽明之故。原始反終,故知死生之說」(〈繫辭上〉;III)。

　　《易傳》雖是肯定人是自然的產物,也與其他自然產物一樣的是受自然規律所限制;但《易傳》也顯現出人又不僅是如其他自然產物一樣的只是依循自然規律而生活,人還能以其理智思慮觀察自然現象,歸結出自然規律,並依據此自然規律而制訂出人文規範,「聖人有以見天下之賾,而擬諸其形容,象其物宜,是故謂之象;聖人有以見天下之動,而觀其會通,以行其典禮,繫辭焉以斷其吉凶,是故謂之爻。極天下之賾者存乎卦,鼓天下之動者存乎辭,化而裁之存乎變,推而行之存乎通,神而明之存乎人,默而成之、不言而信存乎德行」(〈繫辭上〉;XII)。由此可見,《易傳》不僅視人是自然產物,而且視人是一種具有理性與道德的存在物,「昔者聖人之作易也,……和順於道德而理於義,窮理盡性以至於命」(〈說卦〉;I)。

　　《易傳》視人之有理性、有道德是出於人的自然本性,「一陰一陽之謂道,繼之者善也,成之者性也。仁者見之謂之仁,智者見之謂之智」(〈繫辭上〉;IV)。這即是視人只有一種自然本性,但這種自然本性卻是由兩種基本要素所合構而成的統一體,「昔者聖人作易也,將以順性命之理。是以,立天之道,曰陰與陽;立地之道,曰剛與柔;立人之道,曰仁與義」(〈說卦〉;II)。

　　若就「立人之道,曰仁與義」(全上)而言,《易傳》視聖人為人制訂人之所以為人的道德規範,也就正是「以體天地之撰,以通神明之德」(〈繫辭下〉;V),俾「與天地合其德」(〈乾卦文言傳〉;1)。因此,《易傳》即以「與天地合其德,與日月合其明,與四時合其序,與鬼神合其吉凶」(全上)的「大人」(全上)為人的理想形象。

　　再就「立天之道,曰陰與陽;立地之道,曰剛與柔」(〈說卦〉;II)而言,《易傳》則視天地之道即是陰陽、剛柔之道,也就是自然之道。萬物既是由天地而生,因此萬物也就是根源於自然所生,「天地絪縕,萬物化醇;男女構精,萬物化生」(〈繫辭下〉;IV)。此中所謂的「男女」即指陰陽、剛柔、乾坤、天地。

　　老子曾言:「道生一,一生二,二生三,三生萬物。萬物負陰而抱陽,沖氣以為和」(《老子》第三十九章),是見老子與《易傳》同樣是肯定人與萬物皆是根源於自然所生。所以老子論自然之道也以陰陽、剛柔為主,而視自然萬物皆是由陰與陽這兩相對立又相互作用的基本要素所合構而成。老子並認為,人與萬物之所以會有此本性是出於自然的賦予,所以人與萬物的本性也

就是依自然規律而動，「道生之，德畜之，物形之，勢成之。是以萬物莫不尊道而貴德。道之尊，德之貴，夫莫之命而常自然」（《老子》第五十一章）。老子並視自然規律是按相反相成的原則而動，「反者，道之動」（《老子》第四十章），所以老子主張人就應篤守自然之本而復樸，「爲天下谿，常德不離，復歸於嬰兒。……爲天下式，常德不忒，復歸於無極。……爲天下谷，常德乃足，復歸於樸」（《老子》第二十八章）。因此，老子遂反對人之有爲以立仁義之道，「失道而後德，失德而後仁，失仁而後義，失義而後禮。夫禮者，忠信之薄而亂之首。前識者，道之華而愚之始。是以大丈夫處其厚不居其薄，處其實不居其華。故去彼取此」（《老子》第三十八章）。這便與《易傳》的思想相異，因爲《易傳》不僅主張應爲人立仁義之道，而且強調：「君子將有爲也，將有行也」（《易傳・繫辭上》；IX）。

老子與《易傳》雖都同樣的肯定人根源於自然所生，但兩者卻又衍生出不同的人生態度。老子主靜，強調陰柔、無爲，「天下之至柔，馳騁天下之至堅。無有入無間，吾是以知無爲之有益」（《老子》第四十三章）；《易傳》則主動，強調陽剛、有爲，「動而健，剛中而應，大亨以正，天之命也」（《易傳・無妄卦象傳》；25）。

老子與《易傳》之所以會衍生出如此不同的人生態度，乃是因爲老子以無極爲本，「復歸於無極」（《老子》第二十八章），並視無極即自然，故以自然爲宗，「人法地，地法天，天法道，道法自然」（《老子》第二十五章）。而《易傳》雖也曾言：「有天地，然後萬物生焉。盈天地之間唯萬物」（《易傳・序卦》；I），但它並不是將人與萬物都歸源於自然規律而止，它還將自然規律歸諸至上神的賦予，「古者包犧氏之王天下也，仰則觀象於天，俯則觀法於地，觀鳥獸之文與地之宜。近取諸身，遠取諸物，於是始作八卦，以通神明之德，以類萬物之情」（《易傳・繫辭下》；II）。

由此也可看出，《易傳》實是就兩個層次來論人，一是直接就人與自然的關係來論人，故視人應效法天地之道而有爲，「動而健，剛中而應，大亨以正，天之命也」（《易傳・無妄卦象傳》；25）；再是間接的就自然與至上神的關係而將人與至上神連繫起來，視人的終極根源在至上神，「聖人亨以享上帝」（《易傳・鼎卦象傳》；50）。所以，《易傳》仍重占卜以測知神意而斷人事的吉凶禍福，「探賾索隱，鉤深致遠，以定天下之吉凶，成天之亹亹者，莫大乎蓍龜。是故，天生神物，聖人則之；天地變化，聖人效之；天垂象、見吉凶，聖人

象之；河出圖、洛出書，聖人則之。易有四象，所以示也；繫辭焉，所以告也；定之以吉凶，所以斷也」(《易傳‧繫辭上》；XI)。

但《易傳》之重視占卜與殷商之以占卜為主不同，因為殷商之以占卜為主是在於殷商時人只重人與至上神的直接關係，並視自然現象僅為神意所決定；但《易傳》之重視占卜則是在於它視人直接與自然相關，而間接與至上神相關。《易傳》也就是認為自然有其規律可循，人只要能掌握此自然規律，人就能大致的掌握到人自身行事的吉凶禍福；但自然規律既是由陰與陽這兩種相互對立又互相作用的基本要素所合構而成，所以自然規律的形式為常，但實質則為變，換言之，自然規律即是以變為常，「易之為書也不可遠，為道也屢遷，變動不居，周流六虛。上下無常，剛柔相易，不可為典要，唯變所適」(〈繫辭下〉；VII)。因此聖人之作《易》就是欲在變之中去預先測知人的吉凶禍福，「聖人設卦，觀象，繫辭焉，而明吉凶。剛柔相推，而生變化。是故，吉凶者，失得之象也；悔吝者，憂慮之象也；變化者，進退之象也；剛柔者，晝夜之象也。六爻之動，三極之道也」(〈繫辭上〉；II)。

《易傳》釋《易》而言：「夫易何為者也？夫易開物成務，冒天下之道，如斯而已者也。是故聖人以通天下志，以定天下之業，以斷天下之疑」(〈繫辭上〉；X)。這雖是強調人以其理智思慮就能掌握到自然規律，並按自然規律行事就能趨吉避凶；但自然規律既是以變為常，其中還是充滿了可吉可凶、可福可禍的不確定性，所以《易傳》之重視占卜的第二層意思就是肯定至上神的存在，並視至上神不僅決定自然規律，也決定了人的命運，「君子居則觀其象而玩其辭，動則觀其變而玩其占。是以自天祐之，吉無不利」(〈繫辭上〉；II)，「樂天知命，故不憂」(仝上；IV)。

由此以觀，《易傳》似有宿命論的傾向，而與道家莊子之視「知其不可奈何而安之若命，德之至也」(《莊子‧人間世第四》；43)似為同義，但兩者又實有其基本取向上的不同。莊子反對為人制訂人文規範，並要人超脫已然存在的人文規範之束縛，以爭取人生在世的絕對自由，「聖人不從事於務，不就利，不違害，不喜求，不緣道。無謂有謂，有謂無謂，而遊乎塵垢之外」(《莊子‧齊物論第二》；73～74)；而《易傳》雖是要人樂天知命，但也稱頌「黃帝堯舜氏作，通其變，使民不倦；神而化之，使民宜之。易窮則變，變則通，通則久。是以，自天祐之，吉無不利」(《易傳‧繫辭下》；II)，這就是肯定人應運用對自然規律的掌握而知所變通，以有為、有利於人世，「聖人立象以盡

意，設卦以盡情偽，繫辭焉以盡其言，變而通之以盡利，鼓之舞之以盡神」（《易傳‧繫辭上》；XII）。由是即見，莊子主張順應自然規律的變化，無為以應人世之變，「無為名尸，無為謀府，無為事任，無為知主。體盡無窮，而遊無朕；盡其所受乎天，而無見得，亦虛而已。至人之用心若鏡，不將不迎，應而不藏，故能勝物而不傷」（《莊子‧應帝王第七》；31～33）；而《易傳》則主張順應自然規律的變化，有為以定人世之常，「日月得天而能久照，四時變化而能久成。聖人久於其道，而天下化成」（《易傳‧恆卦彖傳》；32）。

　　《易傳》以「生生」的概念來說明人與萬物的生發，「天地之大德曰生」（〈繫辭下〉；I）；人與萬物既是同源於自然所生，因此人與萬物即皆同為自然之物，「盈天地之間，唯萬物」（〈序卦〉；I）；人與萬物不僅同源於自然，同為自然之物，而且同樣是處在生生不息的生發歷程之中，「夫乾，其靜也專，其動也直，是以大生焉；夫坤，其靜也翕，其動也辟，是以廣生焉」（〈繫辭上〉；V）；人與萬物雖是同處於生生不息的生發歷程之中，但此歷程又非循環反覆，而是不斷創新，「日新之謂盛德」（全上）。

　　《易傳》之所以以「日新」說明「生生」之德，是因為《易傳》視變為常，既有變化，自有創新，故不同於既往。因此，《易傳》視變易即是生生之旨，「生生之謂易」（全上）。

　　《易傳》雖是以自然規律來說明人與萬物之所以生發的原因，但也視自然規律源諸天命，「利有攸往，順天命也；觀其所聚，而天地萬物之情可見矣」（〈萃卦彖傳〉；45）。天命既是出於有智有情有意的至上神，故《易傳》即言：「乾坤，其易之門邪。乾，陽物也；坤，陰物也。陰陽合德，而剛柔有體。以體天地之撰，以通神明之德」（〈繫辭下〉；V）。由是可知，《易傳》所實際稱頌的乃是使自然規律之所以如此的至上神，故「聖人亨以享上帝」（〈鼎卦彖傳〉；50）。

　　《易傳》論人，強調君子與小人之別，「內陽而外陰，內健而外順，內君子而外小人，君子道長，小人道消也」（〈泰卦彖傳〉；11），「內陰而外陽，內柔而外剛，內小人而外君子，小人道長，君子道消也」（〈否卦彖傳〉；12）。這並不是意謂著人有兩種不同的本性，而是意謂著人雖只有一種本性，但此本性之中卻具有或為君子或為小人的潛在可能性。因此，就嚴格意義講，人性有常，因為人人皆具相同的潛在可能性；但人性也有變，因為每一個人所實現的潛在可能性或同或異，以致於呈現出人間的不同形象，或為君子或為

小人。但既然爲君子或爲小人都是在人的潛在可能性之內，所以兩者也一樣可以互相轉換，而使同一主體能夠同時或者先後呈現兩種不同的形象。

《易傳》視聖人即是依據人的潛在可能性而制訂相應的道德規範，以使人在實現其潛在可能性時能有一確定的管道可循而自趨完善，「夫易，聖人所以崇德而廣業也。……成性存存，道義之門」（〈繫辭上〉；V）。由是可知，《易傳》視人之有道德是源自於人性，「直其正也，方其義也。君子敬以直內，義以方外，敬義立而德不孤」（〈坤卦文言傳〉；2）；但人之有道德規範，則是出自於聖人之爲，「作易者，其有憂患乎？是故，履，德之基也；謙，德之柄也；復，德之本也；桓，德之固也；損，德之修也；益，德之裕也；困，德之辨也；井，德之地也；巽，德之制也。……履以和行，謙以制禮，復以自知，恒以一德，損以遠害，益以興利，困以寡怨，井以辨義，巽以行權」（〈繫辭下〉；VI）。人即是因有道德規範而知所應行，「君子以成德爲行」（〈乾卦文言傳〉；1）。

《易傳》既視道德規範出於聖人之爲，因此強調人文化成對人的形塑之功，「小利有攸往，天文也；文明以止，人文也。觀乎天文，以察時變；觀乎人文，以化成天下」（〈賁卦象傳〉；22）。由是即見，《易傳》雖仍保有傳統的宗教信仰，但實旨上卻已透過人與自然之間的生發關係而轉注到對人自身行爲的重視，並進而強調歸本於聖人之爲的人文化成之功。因此，《易傳》可視爲由神本主義轉向人本主義的一部關鍵之作。

「人文化成」是儒家學說的主導思想，如孔子之重禮文之教，「君子博學於文，約之以禮，亦可以弗畔矣夫」（《論語・雍也第六》；27）；孟子之重人倫之教，「設爲庠序學校以教之。庠者，養也；校者，教也；序者，射也。……學則三代共之；皆所以明人倫也。人倫明於上，小民親於下」（《孟子・滕文公上》；3A.3）；荀子則重禮義之教，「學惡乎始？惡乎終？曰：其數則始乎誦經，終乎讀禮；其義則始乎爲士，終乎爲聖人。眞積力久則入，學至乎沒而後止也。故學數有終，若其義則不可須臾舍也」（《荀子・勸學第一》；26～28）。儒家諸子即是欲藉人文化成之教，以導人向善而成德。

（六）《禮記》中的人學

「禮記又稱小戴記，共四十九篇，西漢戴聖編輯而成，是秦漢之際儒家

著作的一個總集」。〔註35〕

　　《易傳》由「神道設教」（〈觀卦象傳〉：20）之議而轉重人文化成之功；《禮記》則是直就人文化成之旨以論人道之實，「先王之制禮樂也，非以極口腹耳目之欲也，將以教民平好惡，而反人道之正也」（〈樂記第十九〉：1）。再者，《易傳》是就人性之實現而論人文化成之功，《禮記》則是就人之所是而論人道之實。

　　在《禮記》中的〈冠義第四十三〉、〈學記第十八〉、〈禮運第九〉、〈表記第三十二〉與〈中庸第三十一〉等五篇中都對人之所是作出了某種詮釋，因此筆者即擬以此五篇來一探《禮記》中的人學。

　　〈冠義第四十三〉視人之所是為：「凡人之所以為人者，禮義也」。但這並非即意謂人生而即具禮義，而是視人經由學習成人之道後，乃有禮義，「成人之者，將責成人禮焉也。責成人禮焉者，將責為人子、為人弟、為人臣、為人少者之禮行焉」。因此，成人之道即是使人為人的人化之道。人也就是經由成人之道而習得禮義，並內化此禮義而成其為人，「孝弟忠順之行立，而後可以為人」。由此可看出，〈冠義第四十三〉對人之所是的詮釋不是就人與生俱來的自然屬性而論，而是就人後天形成的社會屬性而論。

　　〈冠義第四十三〉雖點出人需要經過學習禮義的成人之道後，才可成其為人，但其所突顯的實是政治教化，故言：「聖王重禮」。而此一觀點也同樣的顯現在〈樂記第十九〉之中：「先王之制禮樂也，非以極口腹耳目之欲也，將以教民平好惡，而反人道之正也」（〈樂記第十九〉：1）。此中所謂的「人道」即是指人之所以為人之道，也即是成人之道。

　　〈學記第十八〉中雖未直接對人的所是下一明確的定義，但從其論述教學的目的以觀，則見其中隱含的肯定人性之中有善有不善，故須要藉助於教育以長善而救其失，「君子如欲化民成俗，其必由學乎。……人之學也，或失則多，或失則寡，或失則易，或失則止。此四，心之莫同也。知其心，然後能救其失也。教也者，長善而救其失者也」（《禮記·學記第十八》：1～7）。此一觀點也同樣的顯現在儒家孔子的思想裡，「若臧武仲之知，公綽之不欲，卞莊子之勇，冉求之藝，文之以禮樂，亦可以為成人矣」（《論語·憲問第十四》：12）。故對孔子而言，禮文之教即是成人之道。

　　〈學記第十八〉強調教育的目的是在導人向善，因此主張欲求政治的平

〔註35〕全註 25，1036 頁。

治，必先重視使人知道以向善；欲使人知道以向善，就應以教學爲先，「人不學，不知道。是故古之王者，建國君民，教學爲先」（《禮記・學記第十八》：2）。此一觀點也同樣顯現在儒家荀子的思想裡，「國將興，必貴師而重傅；貴師而重傅，則法度存」（《荀子・大略第二十七》：107）。

大體而言，先秦時期的教育思想都是依從政治思想的導向，作爲貫徹政治思想的一個主要工具，這在儒家荀子與法家韓非之論中尤爲明顯。如荀子強調禮治，故重禮教，「禮者，所以正身也；師者，所以正禮也。……禮然而然，則是情安禮也；師云而云，則是知若師也。情安禮，知若師，則是聖人也」（《荀子・修身第二》：37～39）；韓非強調法治，故主張以法爲教，「明主之國，無書簡之文，以法爲教；無先王之語，以吏爲師，……是境內之民，其言談者必軌於法」（《韓非子・五蠹第四十九》：10～11）。

〈禮運第九〉視人之所是爲：「人者，其天地之德，陰陽之交，鬼神之會，五行之秀氣也。……故人者，天地之心也，五行之端也，食味、別聲、被色而生者也」（〈禮運第九〉：24～26）。這是就人與生俱來的自然屬性以定義人之所是，並視人生而即具天地間最優秀的本性，因此而將人視爲宇宙的中心，以人爲本。此一觀點也同樣的顯現在《孝經》〔註36〕裡，「天地之性，人爲貴」。而儒家荀子也強調人最爲天下貴，「水火有氣而無生，草木有生而無知，禽獸有知而無義，人有氣有生有知亦且有義，故最爲天下貴也」（《荀子・王制第九》：69～70）。但荀子視禮義非出於人的本性，而是出於聖人之爲，「凡禮義者，是生於聖人之僞，非故生於人之性也」（《荀子・性惡第二十三》：22～23）。所以，荀子視人是有了禮義之後，才成爲天地之間的最貴者。

〈禮運第九〉雖視人天生即具有最優秀的本性，但也強調人需要禮義以規範人情，「故聖人脩義之柄、禮之序，以治人情」（〈禮運第九〉：35）。這即是將人性與人情作一區別，視人性爲善，人情爲惡，並視禮義即是聖人爲對治人情所作的道德規範。儒家荀子雖不分性、情之別，「夫好利而欲得，此人之情性也」（《荀子・性惡第二十三》：29～30），但他也同樣強調禮義是聖王爲對治人之情性而作的行爲規範，「古者聖王……起禮義，制法度，以矯飾人之情性而正之，以擾化人之情性而導之也」（仝上：7～8）。

再者，「禮者，君之大柄也。所以別嫌明微，儐鬼神，考制度，別仁義」

〔註36〕《孝經》之引文，引自《孝經今註今譯》，黃得時註譯，台北市：臺灣商務印書館，民國 62 年。

（〈禮運第九〉；16），可見〈禮運第九〉視人之制訂禮義即是人為其自身立法，故其稱「禮義也者，人之大端也。所以講信修睦，而固人之肌膚之會、筋骸之束也；所以養生、送死、事鬼神之大端也；所以達天道、順人情之大竇也」（仝上；33）。

正因〈禮運第九〉視禮義是人為其自身所立的規範，所以該篇也就視人是在道德規範建立之後，人才有道德觀念的形成。但〈曲禮上第一〉則是視道德觀念先於道德規範，並視道德規範即是道德觀念的完成，「道德仁義，非禮不成」（〈曲禮上第一〉；6）。

這對人的道德觀念與道德規範之從屬關係的認知衝突，也同樣的顯現在儒家孟子與法家管仲的思想裡。儒家孟子視人的道德規範根源於人的道德本性，「無惻隱之心，非人也；無羞惡之心，非人也；無辭讓之心，非人也；無是非之心，非人也。惻隱之心，仁之端也；羞惡之心，義之端也；辭讓之心，禮之端也；是非之心，智之端也」（《孟子・公孫丑上》；2A.6）；法家管仲則視人的道德規範與道德觀念皆源自人君所制訂的法律規範，「所謂仁義禮樂者，皆出於法，此先聖之所以一民者也」（《管子・任法第四十五》；2）。

〈禮運第九〉雖視禮義是人為其自身立法，但也強調「聖人作則，必以天地為本，……鬼神以為徒，五行以為質」（〈禮運第九〉；26）。由是可見，〈禮運第九〉的形上基礎是在自然，而非至上神。

〈表記第三十二〉視仁是人之為人的根本，而義則是使人成其為人的人化之道，「仁者，人也；道者，義也」（〈表記第三十二〉；7）。因此，該篇視「仁者，天下之表也；義者，天下之制也」（仝上；7）。此一觀點也同樣顯現在儒家孟子的思想裡，「仁，人心也；義，人路也」（《孟子・告子上》；6A.11），所以孟子強調「居仁由義」（《孟子・離婁上》；4A.11）。

但須作說明的是，孟子視仁、義、禮、智為人性的四端，也就是人之所以為人的四種潛在可能性；並以「仁」作為四端的統稱，而強調「夫仁，亦在熟之而已矣」（《孟子・告子上》；6A.19），這也就是強調使人成其為人的人化之道即在於「仁」之由潛能到現實。由是可見，「仁」在孟子的思想裡，既是人之所以為人的潛能，也是人之為人的現實，「仁也者，人也；合而言之，道也」（《孟子・盡心下》，7B.16）。

在《禮記》諸篇章中，〈中庸第三十一〉與〈大學第四十二〉都被宋明時期的朱熹自《禮記》之中選出，而與《論語》、《孟子》合併為《四書》。因此

筆者雖將《中庸》〔註37〕視為一獨立經典，但仍將之列入《禮記》人學的探討範圍。

《中庸》視天賦予人之本性，人實現此天賦本性即是道，修養此天賦本性即是教，「天命之謂性，率性之謂道，修道之謂教」（第一章）。

《中庸》中所言的「天命」實有二義。「天命之謂性」（第一章）中所謂的「天命」是相對於人性而言，指的即是上天賦予人以使其存在的自然本性；而「大德者必受命」（第十七章）中所謂的「命（天命）」則是相對於人君的政權而言，指的即是上天授予有德者以統治人世的政權，以代天行治於人間。前者著重在強調人的自然本性乃是得自於上天的賦予，而後者則著重在強調君王的統治權力是得自於上天的命令，並引《詩經》：「嘉樂君子，憲憲令德，宜民宜人，受祿于天；保佑命之，自天申之」（〈大雅‧假樂〉；249），以作為君權神授的論據。

「天命之謂性」中所言的「天命」是凡人皆有，但「大德者必受命」中所言的「天命」則僅聖人得之。因此，前者所言的是具普遍性的「天命」，而後者所言的則是具限定性的「天命」。若就兩者的形上基礎以觀，則見後者明顯的是以位格之天作為其形上基礎，但前者則似乎是以自然之天為其形上基礎。

但若對照《中庸》中對天地之道的說明：「天地之道，可一言而盡也：其為物不貳，則其生物不測」（第二十六章），與其後所引《詩經》：「維天之命，於穆不已。於乎不顯，文王之德之純」（〈周頌‧維天之命〉；267）兩語來看，則見《中庸》其實是與《易傳》同樣的視人之本性直接根源於自然規律，而間接的則是根源至上神的永恆律，因此人雖是因自然規律而生，但其終極根源則是在至上神。由此即呈顯出《中庸》實是就兩層次的關係以論人的定位，首先是就人與自然的關係以論人性的根源，「天命之謂性」（第一章）；再是就人與至上神的關係以論人在宇宙中的地位，「大德者必受命」（第十七章），這也就是視人仍受至上神所監管，因此至上神能授命有德者以代治天下。

由此也可看出，《中庸》雖已趨向於以自然規律解釋人性，但仍保留傳統的宗教信仰。「鬼神之為德，其盛矣乎」（第十六章），此中所謂的「鬼神之德」即指天德。人既是受命於天而有其本性，故《中庸》即視人所得自於天的自然本性即涵其道德性，換言之，《中庸》即視人生而即具道德本性。凡人既然

〔註37〕《中庸》之引文，皆引自《新譯四書讀本》，謝冰瑩等編譯，台北市：三民書局，民國 80 年。

都有先天的道德本性，因此《中庸》視人人皆可以爲聖人，「質諸鬼神而無疑，知天也；百世以俟聖人而不惑，知人也」（第二十九章）。

人之可以爲聖人，既在乎人先天即具的道德本性，而人之有此道德本性又在於上天的賦予，因此「思知人，不可以不知天」（第二十章），因爲天命即是人性的根源。

《中庸》對於人性的解釋有二，一是「天命之謂性」（第一章），另一則是「自誠明之謂性」（第二十一章）。前者指的是人性的根源，後者指的則是人性的實現。《中庸》視人性實現的動力即內在於人性之中，故順諸人性的本然發展即能成就人之爲人的人化之道，「率性之謂道」（第一章）。《中庸》即以「誠」的概念來兼攝人性之本然與人性之實現。

「誠者，物之終始。不誠，無物」（第二十五章），是見誠即指使物之得以存在的本質所是。而此物之本質所是即內在的傾向於其自身的完成，「誠者，自成也」（仝上）。因此，物之本質的實現即物之爲物的本性，「自誠明之謂性」（仝上）。物之本性既是得自於天之所予，故「誠者，天之道也」（第二十章）。

依此而觀，即見《中庸》之言「天道」兼攝自然義與神性義。自然義的天道，指的即是自然規律的的必然趨勢，落實於人物之性，即指自然本性的自趨實現。神性義的天道，指的則是至上神對人的神聖律令，落實於人性，即指至上神將道德律令內置於人性之中，故當人實現其自然本性時，人也就能同時體現其道德性，這也就是道德義的天命。

人既是稟承天命而有人性，因此人就應順諸其本性的實現而體現其本有的道德，「誠之者，人之道也」（第二十章）。所以，人之爲人之道，也就是誠於人之本性並實現人之本性的人化之道。因此，誠之即是率性，也就是如其所是的實現人之本性。《中庸》既視人之自然本性也就是人的道德本性，因此，實現人的自然本性也就是實現人的道德性，故「誠之者，擇善而固執之者也」（第二十章）。擇善固執，即是人之道德本性的實現。

由是可見，《中庸》所言之「誠」實有二義，一是指人與生俱來的自然本性及此本性之如實實現的自然規律，另一則是指人眞實無妄的道德品格；前者即「誠」的本然義，而後者則是自此本然義所衍伸出來的道德義。人因天道而得天命，天命下貫而爲人性，人性與人性的實現即誠，故「君子以誠爲貴」（第二十五章）。

　　人雖先天即有誠之本性，並有實現此本性的內在動力，但《中庸》也承認人未必能如其所是的實現其本性。人之所以未能如其所是的實現其內在本性，是因人未能自覺到此一先天既存的道德本性，是以人會在人性的發用中有所偏失，而不能如其所是的實現其本有的德性。因此，人需要道德教化的啟發，以啟發人的道德自覺，使人如其所是的實現人的道德本性。由是以觀《中庸》中所謂的「修道之謂教」（第一章），指的即是使人修養其先天的道德本性，並實現其道德本性的方式，即謂之為「教」。換言之，《中庸》即視教化的目的即在使人自明內在的道德本性，從而依此道德本性的實現而成其為人。

　　人既是透過人文教化的方式而自明內在的道德本性，並依此自覺而去實現其內在的道德本性，因此《中庸》即視人文教化即是使人向其道德本性復歸的中介歷程，「曲能有誠，誠則形，形則著，著則明，明則動，動則變，變則化」（第二十三章）。

　　《中庸》視人是依人化之道來修養其自身，而人化之道的根本則在仁，「修身以道，修道以仁」（第二十章）。《中庸》既視人化之道即是使人如其所是的實現其道德本性而為人，因此，《中庸》也就是視仁不僅是人與生俱來的道德本性，也是使人成其為人的人化之道，「仁者，人也」（仝上）。此一觀點也同樣反映的在儒家孟子的思想裡，「仁也者，人也；合而言之，道也」（《孟子‧盡心下》；7B.16）。

　　《中庸》又視在人之仁性的自然流露中，以親親為大；但在人性的外顯行為中，合於義的行為即是最合宜的行為，而此中又以尊賢為大，「仁者，人也，親親為大；義者，宜也，尊賢為大」（第二十章）。親親的分判、尊賢的別等，就是人文規範之所以制訂的根源，「親親之殺，尊賢之等，禮所生也」（仝上）。換言之，《中庸》即視人文規範的制訂是依據人的道德本性與針對此本性的實現所作的合理規劃。

　　《中庸》雖視人之仁性的自然流露中，以親親為大，但這仍不足以區別人禽之異，因為「凡有血氣者，莫不尊親」（第三十一章）。因此，《中庸》視人不僅要親愛其親人，而且要依循禮的規範來表達其對親人的親愛之情。由是可知，《中庸》實視人的本性為善，但由人性的發用而顯現出的人情，則可能因未循人性之本然而有所偏失，以致外顯為不善的行為。人的行為既是由人之性情所主導，因此《中庸》即要人透過人文教化的導引，使人情復歸人

性的本然，而實現人性本有的道德。人文教化的依據即是禮文規範，因此《中庸》即是要人以禮來規範人性的發用，使人情的表達能合於禮的規範，「喜怒哀樂之未發，謂之中；發而皆中節，謂之和」（第一章）。此中所謂的「中」，即指人性的本然狀態；而所謂的「發」，即指人性的發用，也就是指人性的實現。但此中所謂的「中節」則實有二義，一指人性能如其所是的實現，一指人性的實現合於禮的規範。禮的規範既是在規範人性的實現能如其所是的實現，因此，此處所謂的「中節」也就是指合禮、復性。既然中節的效果是使外在的禮文規範與內在的道德本性相合，故謂之爲「和」。

禮文規範既是人所制訂出以使人向其道德本性復歸的依據，「故君子以人治人，改而止」（第十三章）。因此，人制訂禮文規範不僅是在制約人的外顯行爲，以使人的外顯行爲合於其內在的道德本性；而且是要透過禮文規範對人的制約，使人導情復性，恢復其道德本性的自顯。

人性既是源諸天道，得自天命，所以人性的本然即是天道。天道又不僅是人性之本，也同時是物性之本，故「中也者，天下之大本也」（第一章）。人實現其人性，不僅是外合人所制訂的禮文規範，也同時是內合作爲人與天地萬物之共同本源的天道，故「和也者，天下之達道也」（仝上）。人雖與天地萬物同樣源諸天道，但人獨得天命，故唯人能自明天道與人性，從而能有意識的去實現天道與人性，「致中和，天地位焉，萬物育焉」（仝上）。

此中所謂的「致中和」，不僅是要人自盡其人性，也同時要人輔助萬物以各盡其性，「誠者，非自成己而已矣，所以成物也。成己，仁也；成物，知也。性之德也，合內外之道也，故時措之宜也」（第二十五章）。《中庸》即視人自成其性，爲人本性的實現；人助成萬物各成其性，則是人性的擴充。但人之所能以助成萬物向其各自本性復歸以自成其性，則在乎人之能知。人能自知天道，因此也能知萬物之本性。人能自知天命，因此人不僅能實現其自身的道德本性，而成就人世的德行；人也能擴充其德行而及於天地萬物，使天地萬物也能復歸於道。所以，《中庸》視唯有能全顯其道德本性的人，才能知天道與天命，從而助成人、物向其本性復歸，以遂成天道，落實天命，「唯天下至誠，爲能盡其性；能盡其性，則能盡人之性；能盡人之性，則能盡物之性；能盡物之性，則可以贊天地之化育；可以贊天地之化育，則可以與天地參矣」（第二十二章）。故「唯天下至誠，爲能經綸天下之大經，立天下之大本」（第三十二章）。

　　由是即可看出，《中庸》雖仍保留了傳統的宗教信仰，也涵攝了以自然規律作為人性之生發根源的新興思想，但《中庸》卻也同時提昇了人在宇宙中的地位，視人為至上神在天地之間的代理者，依天道而參贊天地之化育。因此，《中庸》即視能「不勉而中，不思而得，從容中道」（第二十章）以達至誠，也就是以其「聰明聖知達天德」（第三十二章）的聖人為人的理想形象。

　　《中庸》的思想，大體都反映在儒家孟子的學說裡，尤其是孟子的盡性之論更是承襲《中庸》第二十二章的盡性之說而來，「盡其心者，知其性也。知其性，則知天。存其心，養其性，所以事天也。殀壽不貳，修身以俟之，所以立命也」（《孟子‧盡心上》：7A.1）。但孟子的重點是放在如何使人實現其先天即具的道德本性，而不是放在如何去參贊天地之化育。因此，孟子雖有「親親而仁民，仁民而愛物」（《孟子‧盡心上》：7A.45）之念，但其思想之核心仍在導人復性，「由仁義行」（《孟子‧離婁下》：4B.19）。

　　就形上基礎而言，《中庸》與孟子同，而與荀子異。但發揮《中庸》視人足以參贊天地化育之思想者，卻是荀子，「天地生君子，君子理天地。君子者，天地之參也，萬物之總也，民之父母也」（《荀子‧王制第九》：65～66）。事實上，《中庸》與孟、荀都是反映了以人為宇宙核心的思想，但荀子則又比前兩者更進一步的突顯出人對其自身與天地萬物間之關係的自我期許，也同時是更明確的顯現出人對其自身在宇宙中之存在責任的自我要求，「天地生之，聖人成之」（《荀子‧大略第二十七》：35）。

　　不過，與《中庸》思想相較，荀子所著重的是以人為主導，使天地之化育能為人所用且為人服務，「天有其時，地有其財，人有其治，夫是之謂能參」（《荀子‧天論第十七》：7～8），故其強調「制天命而用之」（全上：44）。但《中庸》所強調的則不是使天地萬物能為人所用，而僅是助成天地萬物全盡其各自的本性，以達到人與天地萬物的和諧共融，「萬物並育而不相害，道並行而不相悖」（《中庸》第三十章）。

　　道家思想雖因否定至上神的存在，而與《中庸》不合；但就助成人與萬物皆能各盡其性的觀點來看，道家思想則又與《中庸》的思想相同，如見老子之言：「聖人常善救人，故無棄人；常善救物，故無棄物」（《老子》第二十七章）。只不過，《中庸》強調的是人的有為，主張以禮治人，「大哉，聖人之道；洋洋乎，發育萬物，峻極於天。優優大哉，禮儀三百，威儀三千，待其人而後行」（《中庸》第二十七章）；而老子所強調的則是人的無為，也就是使

人與天地萬物皆能各依其本性而自治,「聖人……以輔萬物之自然而不敢爲」(《老子》第六十四章)。

由前述六部經典:《詩經》、《尚書》、《左傳》、《國語》、《易傳》與《禮記》的析論中,大致可看出人對其自身之認知是由人與至上神之關係的單一認知架構,逐漸發展出人與至上神之關係及人與自然規律之關係的雙層認知架構。若就先秦四家諸子對人之所是的認知與詮解而觀,則見墨子是以人與至上神之關係的單一認知架構來建構其人學思想;儒家孔、孟則是以人與至上神之關係及人與自然規律之關係的雙層認知架構來建構他們的人學思想;而儒家荀子與道家諸子及法家諸子則皆是以人與自然規律之關係的單一認知架構來建構他們各自的人學思想。由是也可看出,認知架構的不同即會形成對人之所是的不同認知與不同的詮解,這也是我們在做人學研究時所應注意的地方。

第四章　法家人學──人的政治面向

　　在先秦四家學派之中，儒、法兩家同重人文取向，而與道家之重自然取向、墨家之重宗教取向相異。但儒、法兩家又在人文取向之中，各自突顯出人的不同面向。儒家側重的是人的文化面向，強調人的道德修養，主張禮治；而法家側重的則是人的政治面向，強調人際的利害關係，主張法治。

　　法家思想除在秦代成爲政治的主導思想之外，自漢代以後則與儒家思想並行於統治階層，而外顯爲陽儒陰法的政治型態。

　　法家自管仲開其端後，歷經愼到、申不害、商鞅等人的倡導，而由韓非集其大成。

　　就時間序列而言，管仲身處春秋初期，是爲先秦諸子中的第一人；〔註1〕而韓非則身處戰國末期，故爲先秦諸子中的最後一人。〔註2〕兩者同爲法家之重要人物，但兩者之觀點又有所異同。

　　就兩者之相同處而言，兩者皆視人性好利而惡害，如管仲所言：「凡人者

〔註1〕 在黃公偉著《法家哲學體系指歸》一書的考證中，他認爲：「管子爲道法儒三家之共祖」（46頁）。此言雖未可盡信，但若綜觀《管子》一書之全文，卻也可見《管子》確是涵攝三家的思想於其中。再若就《管子》一書之思想的內在變遷來看，則見管仲是由天道轉重人文，再由人文中的禮轉重人文的法，因此強調以法治世。

〔註2〕 韓非是荀子的學生，卒於秦王政十四年（公元前233年）。在荀子所處的時期，學術的發展已漸趨合流，所以荀子的學說即呈顯出以儒家思想爲主軸，而旁攝諸家思想，故爲先秦時期之學術思想的集大成者。但也正因荀子的思想兼攝禮法，並側重對現實人世的有效管制，所以從學於荀子的韓非也就順此趨勢而轉重法治。因此，就時間的序列來看，韓非是先秦諸子的最後一人；就思想的內涵來看，韓非則是法家思想的集大成者。

莫不欲利而惡害」(《管子‧版法解第六十六》；6），﹝註3﹞而韓非亦言：「夫好
利惡害，夫人之所有也」(《韓非子‧難二第三十七》；4）；﹝註4﹞兩者也都肯
定人需要為其自身立法，也就是肯定人需要為其自身制訂強制性的行為規
範，以控制人性的發展不致危害人世的平治，如管仲所言：「人心之悍，故為
之法」(《管子‧樞言第十二》；7），而韓非亦言：「上設其法，而下無姦詐之
心」(《韓非子‧難一第三十六》；8～9）；兩者雖都肯定人性好利，也都肯定
人需要為其自身立法，但兩者卻也同樣的是要藉賞罰之制來利用人的好利本
性，以助成人君之治，如管仲所言：「明主之治也，縣爵祿以勸其民，民有利
於上，故主有以使之；立刑罰以威其下，下有畏於上，故主有以牧之」(《管
子‧明法解第六十七》；12～13），而韓非亦言：「明主之所導制其臣者，二柄
而已矣。二柄者，刑、德也。何謂刑、德？曰：殺戮之謂刑，慶賞之謂德。
為人臣者，畏誅罰而利慶賞，故人主自用其刑、德，則群臣畏其威而歸其利
矣」(《韓非子‧二柄第七》；12～16）。

但就兩者之相異處而言，管仲兼重禮法，「所謂仁義禮樂者，皆出於法，
此先聖之所以一民者也」(《管子‧任法第四十五》；2）；而韓非則獨尊法治，
「故法之為道，前苦而長利；仁之為道，偷樂而後窮。聖人權其輕重，出其
大利，故用法之相忍，而棄仁人之相憐也」(《韓非子‧六反第四十六》；3～5）。
再者，管仲強調德威並濟，因此主張以法統政，「雖聖人能生法，不能廢法而
治國」(《管子‧法法第十六》；1）；而韓非則強調君權專制，因此主張以政統
法，「君無術，則蔽於上；臣無法，則亂於下」(《韓非子‧定法第四十三》；7）。

管、韓二子皆重人世的現實面，皆肯定強制性、合理性與實用性的法為
有效控制人世之止亂歸治的不二法門，所以同視法為人世的最佳規範與道德
的最終依據。但管仲的主要命題是在「任法而不任智」(《管子‧任法第四十

﹝註3﹞　《管子》乙書之引文，皆引自《管子》，國學基本叢書，台北市：臺灣商務印
　　　　書館，民國57年；並參考《哈佛燕京學社引得特刊 —— 管子引得》，台北市：
　　　　成文出版社（翻印），民國55年。對《管子》一書的考證眾說紛紜，莫衷一
　　　　是。筆者採取《中國哲學史料學概要（上）》的觀點，視《管子》一書有管
　　　　仲自著的部份，也有後人的著作混在其中。但大體上，《管子》一書仍可作為
　　　　研究管仲思想體系的史料。因此，就嚴格意義而言，本文所指的「管仲的人
　　　　學」應視為《管子》中的人學思想。
﹝註4﹞　《韓非子》乙書之引文，引自《韓非子集釋》，陳奇猷撰，台北市：世界書局，
　　　　民國52年；並參考《哈佛燕京學社引得特刊 —— 韓非子引得》，台北市：成
　　　　文出版社（翻印），民國55年。

五》：6），側重的是法的客觀性；而韓非的主要命題則是在「不務德而務法」
（《韓非子・顯學第五十》：4～5），也就是側重在法的功利性。所以，管仲視
法的價值猶高於君民的群體價值之上；而韓非則視法的價值從屬於君主的個
體價值，以致人民的群體價值即消失在法中而僅為人君謀其一己私利的工具。

人形成人世，所以人世之亂也必是由人所造成；而人之所以為亂也必跟
人性有關，因為人性即是反映在人的行為上，所以要治理人世就必要掌握人
性。管、韓二子的人性論不僅深入剖析人自私自利的自然本性，也同時揭發
出人際相互計算的功利心態。這雖呈顯的只是人性實然的部份形象，而非其
全貌，但也足以引人深省人世之所以危亂不止的人性背景。

管、韓的法治思想也即是由他們的人性論發展而來，遂視刑法賞罰雖未
必能導人向善，但卻足以導世歸治，因此他們以法作為行為規範的最高準則，
強調重公義、去私欲的法度之治。但兩者所推崇的是君主專制式的法治，故
與現今民主自由式的法治不同。

第一節　管仲的人學：守法之人

管仲，名夷吾；約生於周平王四十六年（公元前 725 年）前後，約卒於
周襄王七年（公元前 645 年）前後；春秋初期潁上（今安徽省潁上縣）人；
為姬姓的後裔。管仲曾為齊國宰相，以尊王攘夷的政策，助成齊桓公一統天
下的霸業，並開啟代了後代的法家思想。管仲的思想主要見之於《管子》一
書，並以「法」作為其學說的核心概念。

管仲與前述三家諸子的最大不同處在，前述三家學者都是以知識份子的
立場設論，而管仲則是以實際從政的政治人物之身份立論，因此管仲的觀點
即較前述諸子更切近現實，也更傾向於實用性與功利性。

管仲不僅提出「以人為本」（〈霸言第二十三〉：3）的政治理念，並強調
人應為其自身立法，「仁義禮樂者，皆出於法，此先聖之所以一民者也」（〈任
法第四十五〉：2）。所以他雖然肯定「凡人者莫不欲利而惡害」（〈版法解第六
十六〉：6），但也認為人文規範就應是利用人的好利本性來助成人世的平治，
「明主之治也，縣爵祿以勸其民，民有利於上，故主有以使之；立刑罰以威
其下，下有畏於上，故主有以牧之。故無爵祿則主無以勸民，無刑罰則主無
以威眾。故人臣之行理奉命者，非以愛主也，且以就利而避害也；百官之奉

法無姦者,非以愛主也,欲以愛爵祿而避罰也」(〈明法解第六十七〉:12〜14)。因此管仲主張「治國使民,莫如法;禁淫止暴,莫如刑」(全上:3),遂重以法治人。

雖然管仲與儒、道、墨三家學者的研究對象都是人,所論述的內容也都關涉到人與其生活世界的互動關係。但儒家學者側重的是人的文化面向,強調的是人與仁義禮文的關係,如孔子所言:「克己復禮爲仁」(《論語‧顏淵第十二》:1);道家學者側重的是人的自然面向,強調的是人與自然常道的關係,如老子所言:「人法地,地法天,天法道,道法自然」(《老子》第二十五章);墨家學者側重的是人的宗教面向,強調的是人與位格神祇的關係,如墨子所言:「今天下之王公大人士君子,中實將欲遵道利民,本察仁義之本,天之意不可不順也。順天之意者,義之法也」(《墨子‧天志中第二十七》:72〜72);而管仲側重的則是人的政治面向,強調的則是人與刑政法制的關係,「君臣上下貴賤皆從法,此謂爲大治」(《管子‧任法第四十五》:5)。

因此,與前述三家思想相較,管仲較儒家更重視人的現實層面,較道家更重視人對天道的具體應用,也較墨家更強調以人自身所訂的規範來維護人際的公義與公利。

一、人之始生

管仲對於人的生成發展提出了兩種相近而又不同的解釋,一是就水而論,一是就氣而言。

首先,管仲視水爲萬物的本源,「水者,……萬物之本原也,諸生之宗室也」(〈水地第三十九〉:4〜9)。人既是萬物中的一員,所以人也是由水所生,「凝蹇而爲人」(全上:11〜12),故「人,水也」(全上:5)。

管仲既以水作爲人的物質基礎,所以他也以水性來說明人性,「夫齊之水,道躁而復,故其民貪麤而好勇;楚之水,淖弱而清,故其民輕果而賊」(全上:10〜11)。這即是視各地水性不同,所以民性也各異。因此,管仲視人君治人必依水性而治,「聖人之化世也,其解在水。故水一則人心正,水清則民心易;一則欲不汙,民心易則無邪」(全上:1〜3)。管仲即視人心正即能返諸水性之本然,而顯現人性之德,「夫水淖弱以清,而好灑人之惡,仁也;視之黑而白,精也;量之不可使概,至滿而止,正也;唯無不流,至平而止,義也;人皆赴高,己獨赴下,卑也」(全上:5〜8)。所以,由水性所呈現出

來的自然規律，也就是人性所應實現的德性。

管仲以水論人，不僅表現出中國早期訴諸形象直觀的具象思維，而且此種水一元論的思想在中國哲學史上也是唯一的特例。

在管仲之後的儒、道兩家學者，雖也有以水論人，但未曾是以水作爲人的物質基礎，而多是以水喻人之德。如孔子之言：「智者樂水」（《論語‧雍也第六》：23），老子之言：「上善若水，水善利萬物而不爭，處眾人之所惡，故幾於道」（《老子》第八章）。

管仲雖是以水作爲人的物質定義，但又預伏了氣的存在，「男女精氣合，而水流形」（〈水地第三十九〉：5～6）。這雖是以生理現象以論人之成形的始源，但也涵攝了氣在人之構成中所佔有的特殊地位。而管仲除在〈水地第三十九〉中以水論人之外，在〈樞言第十二〉、〈心術下第三十七〉與〈內業第四十九〉等篇中則都是以氣論人。筆者以爲，此中一個較合理的解釋應是管仲視水由而氣成，「其氣日寒，寒生水與血」（〈四時第四十〉：1～2）。既然水之本在氣，所以人之本也就歸根於氣。因此，究實而論，管仲還是以氣作爲人的物質基礎。

管仲言：「凡人之生也，天出其精，地出其形，合此以爲人」（〈內業第四十九〉：7～8），這不僅意謂人是由天地所生的自然產物，也同時肯定人是由精與形所同時合構而成的統一體。形是人的形體，精是人的精神，所以人即是由精神與形體所合構而成的生命體。

儒家荀子也同樣視人是由精神與形體所合構而成的統一體，但他與管仲所論之不同處在於他視人的精神是後出於人的形體，「形具而神生」（《荀子‧天論第十七》：10）。荀子也就是視人的精神是人有形體之後的附隨現象，而非與形體同時並生；但管仲之言：「凡人之生也，天出其精，地出其形，合此以爲人」，則是視人的精神與人的形體是同時並生。因此，管、荀二子對人的本質結構雖然看法相同，但對此結構之形成的先後次序卻見解相異。

管仲雖將人的本質結構劃分爲二，卻也將兩者合而爲一，也就是視兩者同爲一氣，「氣者，身之充也」（〈心術下第三十七〉：10），「精也者，氣之精者也」（〈內業第四十九〉：1）。人既是由氣而成，所以人的生死也就決定在氣的有無，「有氣則生，無氣則死。生者以其氣」（〈樞言第十二〉：12）。

若依「道生天地」（〈四時第四十〉：1）一語以觀，則見管仲似又肯定道在氣之先而生天地。但筆者以爲，管仲是視道與氣並存，道是氣之所以變化

的規律，而氣是道之所以顯現的依據，「虛而無形謂之道，化育萬物謂之德」
（〈心術下第三十七〉：11）。所以，當人由氣而生時，道即內在於人，「氣，道
乃生，生乃思，思乃知，知乃止矣」（〈內業第四十九〉：1～2）。道本是主導
氣之變化的客觀規律，但管仲視人是由氣所生成，所以道也就轉化為人的主
體心智，「道之在……人者，心也」（〈水地第三十九〉：11）。人也就是因此而
有思維活動，並能認識事物，「夫慮事定物，辯明禮義，人之所長」（〈形勢解
第六十四〉：3）。而人之有禮義，也是在人運用其理性思慮所作的分辨定斷之
後而有。所以，禮義即非人所生而即有，而是人所創制出來的人文產物。因
此，人之能辯明禮義即顯現出人類的特異之處。

　　管仲視人雖有理智思慮，但若不加以規範限制即會為亂，「古者未有君臣
上下之別，未有夫婦妃匹之合，獸處群居，以力相征。於是智者詐愚，彊者
凌弱，老幼孤獨不得其所。故智者假眾力以禁強虐，而暴人止。為民興利除
害，正民之德，而民師之。是故道術德行，出於賢人。其從義理，兆形於民
心，則民反道矣」（〈君臣下第三十一〉：7～10）。這不僅反映出人能以其智為
亂，人也能以其智撥亂反治。所以，人能以其智依從義理，而制訂出人際規
範，以正民之德。這也就是說，管仲不僅視人需要道德規範，而且視人能為
其自身立法，「德出賢人」（〈五行第四十一〉：1）。

　　但管仲既言：「道生德」（仝上：2），又言：「德出賢人」，可見管仲論道
德實有二義。一是就道德的自然義而言，道是主導萬物變化的客觀規律，而
德即是萬物得自於道而成的先天本性；〔註5〕二是就道德的人文義而言，道是
人為治理人世而設定的客觀規範，而德則是人內化人文規範而成的後天習
性。〔註6〕管仲視人之所以能承天道之德以立人道之德，其關鍵即在天道與人
道是以理相通，「德生於理」（〈九守第五十五〉：14～15）。

　　天道既是內在於人心之中，所以人即能以其主觀理智而為人設定合於天
道的客觀規範，而與天合德，「天因人，聖人因天。天時不作，勿為客；人事
不起，勿為始。慕和其眾，以修天地之從。人先生之，天地刑之，聖人成之，
則與天同極」（〈勢第四十二〉：13～18）。

〔註5〕　《管子》：「德者，道之舍，物得以生，生知得以職道之精。故德者，得也，
　　　　其謂所得以然也。以無為之謂道，舍之之謂德。故道之與德無間，故言之者
　　　　不別。間之理者，謂其所以舍也。」（〈心術上第三十六〉：9～11）。

〔註6〕　《管子》：「道德定於上，則百姓化於下矣。戒心形於內，則容貌動於外矣。
　　　　正也者，所以明其德。」（〈君臣下第三十一〉：4～5）。

管仲之言：「道也者，動不見其形，施不見其德」（〈心術下第三十七〉：1），即見管仲視天道雖貌似無爲而實則有爲。因此他視人道也即應是有爲而治，「禮者，因人之情，緣義之理，而爲之節文者也。故禮者，謂有理也；理也者，明分以諭義之意也。故禮出乎義，義出乎理，理因乎宜者也。法者，所以同出不得不然者也，故殺僇禁誅以一之也。故事督乎法，法出乎權，權出乎道」（〈心術上第三十六〉：12～14）。由是即見，管仲是以法作爲人道之本，「天之常也，治之以理，主之常也，治之以法」（〈形勢解第六十四〉：4～5）。因此，管仲強調：「法者，天下之程式也，萬事之儀表也」（〈明法解第六十七〉：11）。而法也即是人所爲人設定的人文規範，「黃帝之治也，置法而不變，使民安其法者也」（〈任法第四十五二：1～2）。管仲遂由天道之理轉重人道之法。

二、法立道德

管仲視人之性，好利而惡害，「凡人者莫不欲利而惡害」（〈版法解第六十六〉：6）。人若從其性而用其智，即會「以其私心舉措」（〈任法第四十五〉：7～8），「所以生亂長姦而害公正也，所以壅蔽失正而危亡也」（〈明法解第六十七〉：9～10），由是遂導致「智者詐愚，彊者凌弱，老幼孤獨不得其所」（〈君臣下第三十一〉：7～8）的亂世。因此，管仲視人需要爲其自身立法以制人的私心私意，「以法制行之，如天地之無私也。是以，宮無私論，士無私議，民無私說，皆虛其匈以聽於上。上以公正論，以法制斷」（〈任法第四十五〉：12～13）。

由是可見，管仲不僅強調人需要爲其自身立法，而且視法之所立即在禁制人之從私，「法度行則國治，私意行則國亂」（〈明法解第六十七〉：10）。所以，管仲認爲，爲求國治，必行法治，「治國使眾莫如法，禁淫止暴莫如刑」（仝上：3）。由是也可看出，管仲視法的主要功能即在禁人爲非，「法度者，主之所以制天下而禁姦邪也」（仝上：9）。

管仲既言：「生法者，君也」（〈任法第四十五〉：4），而法又是人君爲對治人之好利本性而制訂的人文規範，所以人君也就是以法治性，是有道德之起，「道也者，上之所以導民也。是故，道德出於君」（〈君臣上第三十〉：7）。由是可知，管仲視道德不是出於人的自然本性，而是出於人君所立之法，「所謂仁義禮樂者，皆出於法，此先聖之所以一民者也」（〈任法第四十五〉：2）。所以，人君所爲人制定的法律規範也就是人的道德規範，「案之以法，則姦不

生。……動無非法，所以禁過而外私也」（〈明法解第六十七〉；5～6）。

　　道德既是出於法，所以，「君據法而出令，有司奉命而行事，百姓順上而成俗，著久而為常」（〈君臣上第三十〉；10）。管仲即視人是先有法律規範，而後有道德規範；既有道德規範，而後人才有道德，並依道德而行，「道德定，而民有軌矣」（〈君臣上第三十〉；14）。是見管仲即視人之有道德是後天形成的習性，而非先天即具的天性，「道者，所以變化身而之正理者也。故道在身，則言自順，行自正，事君自忠，事父自孝，遇人自理」（〈形勢解第六十四〉；6～11）。

　　管仲即視人君以法而制訂出人世的道德規範，以規劃出人際的相處之道，進而維繫人世的平治，「夫法者，上之所以一民、使下也」（〈任法第四十五〉；9）。管仲也就是視人君以法治人，依法使民。所以，對管仲而言，法即不僅具有道德意涵，而且具有實用價值，「法者，天下之至道也，聖君之實用也」（〈任法第四十五〉；12～13）。

　　但人君之所以能以法治人，其關鍵還是在於人有好利惡害的自然本性，「人臣之所以畏恐而謹事主者，以欲生而惡死也。使人不欲生，不惡死，則不可得而制也」（〈明法解第六十七〉；5）。所以，管仲即採取以性制性的方式，藉由賞罰之制來推行其法治，「明主之治也，縣爵祿以勸其民，民有利於上，故主有以使之；立刑罰以威其下，下有畏於上，故主有以牧之。故無爵祿則主無以勸民，無刑罰則主無以威眾。故人臣之行理奉命者，非以愛主也，且以就利而避害也；百官之奉法無姦者，非以愛主也，欲以愛爵祿而避罰也」（仝上；12～14）。因此，人君之以法治人，不是要去人之性，而是要用人之性，以利導人去私從公、禁姦止暴，「夫法者，所以興功懼暴也」（〈七臣七主第五十二〉；6）。

　　人性有好惡，故賞罰可用；賞罰可用，故法治可行，「民者服於威，殺然後從，見利然後用，被治然後正，得所安然後靜者也」（〈正世第四十七〉；3～6）。賞罰得當，法治得行，則人世即可歸治，「明主者，有法度之制，故群臣皆出於方正之治，而不敢為姦；百姓知主之從事於法也，故吏之所使者有法，則民從之」（仝上；14～15）。因此，管仲強調：「君臣上下貴賤皆從法，此謂為大治」（〈任法第四十五〉；5）。這也反映出管仲視人人都應受法律規範的限制，法即是人事的唯一權衡、人世的最高價值，所以人無分貴賤皆應守法。

　　管仲既然視法度之治是順人之性而利導之，而人的好利本性又是直接表現在人的經濟活動上，所以管仲即以經濟條件的改善作爲政治施爲的基本要務，「凡治國之道，必先富民。……民富則安鄉重家；安鄉重家，則敬上畏罪；敬上畏罪，則易治也」（〈治國第四十八〉：5～6）。民富，則得其利；人民得其利，則人君即可進而教之以禮，禁之以法，從而導民歸善，「厚愛利，足以親之；明智禮，足以教之。上身服以先之，審度量以閑之，鄉置師以說道之，然後申之以憲令，勸之以慶賞，振之以刑罰。故百姓皆說爲善，則暴亂之行無由至矣」（之權修第三〉：5～12）。

　　由是可看出，管仲視人之有道德，是在人滿足了其物質利益需求的條件下而有，「倉廩實而知禮節，衣食足而知榮辱」（〈牧民第一〉：6）。所以，管仲不是在人好利惡害的自然本性之外去談道德，而是將人的道德意識建構在人好利惡害的自然本性之中，因勢利導而使人「反於道德」（〈內業第四十九〉：10），「道術德行，出於賢人。其從義理，兆形於民心，則民反道矣」（〈君臣下第三十一〉：9～10）。

　　管仲與後期法家學者之不同處即在於，管仲強調的是恩威並濟的法治觀，所以主張禮、法並重。

　　管仲視人君需設禮以劃分人際關係，以確定人際規範，使人知所依循，「上下有義，貴賤有分，長幼有等，貧富有度。凡此八者，禮之經也。故上下無義則亂，貴賤無分則爭，長幼無等則倍，貧富無度則失。上下亂，貴賤爭，長幼倍，貧富失，而國不亂者，未之嘗聞也。是故，聖王飭此八禮以導其民」（〈五輔第十〉：4～6）。由此可見，禮不僅是客觀制度，也是客觀規範，「禮義者，尊卑之儀表也」（〈形勢解第六十四〉：12）。因此，管仲強調：「成功立事，必順於禮義」（〈七法第六〉：4～5）。

　　但管仲亦言：「所謂仁義禮樂者，皆出於法，此先聖之所以一民者也」（〈任法第四十五〉：2），是見管仲視禮是從出於法。換言之，人君也就是依法立禮，故禮不僅是合理的人文規範，而且是合法的客觀規範。再者，禮既是內在於法中，所以人君以法治民，也就同時兼攝以禮治民。因此，凡是合禮的行爲即是合法的行爲；凡是合法的行爲，也就是合於道德的行爲。是以，管仲兼重禮、法，以使人民知禮、守法而有道德，「道德定於上，則百姓化於下矣。戒心形於內，則容貌動於外矣。正也者，所以明其德」（〈君臣下第三十一〉：4～5）。

法是禮之本，禮是法之行，而禮、法皆合於義理，「義者，謂如處其宜也。……理也者，明分以諭義之意也。故禮出乎義，義出乎理，理因乎宜者也。法者，所以同出不得不然者也」（〈心術上第三十六〉；12～14）。因此，禮、法即是人君以其主觀理智，依據人性的自然傾向，針對人世的實然景象所作的合理、合宜而且合利的客觀規範，「聖人者，明於治亂之道，習於人事之終始者也。其治人民也，期於利民而止」（〈正世第四十七〉；13～14）。所以，透過聖人的禮、法之治而形成的人之道德也就是以群體價值為指向，而突顯出道德的合理性、實用性與功利性，「明君順人心，安情性，而發於眾心之所聚。是以令出而不稽，刑設而不用。先王善與民為一體；與民為一體，則是以國守國，以民守民也，然則民不便為非矣」（〈君臣上第三十〉；10～12）。

管仲立論本就是在求維護人世的平治，「治安百姓，主之則也」（〈形勢解第六十四〉；10）。所以，他攝禮入法，強調唯有以法禁人為非，禮才足以導人向善，「明君者，閉其門，塞其塗，弇其跡，使民毋由接於淫非之地，是以民之道正，行善也若性然，故罪罰寡而民以治矣」（〈八觀第十三〉；7～9）。

因此，管仲主張人君治國應行法治，「明主者，有術數而不可欺也，審於法禁而不可犯也，察於分職而不可亂也。故群臣不敢行其私，貴臣不得蔽賤，近者不得塞遠，孤寡老弱不失其所職，境內明辨而不相踰越，此之謂治國」（〈明法解第六十七〉；4～5）。管仲也即是以法律規範作為人世的最高權衡，「法者，天下之儀也」（〈入國第五十四〉；12）。

三、守法成治

管仲重視法治，強調國家利益高於家族與個人的利益之上，所以反對訴諸宗法人倫的親親之愛，「不為愛親危其社稷，……不為愛人枉其法」（〈七法第六〉；8～9）。因此，管仲強調：「社稷先於親戚，法重於民」（〈法法第十六〉；8）。是以，管仲雖有禮治之議，但不重親親之情；雖有愛民之念，但「不為愛民枉法律」（仝上；9）。管仲執意的是要突顯法之作為社會控制機制的客觀性、強制性、功利性與實用性等積極效應。是故，管仲為論即重在強化法的權威性與法治的有效性，「憲律制度必法道，號令必著明，賞罰必信密，此正民之經也」（仝上；6～7）。

就法的出處而論，「生法者，君也」（〈任法第四十五〉；4）。人君本諸天道，依從義理，順於人情而為人立法。所以，法雖是人君之主觀理性的客體

化，但也有其立法的客觀依據，「雖聖人能生法，不能廢法而治國」（〈法法第十六〉：1）。法雖是爲人君所立，但一經確立即獨立而爲不隨人君之主觀意志所能左右的客觀規範，因此人君也就應受其法所制，「聖君任法而不任智，任數而不任說，任公而不任私，任大道而不任小物」（〈任法第四十五〉：6）。

再者，人君雖是爲人民而立法，但爲強化法的權威性，人君亦當先以法自治，以爲人民的表率，「明主知民之必以上爲心也，故置法以自治，立儀以自正也」（〈法法第十六〉：14～15）。人君遂由是而從生法者，轉爲守法者，法的權威性也即因是而得突顯。

就人君爲人所制訂的法而言，管仲強調：「法律政令者，吏民規矩繩墨也」（〈七臣七主第五十二〉：6～7），又說：「守法者，臣也；法於法者，民也」（〈任法第四十五〉：4～5）。人君本即是以法制臣，再由人臣依法制民，而人民則循法從制，「明主者，有法度之制，故群臣皆出於方正之治，而不敢爲姦。百姓知主之從事於法也，故吏之所使者有法，則民從之；無法，則止。民以法與吏相距，下以法與上從事」（〈明法解第六十七〉：14～17）。如是，法即成爲人人所共同遵守的客觀規範，「君臣上下貴賤皆從法，此謂爲大治」（〈任法第四十五〉：5）。

由是也可看出，管仲的理想社會即是君臣上下貴賤皆從法的法治社會，而其理想的人格則是「奉法守職」（〈正世第四十七〉：13）的守法之人，也就是「明法術以致主之所欲，而除主之所惡」（〈侈靡第三十五〉：7）的法術之士。

若就管仲所推崇的法治社會而言，這的確是個值得肯定的理想社會。但管仲所強調的是專制式的法治社會，而非民主式的法治社會，「威勢獨在於主，而不與臣共；法政獨制於主，而不從臣出」（〈明法解第六十七〉：8～9）。管仲雖強調法度之治重在使人去私爲公，禁暴止姦；並視人君須先以法自治，而後才以法治人。但人君既是生法者，又獨操賞罰之權勢，所以人君若不以法自治，人民便會淪爲人君以其私意而驅使的工具，「治人如治水潦，養人如養六畜，用人如用草木」（〈七法第六〉：11～12）。如是，則人不僅只具工具價值，而且也無人格尊嚴。這樣的法治社會反倒成了戕害人性的淵藪，即便能維繫人世的平治，也終非理想的社會。

再者，管仲強調：「聖王之治人也，不貴其人博學也，欲其人之和同以聽令也」（〈法禁第十四〉：1～2），這即是欲以法來統一人們的思想，並強化而爲社會成員所共遵的意識型態，從而也就壓制了人們對於法的反省與批判，

一切都依從於人君所立的法令而行，「道也者，上之所以導民也。是故，道德出於君，制令傳於相，事業程於官。百姓之力也，胥令而動者也」（〈君臣上第三十〉：7～8）。但當人們缺乏反省與批判的能力時，人也就淪爲法的附屬物，依從於法來建構自我認知與自我評價，人即會喪失他的主體性與自由性，人也就不復爲人。

　　所以，管仲雖是從現實經驗之中，去勾勒出他的理想社會；但他的理想社會，卻仍有其內在的侷限。

四、禮法之辨

　　就管仲所身處的時代而言，管仲是在孔子之前，並與孔子分重周文之一端，從而開展出先秦法、儒兩家學派；〔註7〕若就管仲的思想而言，儒家荀子的思想相近於管仲，而孟子的思想則與管仲格格不入。但管仲與儒家學者同樣主張人需要爲其自身制訂行爲規範，唯前者主張法治，而後者主張教育與禮治。因此，筆者擬於此以探析是爲人的人文取向之兩端的管仲與儒家學者間的異同之處。

　　若以儒家孔子的人學與管仲的人學相較，即見孔、管二子都肯定人需要人文規範來導正人的思行。但孔子重禮，「君子博學於文，約之以禮，亦可以弗畔矣夫」（《論語・雍也第六》：27），強調的是道德取向，「道之以政，齊之以刑，民免而無恥；道之以德，齊之以禮，有恥且格」（《論語・爲政第二》：3）；而管仲重法，「人心之悍，故爲之法」（《管子・樞言第十二》：7），強調的是功利取向，「明君在上，忠臣佐之，則齊民以政刑，牽於衣食之利，故願而易使，愚而易塞」（《管子・君臣下第三十一》：10～11）。

　　若以儒家荀子的人學與管仲的人學相較，則見荀、管二子雖也都肯定禮、法皆是出於聖人所創制的人文規範，但就聖人創制禮、法的先後次序而言，荀子認爲禮先法後，「聖人積思慮、習偽故，以生禮義而起法度。然則禮義法度者，是生於聖人之偽，非故生於人之性也」（《荀子・性惡第二十三》：24～25）；而管仲則認爲法先禮後，「所謂仁義禮樂者，皆出於法，此先聖之所以

〔註7〕西周自周公制禮作樂而開啓人文之治後，禮主法輔、德刑並濟的政治觀念即成爲主導趨勢，如見《尚書，康誥第二十九》中武王即言：「惟乃丕顯考文王，克明德慎罰」。而在諸封國中，周公封於魯，以禮治爲宗；姜太公封於齊，大興法治。由是而分判出周文傳承之兩端。孔子生於魯，承續禮樂之統，推崇禮治，而立儒家之學；管仲相齊，承襲刑罰亡制，倡行法治，而爲法家之始。

一民者也」（《管子‧任法第四十五》：2）。再就聖人施行禮、法的輕重而言，荀子雖強調禮法兼重，但實以禮義之化爲本，「故古者聖人以人之性惡，以爲偏險而不正，悖亂而不治，故爲之立君上之勢以臨之，明禮義以化之，起法正以治之，重刑罰以禁之，使天下皆皆出於治，合於善也。是聖王之治而禮義之化也」（仝上：39～41）；管仲雖然也強調禮法兼重，但他實以法度之治爲本，「法度者，主之所以制天下而禁姦邪也，所以牧領海內而奉宗廟也」（《管子‧明法解第六十七》：9）。

對荀、管二子而言，人的好利本性是人所無法消除的自然本性，而此自然本性雖可導致人世的危亂，但也可以在有效的規範之下而導致人世的平治。所以，荀、管二子雖都肯定人之爲人設定人文規範是針對人的好利本性而爲，但兩者都不是要藉人文規範來壓制人之好利本性的自我實現。如荀子是藉欲禮義之治以給予人好利本性之自我實現一個合理的範圍，使人的好利本性能在其獲得滿足的情況之下而無礙於人世的平治，「人生而有欲，欲而不得，則不能無求；求而無度量分界，則不能不爭。爭則亂，亂則窮。先王惡其亂也，故制禮義以分之，以養人之欲，給人之求。使欲必不窮乎物，物必不屈於欲，兩者相持而長，是禮之所起也」（《荀子‧禮論第十九》：1～3）；而管仲則是欲藉賞罰之制來利用人好利的本性，使人人都能爲人君所用，以助成人君平治天下，「明主之治，縣爵祿以勸其民，民有利於上，故主有以使之；立刑罰以威其下，下有畏於上，故主有以牧之。故無爵祿則主無以勸民，無刑罰則主無以威眾。故人臣之行理奉命者，非以愛主也，且以就利而避害也；百官之奉法無姦者，非以愛主也，欲以愛爵祿而避罰也」（《管子‧明法解第六十七》：12～14）。

由於荀、管二子皆以人的好利本性來定義人性，所以否定人有先天即存的道德本性。如荀子視人之有道德是出於外學而得，「今人之性固無禮義，故彊學而求有之也；性不知禮義，故思慮而求知之也。然則生而已矣，則人無禮義、不知禮義。人無禮義則亂，不知禮義則悖。然則生而已矣，則悖亂在己。用此觀之，人之性惡明矣，其善者僞也」（《荀子‧性惡第二十三》：34～36）；而管仲則視人之有道德是基於政治上的制約所致，「道德定於上，則百姓化於下矣」（《管子‧君臣下第三十一》：4~5）。

所以，對荀、管二子而言，人的道德認知與道德行爲是在人建立了道德規範之後而有，是人在內化此道德規範之後所形成的自我認知與自我表現。

如荀子所言：「上莫不致愛其下，而制之以禮，上之於下，如保赤子；政令制度，所以接下之人百姓有不理者如毫末，則雖孤獨鰥寡必不加焉。故下之親上，歡如父母，可殺而不可使不順。君臣上下，貴賤長幼，至於庶人，莫不以是爲隆正；然後皆內省以謹於分，是百王之所以同也，而禮法之樞要也」（《荀子‧王霸第十一》：94～97）；管仲則言：「君據法而出令，有司奉命而行事，百姓順上而成俗，著久而爲常。犯俗離教者，眾共姦之，則爲上者佚矣」（《管子‧君臣上第三十》：10～11）。但荀子側重的是此道德規範對人之向善的導引功能，「故古者聖王以人之性惡，以爲偏險而不正，悖亂而不治，是以爲之起禮義、制法度，以矯飾人之情性而正之，以擾化人之情性而導之也。始皆出於治而合於道者也」（《荀子‧性惡第二十三》：7～8），因此，荀子強調：「禮義教化是齊之也」（《荀子‧議兵第十五》：38）；而管仲側重的則是此道德規範對人世平治的控制功能，「凡人主莫不欲其民之用也。使民用者，必法立而令行也。故治國使眾莫如法，禁淫止暴莫如刑」（《管子‧明法解第六十七》：3），因此，管仲強調：「君臣上下貴賤皆從法，此謂爲大治」（《管子‧任法第四十五》：5）。由是也即分判出，荀子視人之爲人設定道德規範重在使人爲善，「今使塗之人者以其可以知之質、可以能之具，本夫仁義之可以知之理、可以能之具，然則其可以爲禹明矣。今使塗之人伏術爲學，專心一志，思索孰察，加日縣久，積善而不息，則通於神明、參於天地矣。故聖人者，人之所積而致矣」（《荀子‧性惡第二十三》：67～69）；而管仲則視人之爲人設定道德規範重在禁人爲惡，「明主在上位，則官不得枉法，吏不得爲私。民知事吏之無益，故財貨不行於吏。權衡平正而待物，故姦詐之人不得行其私」（《管子‧明法解第六十七》：5～6）。

管仲雖與儒家孟子在人性論上分取兩極，孟子以仁義禮智論性，「無惻隱之心，非人也；無羞惡之心，非人也；無辭讓之心，非人也；無是非之心，非人也」（《孟子‧公孫丑上》：2A.6）；而管仲則以好利惡害論性，「凡人者莫不欲利而惡害」（《管子‧版法解第六十六》：6）。

但孟、管二子同樣強調以民爲本，如孟子所言：「民爲貴，社稷次之，君爲輕」（《孟子‧盡心下》：7B.14），而管仲亦言：「夫霸王之所始也，以人爲本」（《管子‧霸言第二十三》：2～3）。兩者也對得民之道有著同樣的看法，如孟子所言：「得天下有道：得其民，斯得天下矣。得其民有道：得其心，斯得民矣。得其心有道：所欲與之聚之，所惡勿施爾也」（《孟子‧離婁上》：4A.l0）；

而管仲亦言：「人主之所以令則行，禁則止者，必令於民之所好，而禁於民之所惡也」（《管子·形勢解第六十四》；10～12），「政之所興，在順民心；政之所廢，在逆民心」（《管子·牧民第一》；7）。孟、管二子也就是視順民心之所欲以因勢利導，即可得民心之所向而得民。

　　然而即因兩者對人性的不同詮釋，所以對人之所欲也有其不同的定位。孟子視人之所欲者爲義，「心之所同然者何也？謂理也，義也。聖人先得我心之所同然耳」（《孟子·告子上》；6A.7）；而管仲則視人之所欲者爲利，「民之情莫不欲生而惡死，莫不欲利而惡害」（《管子·形勢解第六十四》；12～13）。

　　因此，由孟子之從民所欲所導出的即是「民之歸仁也，猶水之就下，獸之走壙也」（《孟子·離婁上》；4A.10）；而由管仲之從民所欲所導出的則是「民利之則來，害之則去。民之從利也，如水之走下，於四方無擇也」（《管子·形勢解第六十四》；8）。由是可知，孟子側重的是人的道德取向，而管仲側重的則是人的功利取向。

　　但也就因著兩者的取向不同，以致於兩者的政治理想也分趨兩端。孟子主張仁政，「王如施仁政於民，省刑罰，薄稅斂，深耕易耨。壯士以暇日修其孝悌忠信，入以事其父兄，出以事其長上，可使制梃以撻秦楚之堅甲利兵矣」（《孟子·梁惠王上》；1A.5）。但管仲則批評仁政之議，「今人主輕刑政，寬百姓，薄賦斂，緩使令，然民淫躁行私，而不從制，飾智任詐，負力而爭」（《管子·正世第四十七》；10～11），「夫民貪行躁而誅罰輕，罪過不發，則是長淫亂而便邪僻也。有愛人之心，而實合於傷民，此二者可不察也。夫盜賊不勝，則良民危；法禁不立，則姦邪繁」（全上；8～10）。所以，管仲力主法治，「其殺戮人者不怨也，其賞賜人者不德也，以法制行之，如天地之無私也。是以，官無私論，士無私議，民無私說，皆虛其匈以聽於上。上以公正論論，以法制斷」（《管子·任法第四十五》；11～13）。由是亦可分判出，孟子視人君的政治施爲應是「由仁義行」（《孟子·離婁下》；4B.19），而管仲則視人君的政治施爲應是「以法治國」（《管子·明法第四十六》；3）。

　　循是而觀，可知儒家諸子雖與管仲之論有或同或異之處，但儒家諸子側重的是人的文化面向，故強調禮治；而管仲側重的則是人的政治面向，故強調法治。但無論是訴諸禮治或法治，基本上都是肯定人需要爲人世設定道德規範，以規範人際的相處，並使每一個人都能依此規範而安處於世。

第二節　韓非的人學：法術之人

韓非，約生於周赧王三十五年（公元前 280 年），卒於秦王政十四年（公元前 233 年）。戰國末期的韓國公子，與李斯同爲荀子的學生，著有《韓非子》一書。韓非以「法」爲其思想的核心概念，乃戰國時代法家思想之集大成者。其思想受李斯、秦始皇與胡亥二世的推崇，成爲秦王朝之施政的指導理念。

韓非與管仲一樣肯定人需要爲人自身設定法律規範，以規範人之好利本性在人世中的自我實現。但管仲所強調的是禮法並重，「所謂仁義禮樂者，皆出於法，此先聖之所以一民者也」（《管子‧任法第四十五》；2）；而韓非強調的則是重法輕禮，「故法之爲道，前苦而長利；仁之爲道，偷樂而後窮。聖人權其輕重，出其大利，故用法之相忍，而棄仁人之相憐也」（《韓非子‧六反第四十六》；3～5）。管仲重視民意，並強調：「夫霸王之所始也，以人爲本，本理則國固，本亂則國危」（《管子‧霸言第二十三》；2～3）；而韓非則輕視民意，並強調：「欲得民之心而可以爲治，則是伊尹、管仲無所用也，將聽民而已矣。民智之不可用，猶嬰兒之心也。……故舉士而求賢智，爲政而期適民，皆亂之端，未可與爲治也」（《韓非子‧顯學第五十》；11～23）。所以管仲是爲利民而立法，韓非則是爲利君而立法。

韓非思想以法、勢、術爲主，並以法爲本，以君爲尊，所以韓非人學的指向即在使人君能掌握人之好利惡害的自然本性，並藉刑法賞罰來利用人此一好利惡害的自然本性，以使人民無分其爲賢或不肖均能爲人君所用，「賞莫若厚而信，使民利之；罰莫若重而必，使民畏之；法莫若一而固，使民知之。故主施賞不遷，行誅無赦，譽輔其賞，毀隨其罰，則賢不肖俱盡其力矣」（〈五蠹第四十九〉；13～16）。所以，韓非主張「不務德而務法」（〈顯學第五十〉；4～5）。

一、人禽之異

韓非之學，師法荀子。荀子視好利欲得爲人生而即具的自然本性，[註8] 韓非則進一步解析人之所以有好利本性的原因，「人無羽毛，不衣則不犯寒。上不屬天，而下不著地。以腸胃爲根本，不食則不能活，是以不免於欲利之心」（〈解老第二十〉；15～18）。韓非即視人爲求生，就不免有欲利之心。換

〔註 8〕　《荀子》：「夫好利而欲得，此人之情性也。」（〈性惡第二十三〉；29～30）。

言之，韓非視欲利之心所反映出的即是人求生存的本能反應。這並不意謂著其他動物沒有求生存的本能反應，只是韓非視其他動物依靠其與生俱來的自然條件即能滿足其維生、適存的生養需求，而人卻不然。人不但不能依靠其與生俱來的自然條件以滿足其維生、適存的生養需求，而且還需要靠人自身的創造性活動才能產生有利於其生養的人工器物，以彌補人與生俱來不利其生養的生理條件，如鳥類靠其天生的羽毛即可禦寒，而人則須製衣裹身才能禦寒，「衣足以犯寒，食足以充虛，則不憂矣」（全上：2～3）。

所以，人雖與其他自然動物一樣的具有求生的本能，但也正因著人先天即缺乏如其他動物一樣完善的生理條件，因此人才會為其自身創造出有利於其生養的補償機制，諸如人工器物、人世制度與人際規範等，「上古之世，人民少而禽獸眾，人民不勝禽獸蟲蛇。有聖人作，構木為巢以避群害，而民悅之，使王天下，號之曰有巢氏。民食果蓏蚌蛤，腥臊惡臭而傷害腹胃，民多疾病。有聖人作，鑽燧取火以化腥臊，而民說之，使王天下，號之曰燧人氏」（〈五蠹第四十九〉：3～6）。故就人的生成而言，韓非視人是自然的產物；但就人的發展而言，韓非則視人是超出了其為自然產物的原始身份，而成為人自身的主宰。

由是可知，韓非不僅視人之生養與維續為人自身所無可旁貸的責任，而且視人之好利惡害的自然本性也正是促動人從自然世界之中建立起以人為主體的人文世界之原動力。因此，就人與自然世界的關係而言，人之好利惡害的自然本性是為人有利；但就人與人文世界的關係而言，人之好利惡害的自然本性則未必是為人有利，甚至是為人有害，「俱出父母之懷衽，然男子受賀，女子殺之者，慮其後便利之長計也。故父母之於子也，猶用計算之心以相待也，而況無父子之澤乎」（〈六反第四十六〉：9～11）。韓非即是認為由人之好利惡害的自然本性所導引出來的人際關係就是以計算心相對待。

人之所以能建立起人文世界，依靠的不是人與生俱來的生理條件，而是人與生俱來的聰明睿智，「聰明睿智，天也；動靜思慮，人也。人也者，乘於天明以視，寄於天聰以聽，託於天智以思慮」（〈解老第二十〉：6～7）。韓非即視人天生即有理智知能，所以人能思慮；人能思慮，所以能構木為巢以避群害、鑽燧取火以化腥臊。換言之，人也就是以其理智思慮而創造出人文產物，並由是而形成以人為主體的人文世界。

所以，就人之為人的基本條件而言，韓非不僅肯定人有好利惡害的自然

本性，「好利惡害，夫人之所有也」（〈難二第三十七〉：4）；韓非也肯定人有理智思慮的天生知能，「夫智，性也；壽，命也。性命者，非所學於人也」（〈顯學第五十〉：11～12）。但韓非也強調人的理智思慮是受制於其好利惡害之自然本性的主導，以權衡利害而定其取捨。若利大於害者即爲之，「鱔似蛇，蠶似蠋。人見蛇則驚駭，見蠋則毛起。然而婦人拾蠶，漁者握鱔，利之所在則忘其所惡，皆爲孟賁」（〈內儲說上十術第三十〉：6～7）；若害大於利者則不爲，「夫有天下，大利也，猶不爲者，知必死也。故不必得，則雖辜磔，竊金不止，知必死，則天下不爲也」（仝上：8～9）。所以，韓非認爲由人好利惡害之本性所主導下的理智思慮，就自然的傾向於以人自身的利害爲判準而行事，「民之故計，皆就安利，如辟危窮」（〈五蠹第四十九〉：13～14）。

二、人性好利

人既是以其自身的利害爲判準而行事，故所行所爲莫不求有利於己，「輿人成輿，則欲人之富貴；匠人成棺，則欲人之夭死也。非輿人仁，而匠人賊也。人不貴，則輿不售；人不死，則棺不買。情非憎人，利在人之死也」（〈備內第十七〉：16～18）。韓非即視人的行爲無關乎道德，而只在乎利害與否。

人之所以有道德的評議，是在人建立了道德規範之後，並依此規範來評斷人之行爲的善惡與否。但若擺開道德規範的設準，而還原出人之行爲的原始動機，則見所謂的善行或惡行，都只是人之好利本性的反映而已。所以，韓非否定人有無關乎利害的德行，「心調於用者，皆挾自爲心也」（〈外儲說左上第三十二〉：3～4）。這也就是說，韓非視人之所行所爲都是基於功利心態的自爲心，也就是都爲求有利於己。因此，韓非視人的自然本性不僅是好利，而且是好私利。

若就孟子而言，孟子視人之親親、敬長是人與生俱來的自然本性，是人之所不學而能、不慮而知的良知、良能，「人之所不學而能者，其良能也；所不慮而知者，其良知也。孩提之童，無不知愛其親者；及其長也，無不知敬其兄也。親親，仁也；敬長，義也」（《孟子・盡心上》：7A.15），所以人先天即有仁義的道德本性，順此仁義本性而發的即是人的道德行爲；但韓非則否定人生而即有此親親、敬長的道德本性，而視親子之間也是以利害與否爲考量來決定相對的態度，「人爲嬰兒也，父母養之簡，子長而怨。子盛壯成人，其供養薄，父母怒而誚之。子父至親也，而或誚或怒者，皆挾相爲而不周於

爲己也」(《韓非子・外儲說左上第三十二》：13～15)。韓非即視人只要危害到其自身的利益，縱使親如父子也無親愛之情，因此韓非反對仁義之說，「善爲主者，明賞設利以勸之，使民以功賞，而不以仁義賜；嚴刑重罰以禁之，使民以罪誅，而不以愛惠免」(《韓非子・姦劫弒臣第十四》：14～16)。

由是以觀，韓非視人際的和諧與維續，不是基於個人的道德本性，而是基於人際的利害關係。若是對雙方都有利，人際就能和諧相處；若是一方得利而一方受害，即會導致人際的衝突與怨恨，「人行事施予，以利之爲心，則越人易和；以害之爲心，則父子離且怨」(〈外儲說左上第三十二〉：4～5)。

韓非也即依此而視人之好利惡害的本性具有雙重效應。就其負面效應而言，「明爲己者，必利；不爲己者，必害」(〈外儲說右上第三十二〉：7)，這也就是強調凡人都有自爲心，都以自身的利害爲考量；設若不然，即會受到傷害。所以，人際之間就自然形成以計算之心相對待，以求自我保護，以求有利於己；縱使犧牲別人，也在所不惜。因此，原先只是基於人之求生存而有的自然本性，卻在人群社會之中成了導致人際衝突、人世危亂的關鍵，「夫君臣，非有骨肉之親。正直之道可以得利，則臣盡力以事主；正直之道不可以得安，則臣行私以干上」(〈姦劫弒臣第十四〉：15～16)。

但就人之好利惡害本性的正面效應而言，「凡治天下必因人情，人情者有好惡，故賞罰可用」(〈八經第四十八〉：13)。人情者「好利惡害」(〈難二第三十七〉：4)、「喜利畏罪」(仝上：6)、「喜貴惡賤」(〈難三第三十八〉：12～13)、「惡勞而樂佚」(〈心度第五十四〉：14)、「好利祿而惡刑罰」(〈制分第五十五〉：3)。韓非即視人生而即有此好利惡害的自然本性，所以爲政之道也就是以人之所好者爲賞，以人之所惡者爲罰，依此以主導民情之取向而歸於治，「聖人陳其所畏，以禁其邪；設其所惡，以防其姦，是以國安而暴亂不起」(〈姦劫弒臣第十四〉：10～11)。所以，韓非視人君之治不是從人之能善，而是禁人之能爲非，「夫聖人之治國，不恃人之爲吾善也，而用其不得爲非也。恃人之爲吾善也，境內不什數；用人不得爲非，一國可使齊。爲治者用眾而舍寡，故不務德而務法」(〈顯學第五十〉：2～5)。

若依此而觀，即見韓非並非肯定人性本惡，而是肯定凡人皆具向善與向惡的可能性。只是韓非認爲實現其向善可能性的人終究是少數，而大多數的人則較傾向於其向惡可能性的實現。再者，縱使實現其向善可能性的人也仍有其向惡的可能性，所以韓非即由此而強調「刑法」之治的必要性，「一民之

軌，莫如法」（〈有度第六〉：6），「法明，則內無變亂之患」（〈八說第四十七〉：10～11），「故有術之君，不隨適然之善，而行必然之道」（〈顯學第五十〉：10～11）。

於此相較孟、韓之人性論，則見孟子突顯的是人性中之向善及爲善可能性，故視人順諸人的自然本性而行即能成就人世的平治，所以孟子強調個人的道德修養，「君子所以異於人者，以其存心也。君子以仁存心，以禮存心。仁者愛人，有禮者敬人。愛人者，人恆愛之；敬人者，人恆敬之」（《孟子‧離婁下》：4B.28）；而韓非所突顯的則是人性之中的向惡可能性，故視人若順諸其自然本性而行即會導致人世的危亂，所以韓非重視人君以法治民，「上設其法，而下無姦詐之心」（《韓非子‧難一第三十六》：8～9）。

孟、韓二子雖皆是以人爲其研究對象，但所得的結論卻大相逕庭，可見兩者都只是側重人性的某一面向，並分別依其所側重的面向而突顯出相應於該面向的人性表現，所以兩者之論雖呈矛盾兩極，卻也都道出了人性的實然。只不過從宋明時期以孔孟儒學爲文化的正統之後，影響所及即使國人皆依孟子的道德心性之說來構建個人的自我認知，而壓制了對人性之中的向惡可能性的正確認知，遂導致了如《莊子》中所形容的：「中國之君子，明乎禮義而陋於知人心」（〈田子方第二十一〉：8）的蔽端。

韓非事師荀子，荀子強調人性好利，「夫好利而欲得者，此人之情性也」（《荀子‧性惡第二十三》：29～30）。但荀子也強調禮義化性，「古者聖王以人之性惡，以爲偏險而不正，悖亂而不治，是以爲之起禮義、制法度，以矯飾人之情性而正之，以擾化人之情性而導之也。始皆出於治而合於道者也」（仝上：7～8）。由是可知，荀子側重的是以禮義之治爲主而以法度之制爲輔，故其視人雖有好利的本性，但人仍可在禮義的規範下而成爲有德的君子，「化師法、積文學、道禮義者，爲君子」（仝上：9）。

韓非雖也與荀子一樣肯定人有好利的本性，但卻不認爲禮義之治即足以導化人性，「眾人之爲禮也，人應則輕歡，不應則責怨」（〈解老第二十〉：1～2）。韓非即視人之爲禮，仍是從其好利的本性，以求人之相應於己。然而，韓非雖視人性不可以禮化之，但仍可以法治之，「法分明，則賢不得奪不肖，強不得侵弱，眾不得暴寡」（〈守道第二十六〉：13～14）。所以，韓非認爲若訴諸刑法之治，則連禽獸都能歸治，「主施其法，大虎將怯；主施其刑，大虎自寧。法刑苟信，虎化爲人」（〈揚權第八〉：3～4）。因此，韓非視「民者固

服於勢，寡能懷於義」（〈五蠹第四十九〉：12），遂重法而輕禮，務法而不務德，「抱法處勢則治，背法去勢則亂」（〈難勢第四十〉：6～7）。

荀子側重的是人的道德取向，故欲藉禮治以使人成為有德的君子，「禮義者，治之始也；君子者，禮義之始也。為之、貫之、積重之、致好之者，君子之始也」（《荀子・王制第九》：64～65）；而韓非側重的則是人的功利取向，故欲藉法治以使人民能為人君所用，「賞莫若厚而信，使民利之；罰莫若重而必，使民畏之；法莫若一而固，使民知之。故主施賞不遷，行誅無赦，譽輔其賞，毀隨其罰，則賢不肖俱盡其力矣」（《韓非子・五蠹第四十九》：3～16）。

所以，在荀子的人學中，荀子雖然重視人世的群體價值，但亦不偏廢眾人的個體價值，故有尚賢之論，「王者之論：無德不貴，無能不官，無功不賞，無罪不罰；朝無幸位，民無幸生；尚賢使能，而等位不遺」（《荀子・王制第九》：51～52）；而在韓非的人學中，韓非雖然也重視人世的群體價值，但他更重視人君的個體價值，「明主之所導制其臣者，二柄而已矣。二柄者，刑、德也。何謂刑、德？曰：殺戮之謂刑，慶賞之謂德。為人臣者，畏誅罰而利慶賞，故人主自用其刑、德，則群臣畏其威而歸其利矣」（《韓非子・二柄第七》：12～16），故韓非尚法而不尚賢，「廢常上賢則亂，舍法任智則危。故曰：上法而不上賢」（《韓非子・忠孝第五十一》：1～2）。

荀子由人性好利而推衍出人需要禮義之化，韓非則由人性好利而推衍出人需要刑法之治。由是即分判出儒、法兩家基本立場上的殊異，儒家側重的是使人成德，而法家側重的則是使人歸治。因此，韓非強調：「不養恩愛之心，而增威嚴之勢」（〈六反第四十六〉：15）。

墨子也視人性好利，並視人世之亂即在乎人際不相愛而虧人自利，「亂何自起？起不相愛。臣子之不孝君父，所謂亂也。……父自愛也，不愛子，故虧子而自利；兄自愛也，不愛弟，故虧弟而自利；君自愛也，不愛臣，故虧臣而自利」（《墨子・兼愛上第十四》：4～6）。所以他主張人我之間即應兼相愛、交相利，「今天下之士君子，忠實欲天下之富而惡其貧，欲天下之治而惡其亂，當兼相愛、交相利，此聖王之法，天下之治道也，不可不務為也」（《墨子・兼愛中第十五》：41～42）。

若就墨子所謂之「虧人自利」（《墨子・非攻上第十七》：1～2）的觀點來看，墨子也如韓非一樣的視人有「自為心」（《韓非子・外儲說左上第三十二》：4）、人我之間也一樣的是以「計算之心」（《韓非子・六反第四十六》：11）相

待。但墨子卻與韓非採取了不同的路徑以求治，墨子尋求以至上神的權威性來克制人的自利本性，「順天意者，兼相愛，交相利，必得賞；反天意者，別相惡，交相賊，必得罰」（《墨子‧天志上第二十六》：22～23）；而韓非則尋求的是以刑法的權威性來克制人的自利本性，「能去私曲，就公法者，民安而國治」（《韓非子‧有度第六》：3）。

墨子既以天志爲治世之道的依據，因此側重人的宗教信仰，「今天下之王公大人士君子，中實將欲求興天下之利，除天下之害，當若鬼神之有也，將不可不尊明也，聖王之道也」（《墨子‧明鬼下第三十一》：107～108）；而韓非既以刑法爲治世之道的依據，因此側重人的法治觀念，「明主使其群臣不遊意於法之外，不爲惠於法之內。動，無非法。峻法，所以禁過外私也」（《韓非子‧有度第六》：8～10）。韓非突顯的是人爲其自身立法，故非議墨子的取向，「事鬼神，信卜筮而好祭祀者，可亡也」（《韓非子‧亡徵第十五》：6～7）。

墨、荀、韓三子正代表了人類自覺意識發展的三個階段。墨子思想反映的是殷商時期的宗教信仰，強調以神意爲依歸，訴諸以神治人；荀子思想反映的是自西周以至戰國時期的人文精神，強調以道德爲權衡，訴諸以禮治人；韓非思想則反映的是戰國末期以至秦一統天下的政治理念，強調以刑法爲判準，訴諸以法治人。而其中的關鍵都在尋思如何以有效的裁制人的好利本性，以導人向善、導世歸治，以致於三子思想都帶有功利色彩，也都突顯其實用效益。

但若以歷史的變遷趨勢以觀，則見墨子思想隨著人文意識的強化而致中衰於秦漢之後，自此不見諸士林，而深入於民間，形成民間的俠義風氣與民間宗教；荀子思想由於對人文意識的肯定與強化，兼重導人向善與導世歸治的雙重控制效應，所以普遍影響到傳統政治、社會、教育與文化的發展；而韓非的思想則因對文化的否定與對法治的強化，不重視導人向善而僅重視導世歸治，以致於影響所及也僅及於政治與社會層面。

三、明法止姦

韓非以國家富強爲其立論的宗旨，重視耕戰，故對儒、墨、道三家之說皆有所非議。

韓非批評儒者而言：「其學者，則稱先王之道以藉仁義，盛容服而飾辯說，以疑當世之法，而貳人主之心；其言談者，僞設詐稱，借於外力，以成其私，

而遺社稷之利」（〈五蠹第四十九〉：8～10）。韓非即視儒者空談仁義而不事生產，既無益於治，又爲亂於世，「今修文學，習言談，則無耕之勞而有富之實，無戰之危而有貴之尊，則人孰不爲也。是以百人事智，而一人用力。事智者眾則法敗，用力者寡則國貧，此世之所以亂也」（仝上：7～10）。

　　韓非批評墨者而言：「其帶劍者，聚徒屬，立節操，以顯其名，而犯五官之禁」（仝上：10～11）。韓非即視墨者之帶劍行義的遊俠作風爲無視於法治的暴亂之行，「廢敬上畏法之民，而養遊俠私劍之屬，舉行如此，治強不可得也」（仝上：14～15）。

　　由於儒、墨兩家與韓非皆重入世求治，以致於韓非對此二家攻擊尤烈，「儒以文亂法，俠以武亂禁，而人主兼禮之，此所以亂也」（仝上：10）。因此，相對於儒、墨兩家之論，韓非遂主張：「故明主之國，無書簡之文，以法爲教；無先王之語，以吏爲師；無私劍之捍，以斬首爲勇。是境內之民，其言談者必軌於法，動作者歸之於功，爲用勇者盡之於軍。是故無事則國富，有事則兵強，此之謂王資」（仝上：10～13）。

　　道家則因與韓非立論之宗旨相違，不求世治，只求身安，所以韓非僅著重在非議道家之輕物重生，無益於助成人君之治，「今有人於此，義不入危城，不處軍旅，不以天下大利易其脛之一毛。……今上尊貴輕物重生之士，而索民之出死而重殉上事，不可得也」（仝上：16～20）。

　　道家重視的是人的個體價值，強調個人生命的安養與維續；而韓非重視的則是人的群體價值，強調人群社會的安定與維繫。所以韓非雖與道家學者同樣的重視自然常道，但道家學者強調的是順諸自然常道在人之自然本性中的實現，使人按自然規律的必然趨勢而生活，因此主張以天之道治人，如見莊子所言：「無以人滅天，無以故滅命，無以得徇名。謹守而勿失，是謂反其眞」（《莊子・秋水第十七》：52～53）；韓非強調的則是依據自然常道的客觀規律，以制訂人世常法的必然準則，使人按人文規範的客觀準繩而生活，因此主張以人之法治人，「先王以道爲常，以法爲本」（《韓非子・飾邪第十九》：4）。

　　韓非雖有〈解老第二十〉與〈喻老第二十一〉等篇章的論述，顯現其對老子思想的重視，但若比較兩者的思想，則見兩者是完全相反的取向。老子是欲藉聖人之治以徹底解消人文規範對人的限制，使人能復歸其自然本性的自我實現，「絕聖棄智，民利百倍；絕仁棄義，民復孝慈；絕巧棄利，盜賊無有。此三者以爲文不足，故令有所屬一見素抱樸，少私寡欲」（《老子》第十

九章），「故聖人云：我無爲而民自化，我好靜而民自正，我無事而民自富，我無欲而民自樸」（《老子》第五十七章）；而韓非則是欲藉聖人之治以徹底強化人文規範對人的限制，使人人都能在法治的保障之下安養其生，「聖人者，審於是非之實，察於治亂之情也。故其治國也，正明法，陳嚴刑，將以救群生之亂，去天下之禍，使強不陵弱，眾不暴寡；耆老得遂，幼孤得長，邊境不侵，君臣相親，父子相保，而無死亡繫虜之患」（《韓非子·姦劫弒臣第十四》：8～11）。

由是以觀，即見老子的聖人之治重在無爲而治，而韓非的聖人之治則重在有爲以治。但就因老子是欲藉聖人之治以使人復樸，所以此中即涵攝了有爲之實。老子也就是以有爲（絕聖棄智、絕仁棄義、絕巧棄利）之爲以成其無爲之治。而韓非則是就此有爲之處另立蹊徑，而開出刑法之治，「有道之主，遠仁義，去智能，服之以法」（〈說疑第四十四〉：15～16）。

再者，老子的聖人之治是直接就人君與人民的關係而論，「太上，下知有之。……悠兮，其貴言，功成事遂，百姓皆謂：我自然」（《老子》第十七章）；而韓非的聖人之治則是間接的由人君與官吏的關係而建構人君與人民的關係，「聖人治吏不治民」（《韓非子·難二第三十七》：12）。因此，老子的理想之世在無爲而治的「小國寡民」（《老子》第八十章），而韓非的理想之世則在明法止姦的「法治之國」（《韓非子·制分第五十五》：6）。

韓非既言：「聖人治吏不治民」，所以韓非即重視塑造理想的官吏以助成聖人之治，「人主使人臣雖有智能，不得背法而專制；雖有賢行，不得踰功而先勞；雖有忠信，不得釋法而不禁。此之謂明法」（〈南面第十八〉：14～16）。因此，韓非即以知術、能法之士爲其理想的官吏，「知術之士，明察聽用，且燭重人之陰情；能法之士，勁直聽用，且矯重人之姦行。故知術、能法之士用，則貴重之臣必在繩之外矣」（〈孤憤第十一〉：7～9）。韓非也就是視法術之士能察姦止邪，廢私爲公，而忠於人君所用，助成人君之治，「夫有術者之爲人臣也，效度數之言；上明法度，下困姦臣，以尊主安國者也」（〈姦劫弒臣第十四〉：1～2）。

由是可知，韓非即是以「服術行法」（〈亡徵第十五〉：10）、明察燭私、強毅勁直的「術士」（〈人主第五十二〉：9）爲人的理想人格。換言之，韓非也就是希望人人都能成爲知法、守法並依法而行事的法術之人。

韓非主張法治，又強調君主專制，故在政治的管理上，韓非即是要人君

以法制臣，而人臣則依法治民。所以，韓非的理想人格實是使人成為人君所可驅使的控制工具，「賢者之為人臣，北面委質，無有二心，朝廷不敢辭賤，君旅不敢辭難。順上之為，從主之法，虛心以待令，而無是非也。故有口不以私言，有目不以私視，而上盡制之。……古者世治之民，奉公法，廢私術，專意一行，具以待任」（〈有度第六〉：11～12）。

　　由是以觀，韓非所關注的只是人君的個體價值。而相對於人君的至尊地位而言，眾人則僅具如物一般的工具價值而已，「明君之道，使智者盡其慮，而君因以斷事，故君不窮於智；賢者效其材，君因而任之，故君不窮於能；有功則君有其賢，有過則臣任其罪，故君不窮於名」（〈主道第五〉：12～15）。

　　是以，韓非的理想人格雖有益於導世歸治，卻無助於導人向善，「治強生於法，弱亂生於阿。君明於此，則正賞罰而非仁下也。爵祿生於功，誅罰生於罪；臣明於此，則盡死力而非忠君也。君通於不仁，臣通於不忠，則可以王矣」（〈外儲說右下第三十五〉：7～10）。這也就顯現出，韓非所推崇的法即是為政治服務的法律規範，而不是為提昇人格尊嚴的道德規範。

　　再若就形塑人對其自我認知的教育而言，韓非也強調：「息文學而明法度」（〈八說第四十七〉：8）、「以法教心」（〈用人第二十七〉：16）、「以吏為師」（〈五蠹第四十九〉：11）。從而在教育上即貫徹其法治思想，形成文化專制的統一意識，以利養成重法務實的法術之士。

四、群己之議

　　韓非雖與管仲一樣的強調法治，但管仲側重的是人世的群體價值，追求的是國家的整體富強，所以強調人君雖是立法者，但也與人民一樣的受法律所約制，「君臣上下貴賤皆從法，此謂為大治」（《管子・任法第四十五》：5）；韓非雖表面是側重人世的群體價值，但實旨上卻只肯定人君的個體價值而漠視人民的群體價值，以致於人民皆成為人君謀利的工具，「明主之所導制其臣者，二柄而已矣。二柄者，刑、德也。……為人臣者，畏誅罰而利慶賞，故人主自用其刑、德，則群臣畏其威而歸其利矣」（《韓非子・二柄第七》：12～16）。

　　先秦諸子中與法家管、韓同樣重視人世之群體價值的是墨子。墨子雖有「人無幼長貴賤，皆天之臣也」（《墨子・法儀第四》：14）的人人平等之論，但此人際的平等只相對於至上神而言，換言之，墨子視在至上神的面前人人平等，故有兼愛互利之議；然而在其兼愛之論與尚同之制中，則呈現出他實

質上所重視的不是個人存在的個體價值，而是人世平治的群體價值，「君子莫
若欲爲惠君、忠臣、慈父、孝子、友兄、悌弟，當若兼之不可不行也，此聖
王之道，而萬民之大利也」（《墨子‧兼愛下第十六》：85～86）。但管、韓是
以法律來確保人世平治的群體價值，因此側重人君以賞罰來控制人民的思慮
言行，如管仲之言：「故爲人君者，莫貴於勝。所謂勝者，法立令行之謂勝。
法立令行，故群臣奉法守職，百官有常，法不繁匿，萬民敦愨，反本而儉力。
故賞必足以使，威必足以勝，然後下從」（《管子‧正世第四十七》：12～14），
韓非則言：「賞莫若厚而信，使民利之；罰莫若重而必，使民畏之；法莫若一
而固，使民知之。故主施賞不遷，行誅無赦，譽輔其賞，毀隨其罰，則賢不
肖俱盡其力矣」（《韓非子‧五蠹第四十九》：13～16）；而墨子則是訴諸尚同
天志以確保人世平治的群體價值，因此他側重的則是以至上神對人君與人民
的賞罰來控制人的思慮言行，「順天意者，兼相愛，交相利，必得賞；反天意
者，別相惡，交相賊，必得罰」（《墨子‧天志上第二十六》：22～23）。由是
亦可分判，法家著重的是政治對人的控制效力，而墨子所著重的則是宗教對
人的控制效力。但墨子之論是建立在宗教信仰上，因此對無宗教信仰或反對
宗教信仰者即不能形成有效的控制；而法家之論則是建立在現實的人世制度
上，以致於對所有人，無論其是否具有宗教信仰，都能產生具體的控制效力。
因此法家之論逐爲統治階級所採納，而成爲人君施政立法的依據；墨子之論
則退隱至民間社會，形成維繫社會正義的依據。

　　儒家雖與法、墨兩家同樣重視人世平治的群體價值，但儒家則更重視個
人存在的個體價值，如孔子之言：「三軍可奪帥也，匹夫不可奪志也」（《論語‧
子罕第九》：26），孟子之言：「得志，與民由之；不得志，獨行其道。富貴不
能淫，貧賤不能移，威武不能屈，此之謂大丈夫」（《孟子‧滕文公下》：3B.3），
荀子之言：「天下有中敢直其身，先王有道敢行其意。上不循於亂世之君，下
不俗於亂世之民。仁之所在無貧窮，仁之所亡無富貴。天下知之，則欲與天
下同苦樂之；天下不知之，則傀然獨立於天地之間而不畏也」（《荀子‧性惡
第二十三》：82～84）。儒家即視人世的群體價值是立基於個人的個體價值上，
故視人世的群體價值是以維護個人的個體價值爲準繩。因此，儒家強調人世
的法律應是立基在人倫或人性的道德上，如孔子之言：「名不正，則言不順；
言不順，則事不成；事不成，則禮樂不興；禮樂不興，則刑罰不中；刑罰不
中，則民無所措手足」（《論語‧子路第十三》：3），孟子之言：「人皆有不忍

人之心。先王有不忍人之心，斯有不忍人之政矣」（《孟子‧公孫丑上》；2A.6），荀子之言：「上莫不致愛其下，而制之以禮，上之於下，如保赤子；政令制度，所以接下之人百姓有不理者如毫末，則雖孤獨鰥寡必不加焉。故下之親上，歡如父母，可殺而不可使不順。君臣上下，貴賤長幼，至於庶人，莫不以是爲隆正；然後皆內省以謹於分，是百王之所以同也，而禮法之樞要也」（《荀子‧王霸第十一》；94～97）。而法家管仲則是視人倫的道德乃是立基在人世的法律上，「所謂仁義禮樂者，皆出於法，此先聖之所以一民者也」（《管子‧任法第四十五》；2）。由是而分判出，儒家視法律出於道德，而法家則視道德出於法律。若依循儒家的主張立法，則有助於導人向善；若順諸法家的主張立法，則僅能禁人爲非。因此，由是以反思孔子之言：「道之以政，齊之以刑，民免而無恥；道之以德，齊之以禮，有恥且格」（《論語‧爲政第二》；3），可見孔子之見實爲確論。

道家諸子與儒、墨、法三家之不同在於其極端的重視個人存在的個體價值，如老子之言：「俗人昭昭，我獨昏昏；俗人察察，我獨悶悶。……眾人皆有以，而我獨頑似鄙。我獨異於人，而貴食母」（《老子》第二十章），莊子之言：「出入六合，遊乎九州，獨往獨來，是謂獨有。獨有之人，是之謂至貴」（《莊子‧在宥第十一》；62～63），楊朱則言：「夫善治外者，物未必治，而身交苦；善治內者，物未必亂，而性交逸」（《列子‧楊朱第七》）。道家諸子雖也論及人世平治的群體價值，但視此群體價值不待行爲規範的制約，而是順諸個人自然本性之自我實現所自成，如老子之言：「太上，下知有之………悠兮，其貴言，功成事遂，百姓皆謂：我自然」（《老子》第十七章），莊子之言：「魚相造乎水，人相造乎道。相造乎水者，穿池而養給；相造乎道者，無事而生定。故曰：魚相忘乎江湖，人相忘乎道術」（《莊子‧大宗師第六》；72～73），楊朱則言：「人人不損一毫，人人不利天下，天下治矣」（《列子‧楊朱第七》）。

在比較墨、法的天人關係中，我們可以看到墨家所重的永恆法與法家所重的人爲法之間的衝突；在比較儒、法的禮法關係中，我們則可以看到儒家所重的道德與法家所重的法律之間的衝突；在比較道、法的群己關係中，我們又可以看到道家所重的個體價值與法家所重的群體價值之間的衝突。這三種衝突雖是導源於各家基本思想上的差異，但影響所及卻也會導致個人行爲與人世制度之間的衝突。因此，如何在這三種衝突關係之中，尋得各自的平衡點，仍是值得我人深入研議的重要課題。

結論——人學研究的省思

第一節　先秦人學的反思

　　若說哲學是對人的反思，而人學則是對人所作的哲學性探索，那麼先秦哲學所反映出的正是中國人學的初步建構。

　　先秦哲學，特別是指春秋戰國時期的儒、道、墨、法四家哲學，是受到禮壞樂崩所引發的人世之亂的刺激，從而就社會與政治的互動關係中去尋索出止亂歸治的具體方案。因此，先秦哲學可說是從對具體人世的反思中，建構起指向具體人世的抽象理論。但也正因著先秦哲學是指向具體人世，並反映具體人世，以致於先秦哲學的建構本身即會受到同時期之宗教、政治、社會、經濟與教育等文化因素的影響與限制，而呈顯出其與後代哲學不同的思考路徑與歷史風貌。在這具有原創性的哲學思潮中，人學思想也隨之同步發展。

　　殷周之際的人學思想所反映出的是，人由人與至上神的關係中發現了人自身，從而建構起人對其自身所立的自我規範，也就是西周禮文，並因此而開啓了中國人學的道德取向；春秋戰國之際，由於周文的失制、規範的失控，以致於該時期的人學思想即反映出在人對周文之創制與破壞的省思與批判中，人不僅發現了人自身，更深入的去探索人是什麼與人應如何，並因此而形成先秦時期的人學思想體系，且爲此後人學思想的發展奠立系統理論之建構的基本模式。

　　由於先秦哲學的論述層面相當廣泛，舉凡政治、經濟、社會、教育等各層面之問題皆涵括在諸子的論議之中，因此筆者爲釐清先秦哲學中的人學思

想部份，故以先秦諸子對於人是什麼與人應如何的論議與比較作爲探究先秦人學思想的主要依據，並依此而構建出先秦時期的人學理論。

一、先秦人學的辨析

本文主旨在探索內在於先秦諸子之論著中的人學思想，並依據各自論點來釐清諸子人學思想的基本立場與爲論取向，再藉由諸子人學思想的比較以分判諸子對人是什麼與人應如何之主要觀點的異同。

在先秦時期的人學思想裡，儒、道、墨、法四家雖然都是鎖定在人與其生活界的互動關係中，並就人與道德規範間的依存關係，來探究與省思人的問題，並因之而建構起以人性論爲基礎的人學理論；但四家人學理論卻又反映出各家對人所作之不同向度的思考，以致於四家人學雖呈顯出或同或異的人性論，卻又各從人的不同面向中建構出對人是什麼的不同詮釋與對人應如何的不同規劃。因此，四家的人學理論不僅是提供了四種人的理想人格類型，也同時提供了四種人的生活方式。

其中，儒家就人的文化面向，指出了人的道德取向，並因之而肯定人的道德價值，如孔子之言：「夫志士仁人，無求生以害仁，有殺身以成仁」(《論語・衛靈公第十五》；9)；墨家就人的宗教面向，也同樣的指出了人的道德取向，但所肯定的是涵具功利價值的道德價值，如墨子之言：「今天下之士君子，中實爲將欲仁義，求爲上士；上欲中聖王之道，下欲中國家百姓之利者，當天之志而不可不察也。天之志者，義之經也」(《墨子・天志下第二十八》；71～73)；道家就人的自然面向，指出人的自然取向，而肯定的則是順應自然的道德價值，如老子之言：「失道而後德，失德而後仁，失仁而後義，失義而後禮。夫禮者，忠信之薄而亂之首。前識者，道之華而愚之始。是以大丈夫處其厚不居其薄，處其實不居其華。故去彼取此」(《老子》第三十八章)；法家就人的政治面向，指出人的功利取向，所肯定的卻是涵具功利與道德價值在其中的法律價值，如管仲之言：「厚愛利，足以親之；明智禮，足以教之。上身服以先之，審度量以閑之，鄉置師以說道之，然後申之以憲令，勸之以慶賞，振之以刑罰。故百姓皆說爲善，則暴亂之行無由至矣」(《管子・權修第三》；5～12)。

雖然四家都肯定道德價值，但其對道德價值的定位卻是對應於他們各自所側重的面向而有別。儒家所肯定的道德價值，是就人與文化的互動關係中

所呈顯的仁義道德而言，如孔子之言：「克己復禮爲仁。一日克己復禮，天下歸仁焉」（《論語‧顏淵第十二》；1）；墨家所肯定的道德價值，是就人依從至上神的意志所得的正義道德而言，如墨子之言：「今天下之王公大人士君子，中實將欲遵道利民，本察仁義之本，天之意不可不順也。順天之意者，義之法也」（《墨子‧天志中第二十七》；72～72）；道家所肯定的道德價值，是就人所得自於自然規律的自然道德而言，如老子之言：「道生之，德畜之，物形之，勢成之。是以萬物莫不尊道而貴德。道之尊，德之貴，夫莫之命而常自然」（《老子》第五十一章）；法家所肯定的道德價值，則是就人君所立的政法憲令中所規定的法律道德而言，如管仲之言：「道也者，上之所以導民也。是故，道德出於君，制令傳於相，事業程於官。百姓之力也，胥令而動者也」（《管子‧君臣上第三十》；7～8）。

若就四家人學的各自立場來說，他們都認爲各自所建構的人學理論已爲人提供了理想的道德觀。但若跳開以任何一家人學理論爲判準的評議，而直就各家道德觀的對比探究而論，則見：

（一）各家道德觀中存在著學派或學者之間的相互衝突

儒家孔子將道德上溯於天命，「不知命，無以爲君子也」（《論語‧堯曰第二十》；3）；孟子將道德立基於天命與人性，「惻隱之心，人皆有之；羞惡之心，人皆有之；恭敬之心，人皆有之；是非之心，人皆有之。惻隱之心，仁也；羞惡之心，義也；恭敬之心，禮也；是非之心，智也。仁、義、禮、智，非由外鑠我也，我固有之」（《孟子‧告子上》；6A.6）；而荀子則將道德歸本於人文，「聖人積思慮、習僞故，以生禮義而起法度。然則禮義法度者，是生於聖人之僞，非故生於人之性也」（《荀子‧性惡第二十三》；24～25）。

道家老子期由政治層面來使人復歸於其自然本性，「絕聖棄智，民利百倍；絕仁棄義，民復孝慈；絕巧棄利，盜賊無有。此三者以爲文不足，故令有所屬——見素抱樸，少私寡欲」（《老子》第十九章）；莊子要人在社會生活中自覺的恢復其自然本性，「明白入素，無爲復樸，體性抱神，以遊世俗之閒」（《莊子‧天地第十二》；68～69）；而楊朱則是欲人從與社會、政治的疏離中去實現其自然本性，「義不入危城，不處軍旅，不以天下大利，易其脛之一毛」（《韓非子‧顯學第五十》；1）。

法家的管仲強調法律的權威性，「雖聖人能生法，不能廢法而治國」（《管子‧法法第十六》；1）；而韓非則強調制訂法律之人君的權威性，「明主之所

導制其臣者，二柄而已矣。二柄者，刑、德也。……殺戮之謂刑，慶賞之謂德。為人臣者，畏誅罰而利慶賞，故人主自用其刑、德，則群臣畏其威而歸其利矣」（《韓非子‧二柄第七》：12～16）。

道家排斥儒、墨兩家的道德觀，而視順諸自然規律在人身的體現為最高的道德，如莊子之言：「削曾史之行，鉗楊墨之口，攘棄仁義，而天下之德始玄同天」（《莊子‧胠篋第十》：26～27）；墨家排斥儒家的道德觀，而視訴諸神意的兼愛互利為最高的道德，如墨子之言：「上利乎天，中利乎鬼，下利乎人。三利無所不利，是謂天德。聚斂天下之美名而加之焉，曰：此仁也，義也。愛人利人，順天意者，得天之賞者也」（《墨子‧天志中第二十七》：49～51）；法家則全然的派斥儒、墨、道三家的道德觀，而視順從人君之主觀意志的去私止姦為最高的道德，如管仲之言：「明法術以致主之所欲，而除主之所惡者」（《管子‧侈靡第三十五》：7）。

儒家學者之中，荀子又排斥孟子之視順諸自然本性的自我實現為最高的道德，而視依據人文禮義的自我規範為最高的道德，「性者，本始材朴也；偽者，文理隆盛也。無性，則偽之無所加；無偽，則性不能自美。性偽合，然後聖人之名」（《荀子‧禮論第十九》：76～77）。

（二）不同學派的各學者之間仍有其相會通之處

儒家孟子與道家老子、莊子皆肯定道德源自於人的自然本性，如孟子之言：「君子所性，雖大行不加焉，雖窮居不損焉，分定故也。君子所性，仁義禮智根於心」（《孟子‧盡心上》：7A.21），老子之言：「道生之，德畜之，物形之，勢成之。是以萬物莫不尊道而貴德。道之尊，德之貴，夫莫之命而常自然」（《老子》第五十一章），莊子則言：「至德之世，不尚賢，不使能；上如標枝，民如野鹿；端正而不知以為義，相愛而不知以為仁，實而不知以為忠，當而不知以為信，蠢動而相使而不以為賜。是故行而無跡，事而無傳」（《莊子‧天地第十二》：80～83）。

儒家孔子、孟子與墨家墨子皆肯定道德的最終根源來自於至上神的天命，如孔子之言：「不知命，無以為君子也」（《論語‧堯曰第二十》：3），孟子之言：「盡其心者，知其性也。知其性，則知天。存其心，養其性，所以事天也。殀壽不貳，修身以俟之，所以立命也」（《孟子‧盡心上》：7A.1），墨子則言：「今天下之王公大人士君子，中實將欲遵道利民，本察仁義之本，天之意不可不順也。順天之意者，義之法也」（《墨子‧天志中第二十七》：72～73）。

　　儒家孔子、荀子與法家管仲、韓非都肯定道德源自於人替自身所立的人文規範，如孔子之言：「君子博學於文，約之以禮，亦可以弗畔矣夫」（《論語·雍也第六》：27），荀子之言：「古者聖人以人之性惡，以爲偏險而不正，悖亂而不治，故爲之立君上之勢以臨之，明禮義以化之，起法正以治之，重刑罰以禁之，使天下皆出於治，合於善也。是聖王之治而禮義之化也」（《荀子·性惡第二十三》：39～41），管仲之言：「所謂仁義禮樂者，皆出於法，此先聖之所以一民者也。」（《管子·任法第四十五》：2），韓非則言：「賢者之爲人臣，北面委質，無有二心，朝廷不敢辭賤，君旅不敢辭難。順上之爲，從主之法，虛心以待令，而無是非也」（《韓非子·有度第六》：11～12）。

　　儒家孟子與道家老子、莊子都肯定實現人自有的向善本性即能自趨向善，如孟子之言：「乃若其情，則可以爲善矣，乃所謂善也。若夫爲不善，非才之罪也」（《孟子·告子上》：6A.6），老子之言：「絕仁棄義，民復孝慈」（《老子》第十九章），莊子則言：「去善而自善矣」（《莊子·外物第二十六》：30）。

　　儒家荀子、墨家墨子與法家管仲、韓非則都肯定道德的確立是利用人的功利性來反制人的功利性，如荀子之言：「高爵豐祿以持養之，生民之屬孰不願也。……縣明刑大辱於其後，雖欲無化能乎哉。故民歸之如流水，所存者神，所爲者化而順。暴悍勇力之屬爲之化而愿，旁辟私曲之屬爲之化而公，矜糾收繚之屬化而調，夫是之謂大化至一」（《荀子·議兵第十五》：101～104），墨子之言：「順天意者，兼相愛，交相利，必得賞；反天意者，別相惡，交相賊，必得罰」（《墨子·天志上第二十六》：22～23），管仲之言：「明主之治也，縣爵祿以勸其民，民有利於上，故主有以使之；立刑罰以威其下，下有畏於上，故主有以牧之。故無爵祿則主無以勸民，無刑罰則主無以威眾。故人臣之行理奉命者，非以愛主也，且以就利而避害也；百官之奉法無姦者，非以愛主也，欲以愛爵祿而避罰也」（《管子·明法解第六十七》：12～14），韓非則言：「設民所欲，以求其功，故爲爵祿以勸之；設民所惡，以禁其姦，故爲刑罰以威之」（《韓非子·難一第三十六》：4～5）。

　　從周文開啓中國人學的道德取向後，先秦人學即是依此取向爲據而開展出對人是什麼及人應如何的反省與論議，從而也確立了此後中國人學發展的方向。

二、先秦人學的解疑

　　先秦諸子的人學既然都是以人爲研究對象，也都是在人之實際行爲所呈

顯出的具體形象之中，去尋索對人是什麼的理解與詮釋，從而構建各自對人應如何的規劃，但何以諸子對人是什麼的理解與詮釋卻有如是的差異？

筆者擬就研究者本身的觀點與研究對象所呈顯的不同面向這兩個層面來作一探析。

（一）研究者的觀點

就研究者本身的角度而言，影響研究者對同一研究對象會產生不同的理解與詮釋的因素，筆者以為有下列幾點：

1. 研究者所處之具體時空中的社會與政治因素，如先秦時期的政治衝突所導致的思想解禁，〔註1〕與封建制度的瓦解所導致的尚賢風氣盛行，〔註2〕都使人們可以作獨立、自由的思考，而不致於擔心會受到政治的迫害或社會的排斥，〔註3〕故有諸子百家的思想並起。

2. 研究者所傳承的歷史與文化因素，如西周時期藉由政教措施將周文的形式確立為人們所共守的生活方式，並將周文的精神確立為人們所共守的意識型態，因此雖然周文遭到破壞，但周文的形式與精神仍持續的影響著人們的自我認知與自我規範，也同樣的影響著思想家們對人的反思與批判。〔註4〕

以儒、法兩家的創始者為例，儒家孔子生於魯，循周公制禮的精神而崇禮教仁，「克己復禮為仁。一日克己復禮，天下歸仁焉」（《論語・顏淵第十二》；1）；法家管仲為相於齊，循姜太公重法之制而尚法用刑，「治國使眾莫如法，禁淫止暴莫如刑」（《管子・明法解第六十七》；3）。

3. 最後，也可能是最重要的因素，即是研究者個人的氣質與信念。因為前述的社會、政治、歷史與文化等因素雖都會影響研究者對人的反思與批判，但研究者個人仍然可以自由的決定要從哪一個方向上來解析人是什麼與規劃人應如何。

〔註1〕 請參考《中國政治思想史（上）》，蕭公權著，台北市：文化大學出版社，民國 69 年，3～4 頁。

〔註2〕 請參考《春秋戰國時代尚賢政治的理論與實踐》，黃俊傑著，台北市：問學出版社，民國 66 年，80 頁。

〔註3〕 請參考《先秦史》，蕭璠著，台北市：長橋出版社，民國 68 年，134 頁。

〔註4〕 如見《莊子》中所評：「其明而在數度者，舊法世傳之史，尚多有之；其在於詩書禮樂者，鄒魯之士，縉紳先生，多能明之。詩以道志，書以道事，禮以道行，樂以道和，易以道陰陽，春秋以道名分。其數散於天下而設於中國者，百家之學，時或稱而道之。天下大亂，賢聖不明，道德不一，天下多得一察焉以自好。」（〈天下第三十三〉；8～11）。

以墨、道兩家的創始者爲例，墨子生於魯，也從學於儒，卻排斥儒家所突顯之人的文化面向，〔註5〕而側重於突顯人的宗教面向，「今天下之王公大人士君子，中實將欲求興天下之利，除天下之害，當若鬼神之有也，將不可不尊明也，聖王之道也」（《墨子‧明鬼下第三十一》：107～108）；並肯定人世道德的根源在於至上神的道德命令，「今天下之士君子，中實爲將欲仁義，求爲上士；上欲中聖王之道，下欲中國家百姓之利者，當天之志而不可不察也。天之志者，義之經也」（《墨子‧天志下第二十八》：71～73）。道家老子曾爲周代的史官，〔註6〕卻拒斥周文對人的形塑，「失道而後德，失德而後仁，失仁而後義，失義而後禮。夫禮者，忠信之薄而亂之首。前識者，道之華而愚之始。是以大丈夫處其厚不居其薄，處其實不居其華。故去彼取此」（《老子第三十八章》）；而要人返樸歸眞，復歸於自然，無爲於世，故側重於突顯人的自然面向，「聖人云：我無爲而民自化，我好靜而民自正，我無事而民自富，我無欲而民自樸」（《老子》第五十七章）。

再若以儒、法兩家之創始者爲例，雖然兩者都遵從周文的精神而視人需要爲人自身設定道德規範，但孔子採人性向善的觀點，「苟志於仁矣，無惡也」（《論語‧里仁第四》：4）；重視人的個體價值，「爲仁由己」（《論語‧顏淵第十二》：1）；堅持道德規範的制訂必要能足以導人向善，使人爲有德的君子，「君子博學於文，約之以禮，亦可以弗畔矣夫」（《論語‧雍也第六》：27）；故崇禮治，「道之以德，齊之以禮，有恥且格」（《論語‧爲政第二》：3）。而管仲則採人性向惡的觀點，「夫民無禮義，則上下亂而貴賤爭」（《管子‧版法解第六十六》：9）；重視人世的群體價值，「夫霸王之所始也，以人爲本，本理則國固，本亂則國危」（《管子‧霸言第二十三》：2～3）；遂堅持道德規範的制訂必要能禁人爲非，以使人世足以永續平治，「法度者，主之所以制天下而禁姦邪也，所以牧領海內而奉宗廟也。」（《管子‧明法解第六十七》：9）；故重法治，「君臣上下貴賤皆從法，此謂爲大治」（《管子‧任法第四十五》：5）。

任何理解與詮釋，都涉及到主、客觀因素的共同參與，以致於任何理解

〔註5〕 《淮南子》：「夫弦歌鼓舞以爲樂，盤旋揖讓以脩禮，厚葬久喪以送死，孔子之所立也，而墨子非之。」（〈卷十三氾論訓〉：7a）。

〔註6〕 《史記》：「老子者，楚苦縣厲鄉曲仁里人。姓李氏，名耳，字聃，周守藏之史也。」（〈老子韓非列傳〉）。

與詮釋都同時反映出詮釋對象與詮釋者之所是。因此，就研究者本身的觀點而言，研究者對人是什麼的理解與詮釋，就不僅是反映了該時代對人是什麼的既有認知，也同時是顯現出研究者個人對其自身的自我認知與自我要求。

（二）研究對象的不同面向

就研究對象而言，無論是殷周之際或是春秋戰國時期，思想家們所研究的對象都是有生命、會思考、能活動的人。而思想家們之所以能從不同的面向來論人，是因為人本身就呈顯出這些面向。

人的行為體現人的本質，而先秦諸子也就是由對不同類型之行為的實際觀察中，構建出各自不同的人性理論，同時賦予了價值的評議與相應的建議。

僅就先秦諸子對於人性之善惡問題所提出的解析與論議而觀，則可分為下列三種基本型態：

1. 性相近說

儒家孔子視人性會因環境因素的影響而有所改變，「性相近也，習相遠也」（《論語·陽貨第十七》：2）。因此他十分重視導人向善的禮文規範，「道之以德，齊之以禮，有恥且格」（《論語·為政第二》：3）。

2. 性善說

儒家孟子視人性本善，「惻隱之心，人皆有之；羞惡之心，人皆有之；恭敬之心，人皆有之；是非之心，人皆有之。惻隱之心，仁也；羞惡之心，義也；恭敬之心，禮也；是非之心，智也。仁、義、禮、智，非由外鑠我也，我固有之」（《孟子·告子上》：6A.6）；而視人之所以為惡乃是因為受環境影響所致，「富歲子弟多賴，凶歲子弟多暴。非天之降才爾殊也，其所以陷溺其心者然也」（全上：6A.7）。因此他十分重視人的道德意識與道德自覺，「言非禮義，謂之自暴也；吾身不能居仁由義，謂之自棄也。」（《孟子·離婁上》：4A.11）。

道家老子與莊子則視人若順諸自然本性的實現，即能自趨為善，如老子之言：「聖人云：我無為而民自化，我好靜而民自正，我無事而民自富，我無欲而民自樸」（《老子》第五十七章），莊子則言：「去善而自善矣」（《莊子·外物第二十六》：30）；兩者並視人之為惡乃是因為人為人自身制訂了道德規範，遂使人迷失了其原有的善性，如老子之言：「失道而後德，失德而後仁，失仁而後義，失義而後禮。夫禮者，忠信之薄而亂之首」（《老子》第三十八

章），莊子則言：「及唐虞始爲天下，興治化之流，澆淳散朴，離道以善，險德以行，然後去性而從於心。心與心識知而不足以定天下，然後附之以文，益之以博。文滅質，博溺心，然後民始惑亂，無以反其性情而復其初」（《莊子‧繕性第十六》；8～11）；故皆反對人爲其自身制訂任何人文規範，如老子之言：「絕聖棄智，民利百倍；絕仁棄義，民復孝慈；絕巧棄利，盜賊無有」（《老子》第十九章），莊子則言：「毀道德以爲仁義，聖人之過也」（《莊子‧馬蹄第九》；14）。

3. 性惡說

儒家荀子視人若順諸其自然本性的實現，即會導致人世的衝突危亂，故視人需要爲人自身制訂禮義規範以導人向善，「今人之性生而有好利焉，順是，故爭奪生而辭讓亡焉；生而有疾惡焉，順是，故殘賊生而忠信亡焉；生而有耳目之欲、有好聲色焉，順是，故淫亂生而禮義文理亡焉。然則從人之性，順人之情，必出於犯分亂理而歸於暴。故必將有師法之化，禮義之道，然後出於辭讓，合於文理而歸於治」（《荀子‧性惡第二十三》；1～4）。

墨家墨子視人若順諸本性而爲，即會產生虧人自利的行爲而爲惡，「子自愛不愛父，故虧父而自利；弟自愛不愛兄，故虧兄而自利；臣自愛不愛君，故虧君而自利。此所謂亂也」（《墨子‧兼愛上第十四》；5～6）。因此他認爲人就需要宗教的指引，以使人超越其本性所限而能爲善於天下，「今天下之王公大人士君子，中實將欲遵道利民，本察仁義之本，天之意不可不順也。順天之意者，義之法也」（《墨子‧天志中第二十七》；72～73）。

法家管仲與韓非則視人性自私好利，如管仲之言：「凡人者莫不欲利而惡害」（《管子‧版法解第六十六》；6），韓非則言：「子父至親也，而和諧或怨者，皆挾相爲而不周於爲己也」（《韓非子‧外儲說左上第三十二》；14～15）。他們並認爲若要能有效的控制人性的發展，就必需藉助於刑法賞罰的制約以禁人爲非，如管仲之言：「明主之道，立民所欲，以求其功，故爲爵祿以勸之；立民所惡，以禁其邪，故爲刑罰以畏之」（《管子‧明法解第六十七》；12），韓非則言：「聖王之立法也，其賞足以勸善，其威足以勝暴」（《韓非子‧守道第二十六》；13）。因此他們都肯定人不僅應爲人自身制訂人文規範，而且強調人應爲人自身制訂具有強制性的行爲規範，如管仲之言：「治國使眾莫如法，禁淫止暴莫如刑」（《管子‧明法解第六十七》；3），韓非則言：「法之爲道，前苦而長利；仁之爲道，偷樂而後窮。聖人權其輕重，出

其大利，故用法之相忍，而棄仁人之相憐也」(《韓非子·六反第四十六》：3～5)。

第二節　人與文化的互動

當人出現在這個世界上的時後，人雖與萬物有其形體上的區別，但人與其他動物一樣是有生命之物。因著生命的自然驅使，人與其他動物一樣的需要為維生與適存而努力。而人之所以能超越其他動物而成為這個世界的主導者，即在乎人以其理智思慮創造出以人為主體、為人服務的文化。

人不僅是透過文化來顯現他對這個世界的瞭解，也同時是透過文化來瞭解這個世界。人創造了文化，文化也同時塑造了人。文化不僅決定了人對其生活世界的認知，也同時決定了人對其自身的認知。

因此，在先秦諸子的思想中，特別是儒家思想，所反映出對人是什麼的理解與詮釋，就不是將人定位在自然層面上的意義，而是將人定位在文化與道德層面上的意義。如孔子之言：「若臧武仲之知，公綽之不欲，卞莊子之勇，冉求之藝，文之以禮樂，亦可以為成人矣」(《論語·憲問第十四》：12)，孟子之言：「人之所以異於禽獸者，幾希。庶民去之，君子存之。舜明於庶物，察於人倫，由仁義行，非行仁義也」(《孟子·離婁下》：4B.19)，而荀子則言：「學惡乎始？惡乎終？曰：其數則始乎誦經，終乎讀禮；其義則始乎為士，終乎為聖人。真積力久則入，學至乎沒而後止也。故學數有終，若其義則不可須臾舍也。為之，人也；舍之，禽獸也」(《荀子·勸學第一》：26～28)。

雖然與儒家思想相對立的道家思想正是要人從人的自然層面來認識人自身，如老子之言：「不尚賢，使民不爭。不貴難得之貨，使民不為盜。不見可欲，使民心不亂。是以聖人之治，虛其心，實其腹，弱其志，強其骨。常使民無知無欲，使夫智者不敢為也」(《老子》第三章)，莊子之言：「不以心捐道，不以人助天，是之謂真人」(《莊子·大宗師第六》：9)，楊朱則言：「全性保真，不以物累形」(《淮南子·卷十三氾論訓》：7a)。但道家諸子也仍是藉由著書立說的方式，也就是藉由參與文化創造的方式，來影響人對其自身的自我認知。

因此，人不僅是在創造文化，同時也可以說，人是藉由文化來再造他自身。

　　人固然能透過科技的發展而造就出試管嬰兒，但這仍不能算是人創造了人，因為試管嬰兒的產生只是人藉由對人之遺傳基因的認知與掌握而加以應用所成，不是自無而有的創造出人。文化也是如此，文化不能創造人的本質，但能決定人對其本質的認知。

　　是以，透過文化對人的影響，只是在呈顯人對其本質認知的過程中，同時使人按其對人之所是的理解與詮釋而實現自己。這也就是說，人雖是在其存在的歷程中一直都在實現自己，但無論是藉由外學的過程而認知自己，抑或是藉由內省的過程而認知自己，似乎都不足以達到完全的認知。所以，人一方面不斷的藉由文化的創造來體現他自己，而另一方面人又同時受內蘊在文化中對人的理解與詮釋之限制來認知自己，並從而主導其對其本質所是的選擇性實現。

　　如受儒家思想所影響的人們，即會以人的道德性來認知人之所是，並從而視人之成為有道德的君子即是人之所是的完全實現；而受道家思想所影響的人們，則會以人的自然性來認知人之所是，並從而視人之成為不受文化制約而自顯其自然本性的真人為人之所是的完全實現。

　　人創造文化，雖是人的理性作為，但也是人為滿足其維生與適存之本能需求所相應而生的輔助機制。人因有生命，所以有生存的需求；人因有生存的需求，所以創造了文化。因此，文化之得以建構的原動力，即在於人因生命而有的生存需求及不斷超越自己的需要。

　　在先秦儒、墨、道、法四家的思想中，四家各依其對人是什麼的理解與對人應如何的規劃，而提出了各自對人之生命價值的不同期許與不同評議。

　　儒、墨兩家都重視人的道德取向，因此兩家雖都肯定生命的價值，但當生命的存續與道德理想相衝突的時候，儒、墨兩家即要人「殺身成仁」（《論語・衛靈公第十五》；9）、「舍生取義」（《孟子・告子上》；6A.10）、（「重死持義而不撓」（《荀子・榮辱第四》；20））、「殺己以利天下」（《墨子・大取第四十四》；8）。

　　法家重視的是人的功利取向，因此他們雖都肯定生命的價值，但目的卻是要利用人「好利惡害」（《韓非子・難二第三十七》；4）的功利心態和人「欲生惡死」（《管子・明法解第六十七》；5）的恐懼心理，使人民能為人君所掌控而便於治理，一如管仲所言：「民欲生而教以死，……死教定而威行」（《管子・侈靡第三十五》；4）。

　　道家重視的是人的自然取向，因此他們雖都肯定生命的價值，〔註7〕但實際上卻是將生死齊觀，〔註8〕同視爲自然規律的必然變化，所以莊子即言：「善吾生者，乃所以善吾死也」（《莊子‧大宗師第六》；58）。

　　人雖有生即有死，這是自古及今都無法否定的事實。但人自有文化之後，人如何去面對其自身的生與死，就不再只是受生物所必然依循的有機規律之自發性控制所限制，人也同時受內蘊在文化中之人對其自身的生與死所作的詮釋與評價之影響而形成自主性的控制。所以，人可以透過文化的引導而尋索養生、長生之道，人也可以透過文化的引導而爲文化中所肯定的某種價值犧牲生命。

　　以儒、道兩家的思想爲例，兩家雖都有養生、長生之道的建構，如儒家荀子之言：「人莫貴乎生，莫樂乎安。所以養生安樂者，莫大乎禮義」（《荀子‧彊國第十六》；46～47），道家老子則言：「治人、事天莫若嗇。夫惟嗇，是謂早服。早服，謂之重積德。重積德，則無不克。無不克，則莫知其極。莫知其極，可以有國。有國之母，可以長久。是謂深根、固柢、長生，久視之道」（《老子》第五十九章）。但儒家側重人的道德取向，所以強調人應視道德價值高於生命價值，故當兩者相衝突時，人即應捨棄生命而成全道德，如孔子之言：「志士仁人，無求生以害仁，有殺身以成仁」（《論語‧衛靈公第十五》；9）；而道家則側重人的自然取向，所以強調人應重視其自身的生命價值，不要爲由人所建構的其他價值而捨棄生命，如莊子之言：「無以人滅天，無以故滅命，無以得徇名」（《莊子‧秋水第十七》；52）。

　　不過，道家學者也在對生命價值的評議上有不同的看法。老、莊二子雖都肯定生命的價值，但也都視自然的價值更高於生命的價值，所以皆勉人不要執著於生命而要開放生命，也就是要人順諸自然的變化而不要因喜生惡死遂去違抗自然規律的實現，如老子言：「夫唯無以生爲者，是賢於貴生」（《老子》第七十五章），莊子則言：「生也，死之徒；死也，生之始。人之生，氣

〔註7〕　《老子》：「治人事天，莫若嗇。……是謂深根、固柢、長生、久視之道」（第五十九章）；《莊子》：「爲善無近名，爲惡無近刑。緣督以爲經，可以保身，可以全身，可以養親，可以盡年」（〈養生主第三〉；1～2）；《孟子》：「楊子取爲我，拔一毛而利天下，不爲也。」（〈盡心上〉；7A,26）。

〔註8〕　《老子》：「死而不亡者壽」（第三十三章）；《莊子》：「生也，死之徒；死也，生之始。孰知其紀！人之生，氣之聚也。聚則爲生，散則爲死。若死生爲徒，吾又何患！」（〈知北遊第二十二〉；10～12）。

之聚也。聚則爲生，三則爲死。若死生爲徒，吾又何患」（《莊子·知北遊第二十二》：10～12）。而楊朱則是肯定生命爲人的最高價值，且是人的唯一價值，「古之人損一毫利天下，不與也；悉天下奉一身，不取也。人人不損一毫，人人不利天下，天下治矣」（《列子·楊朱第七》）。

老、莊二子教人不要執著生命，是因爲看出人會因喜生惡死而有所刻意的作爲，也就是因求生養之維續與發展而有文化的創造。人就是因有其文化的創造，才使人與他自身的自然本性疏離，而循人所創造的文化來認知其自身，甚至爲人所建構的價值來戕傷生命。因此，老、莊二子即視人若能放開對生命的執著，人才能真正的保全其生命、安養其生命。而楊朱雖重視生命的價值，並肯定人對其生命的維護是人唯一的責任，但他也反對人因求生而去從事文化的創造，「夫善治外者，物未必治，而身交苦；善治內者，物未必亂，而性交逸」（《列子·楊朱第七》）。是以，由道家學者對生命價值的評議中，雖可看出道家學者皆反對文化的建構，但也都隱含的肯定了文化對人的影響效力。

人依其本質的實現而創造了文化；文化雖是爲人所創造，但一經確立之後即獨立存在，並反制於人；因此，人遂在與文化的互動過程之中，不僅展現出人的複雜性、多樣性與未確定性，也同時展現了人的自主性與可塑性。

若依文化建構中所展現出之人的三種關係向度而觀，則見人同時居處在人與神、人與人及人與自然這三種關係向度所構成的網絡之中，並依此關係網絡來確立人在宇宙中的地位。

以先秦諸子對人在宇宙中之定位而觀，儒家孔子與墨家墨子都是將人置於人與神的關係中，並依此關係來探究人與人的關係，如孔子之言：「不知命，無以爲君子也；不知禮，無以立也」（《論語·堯曰第二十》：3），墨子則言：「今天下士君之欲爲義者，則不可不順天之意矣。曰：順天之意何若，曰：兼愛天下之人」（《墨子·天志下第二十八》：18～19）。

儒家孟子雖同是將人置於人與神的關係中，「夫仁，天之尊爵也」（《孟子·公孫丑上》：2A.7）；但他卻也同時將人置於人與自然（本性）的關係中，「君子所性，仁義禮智根於心」（《孟子·盡心上》：7A.21）；並依此兩關係來探究人與人的關係，「君子所以異於人者，以其存心也。君子以仁存心，以禮存心。仁者愛人，有禮者敬人。愛人者，人恆愛之；敬人者，人恆敬之」（《孟子·離婁下》：4B.28）。

儒家荀子與道家老子、莊子、楊朱則是將人直接置於人與自然的關係中以論人之本性，並依此關係來探究人與人的關係，如荀子之言：「故古者聖王以人之性惡，以爲偏險而不正，悖亂而不治，是以爲之起禮義、制法度，以矯飾人之情性而正之，以擾化人之情性而導之也。始皆出於治而合於道者也」（《荀子・性惡第二十三》：7～8），老子之言：「絕聖棄智，民利百倍；絕仁棄義，民復孝慈；絕巧棄利，盜賊無有」（《老子》第十九章），莊子之言：「以刑爲體，以禮爲翼，以知爲時，以德爲循。……其一與天爲徒，其不一與人爲徒。天與人不相勝也，是之謂眞人」（《莊子・大宗師第六》：17～20），楊朱則言：「古之人損一毫利天下，不與也；悉天下奉一身，不取也。人人不損一毫，人人不利天下，天下治矣」（《列子・楊朱第七》）。

法家管仲與韓非雖也是將人置於人與自然的關係中論人之所是，如管仲之言：「凡人之生也，天出其精，地出其形，合此以爲人」（《管子・內業第四十九》：7～8），韓非則言：「聰明睿智，天也；動靜思慮，人也者。人也者，乘於天明以視，寄於天聰以聽，託於天智以思慮」（《韓非子・解老第二十》：6～7）；但他們卻更強調應直接由人與人的關係中來探究人與人的關係，如管仲之言：「古者未有君臣上下之別，未有夫婦妃匹之合，獸處群居，以力相征。於是智者詐愚，彊者凌弱，老幼孤獨不得其所。故智者假眾力以禁強虐，而暴人止。爲民興利除害，正民之德，而民師之」（《管子・君臣下第三十一》：7～9），韓非則言：「子父至親也，而和諧或怨者，皆挾相爲而不周於爲己也」（《韓非子・外儲說左上第三十二》：14～15）。

雖然諸子對於人在宇宙中之地位各有不同的定位，但卻一致的指向人與人之關係的探究。這不僅是因爲此種關係的探究直接關涉到人如何去規劃人的立身處世之道，也正因爲這樣的探究同時也解析了人生的意義與價值。因此，四家諸子遂依此探究而有其各自理想人格的提出與理想生活的規劃。

然而，四家諸子雖有其各自不同的人格理論之建構，但其中儒、墨、道三家諸子卻也都一致的指出人生的最高境界即在與天相契合。此中，儒家孔、孟、與墨家墨子皆視天爲具有位格性的至上神，因此視人生的最高境界即在知天立命或尚同天志，如孔子之言：「下學而上達。知我者，其天乎！」（《論語・憲問第十四》：35），孟子之言：「盡其道而死者，正命也」（《孟子・盡心上》，7A.2），墨子則言：「上利乎天，中利乎鬼，下利乎人。三利無所不利，是謂天德。聚斂天下之美名而加之焉，曰：此仁也，義也。愛人利人，順天

意者,曰:此仁也,義也。愛人利人,順天意者,得天之賞者也」(《墨子·天志中第二十七》:49～51)。而道家老、莊則視天為萬物之生發根源的自然,因此視人生的最高境界即在天人合一,如老子之言:「夫物芸芸,各歸其根。歸根曰靜,靜曰復命,復命曰常,知常曰明。不知常,妄作,凶。知常容,容乃公,公乃王,王乃天,天乃道,道乃久,終身不殆」(《老子》第十六章),莊子則言:「有治在人,忘乎物,忘乎天,其名為忘己。忘己之人,是之謂入於天」(《莊子·天地第十二》:45)。

若就知天立命的境界觀而言,呈顯出的是人之向上發展的超越性;若就天人合一的境界觀而言,則呈顯的是人之向本源復歸的規律性。兩者雖呈顯的是相反的取向,也就是說,前者側重的是人超越的取向,後者側重的則是人復歸的取向;但兩者都呈顯出人向無限開放的終極取向。換言之,無論是超越或是復歸的取向,其實都顯現出人欲為其有限的存在尋索出無限的歸依。由是也可看出,人之生命的短暫,雖使人感受人生的有限;但人之精神的追尋,卻為人的有限存在帶來了超越有限的生機。

生命的展現雖有物質性與精神性兩層面,其中物質性生命呈顯出人的個別性與有限性,而精神性生命則呈顯出人的超越性與無限性。人也就是因為其精神性生命的顯現,使人既得以呈顯對其自身的自我認知與自我實現,也同時得以呈顯對其生活世界的全幅度開放。而此種全幅度的開放,不僅體現在人對神、人與自然的探索與認同上,也同時體現在人所建構的文化之中。所以在人所建構的文化之中,始終交錯著人與神、人與人及人與自然這三種關係向度的理解與詮釋,並依此理解與詮釋來體現與決定人對其本質所是的認知與實現。

由上述之分析可知,人對其所是的認知實是多層次、多向度的認知。

人學研究的目的也正是要整合人對其本質實現之多層次、多向度的認知,以尋索出對人是什麼與人應如何的最終答案。

第三節　先秦人學研究的成果與中國人學研究的展望

從對先秦人學的研究中,筆者分別陳述了儒、道、墨、法四家人學對人是什麼與人應如何所提供的四種答案。但這四種答案只能算是在中國人學發展的過程中,先哲對人是什麼與人應如何之詮釋與規劃所提供的四種基本模式。我人雖可依此四種基本模式來審視此後的各斷代人學之發展趨勢,但仍

應對照各斷代之實際情況與主要議題來反思各斷代人學對人是什麼與人應如何的詮釋與規劃。因為，人學所涵攝的不僅是對人是什麼的哲學性探索，也同時反映出對人應如何的實踐性規劃。

人如何瞭解其自身與其生活世界，也就相應的而知人應如何安排其自身於其生活世界。先秦人學研究雖已尋索出先秦時期中國人對人是什麼與人應如何之詮釋與規劃的四種基本模式，但這只是中國人學研究的起點而非終點。因為，在先秦之後的兩漢、隋唐、宋明與民國這四個時期的人學發展，對中國人學的建構仍是有其不容忽視的重要性與影響力。

就兩漢時期的人學發展而言，該時期雖是以儒學獨尊，但實際影響人對人是什麼與人應如何之理解與詮釋的是關涉氣運流轉的陰陽之學。而陰陽之學的影響不僅強化了先秦儒學的形上思想與道德認知，更且深入到民間的風俗習慣之中，形構出中國文化特有的醫學、武術與算命等傳統，並孕育出中國人對人與天地交融的一體感受。

就隋唐時期的人學發展而言，該時期佛學的本土化也為中國人對人是什麼與人應如何之詮釋與規劃提供了另一種相異於傳統認知的新模式，而此新模式並與儒、道兩家人學所提供的既有模式共同的影響了中國文化的發展，與中國人對其自身的自我認知。

就宋明時期的人學發展而言，該時期的人學雖是以儒家思想為主，但也綜合了佛、道兩教的思想，而呈顯出較先秦人學更深入也更多元化的面貌。再者，宋明人學對後世學者的影響不僅反映在後世學者對中國傳統文化之理解與詮釋上，也同時反映在當代中國人依循傳統文化之習染而形成的自我認知上。

就民國時期的人學發展而言，除承襲上述的影響之外，也同時受西方思想的影響而開展出對人是什麼與人應如何的多維度思考路徑，遂使得居處在本時期中的人們能有更多的參考架構來反思與處理人的問題。

雖然在筆者之前，即已有諸多先進在此領域內作了相當深入的研究，並提供了相當豐富的研究所得。但筆者仍希望藉由先秦人學研究的初步嘗試，尋索出一條新的理解路徑與新的詮釋觀點，以作為繼續深探中國人學的研究依據。因此，筆者在研讀先秦諸子的經典論著與旁覽當代先進有關人學的著作之後，即構思以先秦諸子對「人是什麼」與「人應如何」所作的解析與規劃，以作為重構先秦諸子之人學思想的理解路徑；並藉諸子人學思想的比較

研究，以釐清諸子立論的基本觀點與主要旨趣；最後再依筆者的研究所得分判出先秦人學思想的四種基本型態，並從中細分出諸子對「人是什麼」的不同理解與對「人應如何」的不同規劃。筆者作如是的理論架構雖不能算是超越前人之作，但也希望能藉此以提供對人學研究有興趣的同好一個可資參考的探究方向與研究資料。

　　先秦人學研究雖只是一個斷代人學的研究，但也正是筆者對中國人學之研究的開始。

參考書目

1. 本書目係按書名筆劃排序。
2. 體例：《書名》，作者，出版地：出版單位，出版年份。
3. 中文譯著於書名後加附英文原著書名，並於作者前加註其國籍。

一、中國哲學史

1. 《中國古代哲學史》，胡適著，台北市：臺灣商務印書館，民國 66 年。
2. 《中國哲學史》，勞思光著，台北市：三民書局，民國 78 年。
3. 《中國哲學史》，任繼愈主編，北京市：人民出版社，1985 年。
4. 《中國哲學史》，北京大學哲學系中國哲學史教研室編寫，北京市：中華書局，1980 年。
5. 《中國哲學史新編》，馮友蘭著，台北市：藍燈文化事業公司，民國 80 年。
6. 《中國哲學史講義》，蔡仁厚著，台中市：東海大學出版社，民國 69 年。
7. 《中國哲學思想史》，羅光著，新店市：先知出版社，民國 64 年。
8. 《中國哲學思想史》，武內義雄著，新竹市：仰哲出版社，民國 71 年。
9. 《中國哲學發展史》，任繼愈主編，北京市：人民出版社，1983 年。
10. 《中國哲學通史》，楊憲邦主編，北京市：中國人民大學出版社，1987 年。
11. 《中國歷代思想史》，姜國柱等著，台北市：文津出版社，民國 82 年。

二、中國哲學史料

1. 《中國古代哲學條目》，唐曜編述，高雄縣：佛教文化服務處，民國 59 年。
2. 《中國哲學史料學》，張岱年編著，北京市：三聯書店，1982 年。

3. 《中國哲學史料學概要》，劉建國著，長春市：吉林人民出版社，1983 年。

4. 《中國哲學史資料選輯》，馮芝生等編輯，台北市：九思出版事業公司，民國 67 年。

三、中國哲學經籍、引得

1. 《十三經》，上海市：開明書店，民國 24 年。

2. 《十三經精華》，錢仲聯主編，湖南省：湖南教育出版社，1992 年

3. 《呂氏春秋》，四部叢刊，台北市：臺灣商務印書館，民國 57 年。

4. 《史記》，國學基本叢書，台北市：臺灣商務印書館，民國 57 年。

5. 《四書全譯》，張以文譯注，長沙市：湖南大學出版社，1989 年。

6. 《老子新譯》，任繼愈譯著，新店市：谷風出版社，民國 76 年。

7. 《列子集釋》，楊伯峻撰，台北市：琴正書局，民國 76 年。

8. 《孝經今註今譯》，黃得時註譯，台北市：臺灣商務印書館，民國 62 年。

9. 《哈佛燕京學社引得特刊 —— 毛詩、周易、孝經、爾雅》（附原文），台北市：成文出版社（翻印），民國 55 年。

10. 《哈佛燕京學社引得特刊 —— 老子、莊子引得》（附原文），台北市：成文出版社（翻印），民國 55 年。

11. 《哈佛燕京學社引得特刊 —— 周禮、儀禮、尚書》（附原文），台北市：成文出版社（翻印），民國 55 年。

12. 《哈佛燕京學社引得特刊 —— 春秋經傳引得》（附標校經傳全文），台北市：成文出版社（翻印），民國 55 年。

13. 《哈佛燕京學社引得特刊 —— 荀子引得》（附原文），台北市：成文出版社（翻印），民國 55 年。

14. 《哈佛燕京學社引得特刊 —— 管子引得》，台北市：成文出版社（翻印），民國 55 年。

15. 《哈佛燕京學社引得特刊 —— 墨子引得》（附原文），台北市：成文出版社（翻印），民國 55 年。

16. 《哈佛燕京學社引得特刊 —— 論語、孟子》（附原文）台北市：成文出版社（翻印），民國 55 年。

17. 《哈佛燕京學社引得特刊 —— 禮記引得》，台北市：成文出版社（翻印），民國 55 年。

18. 《哈佛燕京學社引得特刊 —— 韓非子引得》，台北市：成文出版社（翻印），民國 55 年。

19. 《荀子詁譯》，楊柳橋著，新竹市：仰哲出版社，民國 76 年。

20. 《荀子集釋》，李滌生著，台北市：臺灣學生書局，民國 75 年。

21. 《淮南子》，四部叢刊，台北市：台灣商務印書館，民國 57 年。

22. 《國語》（新校注本），台北市：九思文化圖書公司，民國 67 年。

23. 《新譯四書讀本》，謝冰瑩等編譯，台北市：三民書局，民國 80 年。

24. 《新譯莊子讀本》，黃錦鋐註譯，台北市：三民書局，民國 80 年。

25. 《新譯荀子讀本》，王忠林註譯，台北市：三民書局，民國 74 年。

26. 《管子》，國學基本叢書，台北市：臺灣商務印書館，民國 57 年。

27. 《管子今註今譯》，李勉註譯，台北市：臺灣商務印書館，民國 77 年。

28. 《墨子今註今譯》，李漁叔註譯，台北市：臺灣商務印書館，民國 63 年。

29. 《諸子引得——呂氏春秋、白虎通、淮南子、潛夫論、新序、論衡、説苑、申鑒》，漢學集成索引，台北市：宗青圖書公司（翻印），民國 75 年。

30. 《諸子百家精華》，蔡尚思主編，湖南省：湖南教育出版社，1992 年。

31. 《韓非子集釋》，陳奇猷撰，台北市：世界書局，民國 52 年。

四、中國哲學專家、專題、專論

1. 《中國人之思維方法》，（日）中村元著，徐復觀譯，台北市：臺灣學生書局，民國 80 年

2. 《中國人的心靈——中國哲學與文化要義》，方東美等著，台北市：聯經出版事業公司，民國 73 年。

3. 《中國人的路》，項退結著，台北市：東大圖書公司，民國 77 年。

4. 《中國文化與中國哲學》，深圳大學國學研究所，北京市：三聯書店，1990 年。

5. 《中國古代思想史論》，李澤厚著，中和市：古楓出版社，民國 75 年。

6. 《中國古代哲學問題發展史》，方立天著，北京市：中華書局，1990 年。

7. 《中國古典哲學概念範疇要論》，張岱年著，北京市：中國社會科學出版社，1989 年。

8. 《中國思維偏向》，張岱年等著，北京市：中國社會科學出版社，1991 年。

9. 《中國哲學三百題》，夏乃儒主編，上海市：上海古籍出版社，1988 年。

10. 《中國哲學之路》，項退結著，台北市：東大圖書公司，民國 80 年。

11. 《中國哲學的精神》，羅光著，台北市：臺灣學生書局，民國 79 年。

12. 《中國哲學概論》，余雄著，台北市：源成圖書供應社，民國 66 年。

13. 《中國哲學範疇發展史（天道篇）》，張立文著，北京市：中國人民大學出版社，1988 年。

14. 《中國哲學範疇導論》，葛榮晉著，台北市：萬卷樓圖書公司，民國 82 年。

15. 《中國哲學邏輯結構論》，張立文著，北京市：中國社會科學出版社，1989年。

16. 《中國智慧與系統思維》，劉長林著，香港：香港商務印書館，1991 年。

17. 《中國傳統文化中的儒道釋》，湯一介著，北京市：中國和平出版社，1988年。

18. 《中國傳統哲學》，周桂鈿著，北京市：北京師範大學，1990 年。

19. 《中華的智慧——中國古代哲學思想精粹》，張岱年主編，上海市：上海人民出版社，1989 年。

20. 《天人關係論》，楊慧傑著，台北市：大林出版社，民國 70 年。

（一）儒家哲學

1. 《孔子學說探微》，林義正著，台北市：東大圖書公司，民國 76 年。

2. 《孔孟荀比較研究》，趙宗正等著，濟南市：山東大學出版社，1989 年。

3. 《孔孟荀哲學》，蔡仁厚著，台北市：臺灣學生書局，民國 73 年。

4. 《先秦儒家社會哲學研究》，王曉波著，台北市：食貨出版社，民國 61 年。

5. 《荀子思想之本色》，蔡錦昌著，台北市：唐山出版社，民國 78 年。

6. 《荀子與古代哲學》，韋政通著，台北市：臺灣商務印書館，民國 74 年。

7. 《儒家的天論》，向世陵、馮禹合著，濟南市：齊魯書社，1991 年。

8. 《儒家的淑世哲學——治道與治術》，曾春海著，台北市：文津出版社，民國 81 年。

9. 《儒家哲學新論》，傅佩榮著，台北市：業強出版社，民國 82 年。

10. 《儒家哲學論集》，曾春海著，台北市：文津出版社，民國 78 年。

（二）墨家哲學

1. 《墨子的人生哲學》，薛保綸著，台北市：中華叢書編審委員會，民國 65 年。

2. 《墨子政治思之研究》，孫廣德著，台北市：中華書局，民國 60 年。

3. 《墨子政治哲學》，陳顧遠著，台北市：新文豐出版社，民國 63 年。

4. 《墨子思想之研究》，周長耀著，台北市：中華倫理科學教育協會，民國 63 年。

5. 《墨子思想評論》，譚宇權著，台北市：文津出版社，民國 80 年。

（三）道家哲學

1. 《莊子研究》，復旦學報編輯部，上海市：復旦大學出版社，1986 年。

2. 《莊子哲學》，陳鼓應著，台北市：開拓出版社，民國 54 年。

3. 《道家文化與現代文明》，葛榮晉主編，北京市：中國人民大學出版社，1991 年。

（四）法家哲學

1. 《先秦法家思想史論》，王曉波著，台北市：聯經出版事業公司，民國 80 年。
2. 《法家哲學體系指歸》，黃公偉著，台北市：臺灣商務印書館，民國 72 年。
3. 《管子思想研究》，徐漢昌著，台北市：臺灣學生書局，民國 79 年。
4. 《管子研究》，汪大華著，台北市：帕米爾書店，民國 58 年。
5. 《管子新論》，王瑞英著，台北市：大立出版社，民國 72 年。
6. 《韓非子析論》，謝雲飛著，台北市：大林書店，民國 62 年。
7. 《韓非子的哲學》，王邦雄著，台北市：東大圖書公司，民國 66 年。
8. 《韓非子釋評》，朱守亮編著，台北市：五南圖書公司，民國 81 年。
9. 《韓非思想的歷史研究》，張純、王曉波合著，台北市：聯經出版事業公司，民國 72 年。

五、中國歷史、社會、文化

1. 《中國文化的深層結構》，孫隆基著，中和市：古楓出版社，民國 75 年。
2. 《中國文化與文化論爭》，張岱年、程宜山合著，北京市：中國人民大學出版社，1990 年。
3. 《中國文化概論》，韋政通著，台北市：水牛出版社，民國 79 年。
4. 《中國社會思想史》，楊懋春著，台北市：幼獅文化事業公司，民國 75 年。
5. 《中國知識階層史論〈古代篇〉》，余英時著，台北市：聯經出版事業公司，民國 69 年。
6. 《中國歷史》，李國祁著，台北市：三民書局，民國 65 年。
7. 《中國學術思想變遷大勢》，梁啓超著，台北市：華正書局，民國 70 年。
8. 《古代文化知識要覽》，郭維森著，台北市：藍燈文化事業公司，民國 77 年。
9. 《古代中國文化與中國知識份子》，胡秋原著，台北縣：學術出版社，民國 67 年。
10. 《先秦史》，蕭璠著，台北市：長橋出版社，民國 68 年。
11. 《周秦漢政治社會結構之研究》，徐復觀著，台北市：臺灣學生書局，民國 63 年。
12. 《春秋時代封建制度的解體》，劉文強著，台北市：天工書局，民國 73 年。

13. 《春秋戰國史話》，朱淑瑤等著，台北市：木鐸出版社，民國 75 年。

14. 《春秋戰國時代尚賢政治的理論與實際》，黃俊傑著，台北市：問學出版社，民國 66 年。

15. 《傳統學引論——中國傳統文化的多維反思》，張立文著，北京市：中國人民大學出版社，1989 年。

16. 《歷史與思想》，余英時著，台北市：聯經出版事業公司，民國 65 年。

17. 《興盛與危機——論中國封建社會的超穩定結構》，金觀濤、劉青峰合著，中和市：谷風出版社，民國 76 年。

六、倫理學

1. 《士林哲學基本概念（三）——倫理學、理性神學》，張振東著，台北市：臺灣學生書局，民國 70 年。

2. 《中國倫理思想研究》，張岱年著，台北市：貫雅文化公司，民國 80 年。

3. 《中國倫理學史略》，姜法曾著，北京市：中華書局，1991 年。

4. 《中國傳統倫理思想縱橫》，張殿奎、王瑩主編，北京市：紅旗出版社，1991 年。

5. 《中國傳統哲學價值論》，趙馥洁著，西安市：陝西人民出版社，1990 年。

6. 《孔子的道德哲學》，業經柱著，台北市：正中書局，民國 66 年。

7. 《生命倫理學》，邱仁宗著，上海市：上海人民出版社，1987 年。

8. 《先秦倫理學概論》，朱伯崑著，北京市：北京大學出版社，1984 年。

9. 《孟荀道德哲學》，魏元珪著，台北市：海天出版社，民國 69 年。

10. 《倫理學》，王臣瑞著，台北市：臺灣學生書局，民國 69 年。

11. 《哲學的倫理學——道德哲學引論》（Philosophical Ethics-An Introduction to Moral Philosophy），（美）Tom L. Beauchamp 著，雷克勤等譯，北京市：中國社會科學出版社，1990 年。

12. 《哲學價值論》，李連科著，北京市：中國人民大學出版社，1991 年。

13. 《善的求索——道德哲學導論》（Ethics），（美）W. K. Frankena 著，黃偉合等譯，瀋陽市：遼寧人民出版社，1987 年。

14. 《善的研究》，（日）西田幾多郎著，何倩譯，北京市：商務印書館，1989 年。

15. 《道德社會學》，陳秉璋、陳信木合著，台北市：桂冠圖書公司，民國 77 年。

16. 《道德發展的哲學》，L. Kohlberg 著，單文經譯，台北市：黎明文化事業

公司，民國 75 年。

17. 《價值哲學》，王玉樑著，西安市：陝西人民出版社，1989 年。

18. 《價值論——一種主體性的研究》，北京市：中國人民大學出版社，1987年。

19. 《價值論倫理學——從布倫坦諾到哈特曼》（Axiological Ethics），（美）J. N. Findlly 著，劉繼譯，北京市：中國人民大學出版社，1989 年。

20. 《儒家的心性學與道德形上學》，盧雪崑著，台北市：文津出版社，民國80 年。

21. 《儒家倫理與秩序情結》，張德勝著，台北市：巨流圖書公司，民國 78年。

22. 《儒家禮樂之道德思想》，林安宏著，台北市：文津出版社，民國 77 年。

七、人 學

1. 《丫形結構——人性的先天與後天》，于洋著，廣州市：花城出版社，1992 年。

2. 《人之哲學》，項退結著，台北市：中央文物供應社，民國 71 年。

3. 《人心深處——從人類學的觀點談現代社會中的權力結構與符號象徵》（Two Dimensional Man）A. Cohen 著，宋光宇譯，台北市：業強出版社，民國 75 年。

4. 《人文類型》（Human Types），（英）Raymond Firth 著，費孝通譯，北京市：商務印書館，1991 年。

5. 《人生哲學》，鄔昆如著，台北市：五南圖書公司，民國 78 年。

6. 《人生哲學》，黎建球著，台北市：三民書局，民國 77 年。

7. 《人在宇宙中的地位》（Die Stellung Des Menschen im Kosmos），（德）Max Scheler 著，陳澤環、沈國慶合譯，上海市：上海文化出版社，1989年。

8. 《人的本能》，（澳）A. Heller 著，邵曉光、孫文喜合譯，瀋陽市：遼寧大學出版社，1988 年。

9. 《人的系統觀》（A Systems View of Man），（奧）Von Bertalanffy 著，張志偉等譯，北京市：華夏出版社，1989 年。

10. 《人的探討》，李震著，永和市：文壇社，民國 64 年。

11. 《人的模式》（Models of Man-Philosophical thoughts of social action），（英）Martin Hollis 著，李述一、李聯先合譯，瀋陽市：遼寧人民出版社，1989年。

12. 《人性的探索》，王元明著，天津市：南開大學出版社，1993 年。

13. 《人性是什麼──人類本性》（On Human Nature），Edward O. Wilson 著，宋文里譯，台北市：心理出版社，民國 73 年。

14. 《人性與自我修養》，杜維明著，台北市：聯經出版事業公司，民國 81 年。

15. 《人性與社會》，李樹青著，台北市：臺灣商務印書館，民國 74 年。

16. 《人格之謎》，曲煒著，北京市：中國人民大學出版社，1991 年。

17. 《人格論》，高瑞泉、袁振國合著，上海市：上海人民出版社，1989 年。

18. 《人與上帝──中西無神主義探討（卷三)》，李震著，新莊市：輔仁大學出版社，民國 79 年。

19. 《人與文化理論》，（美）E. Hatch 著，黃應貴、鄭美能編譯，哈爾濱市：黑龍江教育出版社，1988 年。

20. 《人與思想──社會學的觀點》，王康著，台北市：自立晚報社，民國 79 年。

21. 《人論》（An Essay on Man-An Introduction to a Philosophy of Human Culture），（德）Ernst Cassirer 著，結構群譯，台北市：結構群出版社，民國 78 年。

22. 《人學──未來世紀的熱點》，（俄）B. T. 安納耶夫著，龔浩然等譯，北京市：北京廣播學院出版社，1993 年。

23. 《人學的世界》（The Study of Human Nature），（英）L. Stevenson 著，李燕、趙健杰合譯，北京市：中國人民大學，1992 年。

24. 《人類之路》（Man for himself），（德）Erich Fromm 著，蔡伸章譯，台北市：協志工業叢書出版公司，民國 59 年。

25. 《人類文化及生命形式──卡西勒‧朗格研究》，劉大基著，北京市：中國社會科學出版社，1990 年。

26. 《人類及其象徵》（Man and his symbols），C. G. Jung 等著，張舉文、榮文庫合譯，瀋陽市：遼寧教育出版社，1988 年。

27. 《人類的前途》（What Man May Be-The Human Side of Science），G. R. Harrison 著，易家愿譯，香港：今日世界出版社，1962 年。

28. 《人類信仰論》，荊學民著，上海市：上海文化出版社，1992 年。

29. 《人類學導論》，宋光宇著，台北市：桂冠圖書公司，民國 66 年。

30. 《文化和社會人類學》（Cultural and Social Anthropology），（美）Robert F. Murphy 著，吳玫譯，北京市：中國文聯出版公司，1988 年。

31. 《文化理念》（L'idee de culture），（法）Victor Hell 著，翁德明譯，台北市：遠流出版公司，民國 79 年。

32. 《文化與行為──文化人類學巡禮》，顧建先編譯，成都市：四川人民出

版社，1988 年

33. 《文化與自我 —— 東西方人的透視》，Anthony J. Massella 等著，任鷹等譯，台北市：遠流出版公司，民國 79 年。

34. 《中西人論及其比較》，楊適、易昆剛、王曉興合著，北京市：東方出版社，1992 年。

35. 《中西人論的衝突 —— 文化比較的一種新探求》，楊適著，北京市：中國人民大學出版社，1991 年

36. 《中國人‧中國心 —— 人格與社會篇》，楊中芳、高尚仁主編，台北市：遠流出版公司，民國 80 年。

37. 《中國人生哲學 —— 先秦諸子的價值觀念和處事美德》，喬長路著，北京市：中國人民大學出版社，1990 年。

38. 《中國人性論》，台大哲學系主編，台北市：東大圖書公司，民國 79 年。

39. 《中國人格的創造者》，羅光著，新店市：先知出版社，民國 63 年。

40. 《中國古代人我關係論》，焦國成著，北京市：中國人民大學，1991 年。

41. 《中國古代的人學與美學》，成復旺著，北京市：中國人民大學，1992 年。

42. 《中國的文化與宗教》，（美）James Livingstone Steward 著，閔甲等譯，長春市：吉林文史出版社，1991 年。

43. 《中國歷史上的人性論》，姜國柱、朱葵菊合著，北京市：中國社會科學出版社，1989 年。

44. 《心靈哲學》（Philosophy of Mind），Jerome A. Shaffer 著，周勳難、高俊一合譯，台北市：幼獅文化事業公司，民國 72 年。

45. 《生命哲學》，羅光著，台北市：臺灣學生書局，民國 79 年。

46. 《作爲哲學人類學的佛洛伊德理論》，汪暉著，台北市：遠流出版公司，民國 78 年。

47. 《思想之謎與人類之夢 —— 現代～當代之部》，劉曉波著，台北市：風雲時代出版公司，民國 79 年。

48. 《哲學人類學》（Philosophical Anthropology），J. F. Donceel, S.J.著，劉貴傑譯，台北市：巨流圖書公司，民國 78 年。

49. 《哲學人類學》（Philosophical Anthropology），（德）Michael Landmann 著，張樂天譯，上海市：上海譯文出版社，1988 年。

50. 《哲學的誤區》，（美）Mortimer J. Adler 著，汪關盛等譯，上海市：上海人民出版社，1992 年。

51. 《現代人學》，劉悅倫、李江濤、陳鎮宏、郭巍青合著，廣東省：廣東人民出版社，1988 年。

52. 《現代西方哲學人類學》，（蘇）鮑‧季‧格里戈良著，沈志宏、陳長根合

著,上海市:上海文化出版社,1988 年。

53. 《現代哲學人類學批判》,(蘇)科爾涅耶夫著,李昭時譯,北京市:東方出版社,1987 年。

54. 《從中國歷史來看中國民族性及中國文化》,錢穆著,台北市:聯經出版事業公司,民國 68 年。

55. 《從聖賢人格到全面發展──中國理想人格探討》,朱義祿著,西安市:陝西人民出版社,1992 年。

56. 《新人學導論──中國傳統人學的省察》,張立文著,北京市:職工教育出版社,1989 年。

57. 《意識型態》(L'ideologie),(法)J. Servier 著,吳永昌譯,台北市:遠流出版公司,民國 1989 年。

58. 《意識型態與社會變遷》(Ideology and Social Change),A. Inkeles 等著,沙亦群譯,台北市:巨流圖書公司,民國 62 年。

59. 《論人・人性》,姜國柱、朱葵菊合著,北京市:海洋出版社,1988 年。

八、辭　典

1. 《中國哲學辭典》,韋政通著,台北市:水牛出版社,民國 75 年。

2. 《中外哲學人物辭典》,張凱、夏強合編,江蘇省:南京大學出版社,1990 年。

3. 《哲學大辭典──中國哲學史卷》,嚴北溟主編,上海市:上海辭書出版社,1985 年。

4. 《人學辭典》,黃楠森等主編,北京市:中國國際傳播出版社,1990 年。